中央党校（国家行政学院）十九届五中全会专项课题

"推进以人为核心的新型城镇化研究"（编号：2021ZXWZ006）

邹一南 著

农业转移人口市民化
问题、趋势与政策

GRANTING URBAN RESIDENCY TO RURAL MIGRANT WORKERS

Issues, Trends and Policies

社会科学文献出版社
SOCIAL SCIENCES ACADEMIC PRESS (CHINA)

序

邢春冰 *

改革开放四十多年来，中国经济取得了伟大的成就，人民生活水平大幅提高，数亿人口摆脱绝对贫困。如果没有大量劳动力从农村农业部门向城市工商业部门的转移，这些成就恐怕都无从谈起。

与经典的发展经济学理论分析不同，中国的城乡劳动力转移在很长一段时间内，不是单向的，也不是永久性的。即便在今天，也是如此。数以亿计的劳动力并没有因为从农村到城市工作，而彻底成为城镇居民。很多人只是到城市寻找更好的工作机会，同时却把父母、配偶、孩子留在了老家。无论是在主观意愿上，还是在客观条件上，城镇地区称不上他们的"家"。多少有些令人困惑的是，今天即便有城市张开怀抱，很多外来务工人员也没有很强的落户意愿。

对于研究者而言，农业转移人口市民化问题是一个更加复杂的问题。早期关于城乡劳动力转移的研究，其背景是较为严格的户籍制度、巨大的城乡和地区差距及大量的农村剩余劳动力。在这样的背景下，城乡劳动力转移的动机比较单一：即便城镇地区缺少各种福利，但工作机会和收入差异足以激励大量的农村劳动力到城镇地区寻找工作机会。既然有着较为严格的户籍制度，农业转移人口市民化自然也无须被提上日程。研究者更加关注的是劳动力转移与工作机会和收入之间的关系。当然，这并不是说，

---

* 邢春冰，中国人民大学农业与农村发展学院教授，博士生导师。

城乡劳动力转移所带来的一系列问题不值得关注，如留守儿童和劳动力市场分割问题等。

随着时间的推移，我国城乡社会经济状况已经发生了显著变化。农村地区的就业机会、收入水平以及农村居民的教育水平都已经得到大幅提升。这些变化影响着农村居民的迁移决策，表现之一便是他们越来越重视收入之外的因素，如福利待遇、家庭团聚和子女教育。另外，城市地区的发展也面临快速的产业结构调整，对高素质、多元化的劳动力需求不断增加。一个有活力、可持续、稳定发展的城市地区经济，不仅需要越来越多的农业转移人口参与经济活动，更需要他们融入当地社会，共享城市地区经济发展成果。

农业转移人口市民化问题复杂而重要，它是数以亿计的农业转移人口为个人和家庭生计做出的盘算和选择，也是公共部门决策者根据社会经济发展状况为民众福祉和部门利益做出的谋划。要搞清楚过去和正在发生的事实，理解上述经济主体的行为逻辑，以为中国的城镇化进程提供借鉴，需要众多研究者做出不懈的努力。这些努力既包括对全球范围内最新研究成果的学习，也包括脚踏实地去了解中国的实际情况。而对实际情况的了解，既需要和数据的对话，更需要在研究过程中俯下身子、迈开步子去倾听和体会。正是在这些方面，一南的这本新书给出了出色的答案。

我喜欢读一南的文章和著作，因为从中常能收获"洞见"。这大概是由于一南既坐得住冷板凳，又啃得动热问题，还能迈开腿去倾听和体会，也因此能够把理论与实践更好地结合。一南的新著《农业转移人口市民化：问题、趋势与政策》就是如此。通读全书，大致可分为三个板块。一是回顾历史、总结规律。通过回溯改革开放以来农村劳动力向城市转移的过程，归纳其中潜在的三大政策逻辑，即以城市利益为导向的农业转移人口政策、福利剥离与福利扩散的二元市民化路径、从"体制外发展"到"体制内改革"的户籍制度改革取向。二是透视现实、发现问题。将当前农业转移人口市民化存在的一系列问题提炼为"落户两难"和"退地两难"，从户籍制度和土地制度改革所面临的困局入手，分析市民化问题的制度症结，并提出破解之道。三是展望趋势、提出建议。这一部分集合了作者近年来围绕相关问题的几个实证研究，从就业、住房、落户成本和城镇化模式等角度探讨了农业转移人口市民化的趋势，并提出了短期、中期、长期政策相结合的政策体系。

今天，无论在理论方面还是在实证研究方面，农业转移人口市民化涉及的很多问题都还没有形成共识，在政策上也远未破题。通过阅读此书，我们能够认识到，对农业转移人口市民化的探讨，就是对中国现代化问题的探讨，也是对发展经济学理论的重要推进。一南在此书中呈现的内容，为我们思考相关问题提供了宝贵的研究视角和学术观点，对于相关领域的研究必将起到很好的推动作用。

我与一南相识于一次学术研讨会，此后每年参加一南在中央党校举办的乡村振兴与新型城镇化工作坊。在学术探讨中，我深切地体会到他对农业转移人口市民化问题的热情与执着，他强烈的问题意识和富有想象力的学术视角也让我印象深刻。在此书即将付梓之际，一南嘱我作序，我欣然应允。一来向一南表示祝贺，二来向广大读者推荐此书，相信这本书能够给读者带来洞见和启发。

2022 年 6 月 3 日于中国人民大学明德楼

目　　录

导　论

农业转移人口市民化是构建新发展
格局的关键一步

一　农业转移人口问题："并联式"现代化的
内生经济现象

习近平总书记指出："我国现代化同西方发达国家有很大不同，西方发达国家是一个'串联式'的发展过程，工业化、城镇化、农业现代化、信息化顺序发展，发展到目前水平用了二百多年时间。我们要后来居上，把'失去的二百年'找回来，决定了我国发展必然是一个'并联式'的过程，工业化、城镇化、农业现代化、信息化是叠加发展的。"① "四化"叠加或同步发展是中国"并联式"现代化的最典型特征，而这种"并联式"现代化也是造就中国数亿规模在城乡之间"流动"的农业转移人口的根源所在。

工业化与城镇化叠加发展造就了农业剩余劳动力向"体制外"工业部门的大量转移。中国真正意义上的现代化起步于1949年。中华人民共和国成立后，采取了重工业优先发展的赶超战略，而重工业"资本增密、排斥劳动"的属性要求实施严格限制农村劳动力进城的政策，这使得中国的城

---

① 中共中央文献研究室编《习近平关于社会主义经济建设论述摘编》，中央文献出版社，2017，第159页。

镇化远远滞后于工业化进程。到 1978 年，重工业总产值在工业总产值中的占比高达 56.9%，城镇化率仅为 17.9%。改革开放后，农村改革的成功极大地解放了农业生产力，数亿农业剩余劳动力亟待向城市和工业部门转移，继续维系人口乡城迁移限制的政策已不可能。另外，由于重工业资本有机构成较高，以重工业为主的工业部门难以吸纳如此众多的进城劳动力，如果城市国有企业放开雇用农业转移劳动力，则必将引发工业结构的轻型化，影响工业化和产业结构升级进程。鉴于此，国家在战略上选择了以非国有部门发展劳动力密集型产业融入国际大循环的中长期发展路径，通过发展私营经济、外资经济，既吸纳了农业剩余劳动力转移，又避免了资本有机构成较高的国有工业部门结构升级中断，① 从而解决了发展战略上的两难，并形成了城市国有资本密集型部门与非国有劳动密集型部门的二元劳动力市场，农业转移人口这一群体在"体制外"迅速地增长起来。

城镇化与农业现代化叠加发展造就了农业转移人口在城乡之间做"候鸟式"流动的生活模式。农业现代化本质上就是一个在农业生产中用机器代替人力的劳动集约型技术进步过程，表现为劳动生产率的提高。西方国家的农业现代化是在工业化和城镇化完成后发生的，工业化的机器代替人力效应和城镇化的农村劳动力减少效应使得农业现代化水到渠成。而在中国，农业现代化是在工业化进行到中期、城镇化刚走过半程时加速启动的，这使得在数亿农业转移人口尚未完全融入工业和城市的时候，农业和农村就已大大减少了对劳动力的需要。为了最大限度地避免社会风险，中国一方面加快农业转移人口市民化进程，另一方面保留进城打工者的农民身份和农村土地权利，实现"手中有地、进退有据"，② 而这也在客观上造成了农业转移人口"候鸟式"迁移模式。中国告别了"乡土中国"时代，并未直接开启"城市

---

① 温铁军：《八次危机》，东方出版社，2013。
② 国务院发展研究中心课题组：《中国新型城镇化：道路、模式和政策》，中国发展出版社，2014。

中国"模式，而是进入一个漫长的"城乡中国"时期，[①] 在城乡之间流动的农业转移人口成为现代化进程中越来越受到关注的一个群体。

工业化与信息化叠加发展使农业转移人口问题成为一个亟待解决的时代命题。西方现代化直到工业化后期，都没有遇到信息化这个任务，更不需要处理信息化与工业化融合的问题。而在中国开启工业化进程的时候，信息产业早已深刻地改变了工业的发展逻辑和运行方式，这使我国必须把工业化和信息化两步并作一步走，促进"两化"深度融合。在"两化"融合发展模式下，工业与服务业的边界越来越模糊，工业的智能化发展，使得传统的人与机器的合作关系转变为信息与机器的合作关系。产业数字化、人工智能化对于就业来说既是机遇也是挑战，而对于以低人力资本禀赋为特征的农业转移人口来说，挑战可能是更主要的一方面。因此，如果不能在信息化大大减少劳动密集型就业岗位之前，完成对存量农业转移人口的吸纳，并通过实现高质量就业和高素质劳动力相互促进的良性循环机制，促使潜在的农业转移人口提高自身人力资本投资水平，则必将影响农业转移人口参与现代化的程度和潜力，也将拖累中国现代化的进程。

总之，农业转移人口问题是中国"并联式"现代化的内生经济现象，工业化、城镇化、农业现代化和信息化的叠加发展乃至同步发展，共同造就了数量庞大的农业转移人口，形成了极具中国特色的农业转移人口问题。能否解决好这一问题，关系到中国现代化的成败。

二　农业转移人口：从经济增长点到经济循环堵点

改革开放以来，中国创造了经济增长的奇迹，1979~2021 年，中国国内生产总值年均增长率达到9.2%，在世界主要经济体中遥遥领先。创造经济增长奇迹的源泉是多方面的，如生产要素投入、制度变迁、技术进步等，但

---

① 刘守英、王一鸽：《从乡土中国到城乡中国——中国转型的乡村变迁视角》，《管理世界》2018 年第 10 期。

最重要的一点是产业结构的变迁，即城乡二元经济转型带来的经济效率提高。[①] 从农业部门和农村地区转移到工业部门和城市地区的数亿农业转移人口，是改革开放以来中国经济最主要的增长点。

从供给侧看，农业人口向工业和服务业部门转移带来了全员劳动生产率的提高。在三次产业中，第二产业的劳动生产率最高，第三产业的劳动生产率次之，第一产业的劳动生产率最低。因此，当劳动力从第一产业向第二、第三产业转移时，劳动生产率高的部门的就业比例就会提高，全员平均劳动生产率也将提高，由此带来结构变迁引致的经济增长。不仅如此，从规模经济形成的理论来讲，工业和服务业是依靠人口的集聚提高效率，而农业是依靠人口的减少提高效率，因而人口从农业向工商业部门的转移，也会带来由于每一部门自身效率的提升而引致的经济增长。1979 年时，中国第一、第二、第三产业就业人员在总劳动力中的占比分别为 69.8%、17.6%、12.6%，劳动生产率分别为 0.04 万元/人、0.27 万元/人、0.18 万元/人；2008 年时，中国第一、第二、第三产业就业人员在总劳动力中的占比分别为 39.6%、27.2%、33.2%，劳动生产率分别为 1.08 万元/人、7.30 万元/人、5.45 万元/人。[②] 农业转移人口所带来的结构变迁和效率提升效应，共同促进了经济高速增长。

从需求侧看，农业人口向工业和服务业部门转移提高了农民收入，促进了全社会消费和投资水平的提升。改革开放初期，中国农业呈现高度内卷化倾向，农民收入水平低且以经营性收入为主。1992 年时，全国农户家庭收入来源中，经营性收入占比为 80.1%，工资性收入占比为 16.0%。伴随着农业人口向工业和服务业转移，农民收入来源逐渐多元化，工资性收入逐渐取代经营性收入成为家庭收入的最主要来源，农业内卷化程度减轻，并开始向现代化转型。[③] 2020 年，在全国农户家庭收入来源中，经营性收入占比已

---

① 刘元春：《经济制度变革还是产业结构升级——论中国经济增长的核心源泉及其未来改革的重心》，《中国工业经济》2003 年第 9 期。

② 见历年《中国统计年鉴》。

③ 刘守英、王一鸽：《从乡土中国到城乡中国——中国转型的乡村变迁视角》，《管理世界》2018 年第 10 期。

下降到 35.5%，工资性收入占比达到 40.7%，工资性收入占比的提高主要源于农业人口大量向工业和服务业转移。相应地，农民收入特别是农业转移人口的收入有了很大提升，2021 年全国农民工平均月收入达到 4432 元，农民工作为一个整体已稳定地处于中等收入群体范畴中。收入的提高带来了消费水平的同步提升，根据农民工监测调查报告的最新可得数据，2015 年农民工月均生活性消费支出占月收入的比例约为 32.9%。居住消费方面的提升也很明显，2020 年进城农民工人均居住面积为 21.5 平方米，在 500 万人以上城市中的进城农民工人均居住面积为 16.9 平方米，在 500 万人以下城市中的进城农民工人均居住面积超过 20 平方米。耐用消费品方面，农民工居住住房中有电冰箱的占 67.0%，有洗衣机的占 68.1%，有洗澡设施的占 85.4%，有独用厕所的占 71.5%，能上网的占 94.8%，拥有汽车（包括经营用车）的进城农民工占 30.8%。此外，根据国家卫健委中国流动人口动态监测调查数据，2017 年全国农业转移人口中，在务工所在城市购买商品住房的已占总体的 14.7%，农业转移人口的住房投资需求在数量上已较为可观。

从外部环境看，农业人口向工业和服务业部门转移形成了中国以劳动密集型产业参与国际分工的比较优势。由于农业转移人口在城市工业和服务业部门可以长期接受较低的工资，使改革开放后中国的工业化和城镇化表现为典型的劳动力无限供给条件下的经济发展。改革开放后也恰逢新一轮国际产业转移，从欧美和亚洲发达经济体转移来的劳动密集型产业与中国数量庞大的农业转移劳动力相结合，迅速使中国凭借制造业成本优势融入全球产业分工。凭借着世界上规模最大、门类最全、配套最完备的制造业体系，中国在全球价值链中的参与程度不断提高，地位也在不断上升。到 2012 年，中国贸易总额首次超过美国，成为世界贸易规模最大的国家；到 2017 年，中国的工业增加值在全球占比已由 2003 年的 6.8% 提升至 23.9%；到 2018 年，中国已经是全球 120 多个经济体的最大贸易伙伴。出口导向成为这一时期中国经济发展的基本战略，出口也成为改革开放之后中国经济增长的主要动力之一，并一度成为拉动经济增长最重要的一驾马车。

自 2008 年国际金融危机以来，世界迎来了百年未有大变局。大变局最突出的表现之一就是以中国为代表的发展中国家与以美国为代表的发达国家在国际产业分工中的关系和定位发生了重大变化，无论是对美国还是对中国，依托比较优势而形成的传统国际贸易关系和产业分工格局都不可持续。在传统发展格局和新的变局形成过程中，中国数亿农业转移人口扮演了非常重要的角色。在大变局之下，中国农业转移人口的作用，已经从经济增长最主要的增长点悄然演变为经济循环的一个重要堵点。

从供给侧看，农业剩余劳动力转移完毕并未使中国经济发展方式自发从要素积累转向全要素生产率提高。2010~2020 年，全国新增农民工数量分别为 1245 万人、1055 万人、983 万人、633 万人、501 万人、352 万人、424 万人、481 万人、184 万人、241 万人、−517 万人，① 总体上呈逐年递减趋势，成规模的农业剩余劳动力已基本转移完毕。但是，相对于农民工工资的上涨，劳动生产率的提升较为缓慢，甚至近年来的多数年份劳动生产率的增长率低于工资增长率，从要素积累向全要素生产率提升的发展方式转变仍未真正实现，或者说，中国经济并未像刘易斯二元经济理论所预期的那样从古典增长方式自发进入新古典增长方式。其中，作为制造业劳动力主力军的农业转移劳动力群体自身人力资本水平不高是一个重要原因。尽管农业转移人口受教育水平较之以前有了一定提高，但总体上仍然是人力资本较低的劳动者。《2021 年农民工监测调查报告》显示，2020 年在全部农民工中，未上过学的占 1%，小学文化程度占 14.7%，初中文化程度占 55.4%，高中文化程度占 16.7%，大专及以上文化程度仅占 12.2%。从就业行业分布看，农民工就业仍然主要分布于制造业、建筑业、批发零售、交通运输仓储、住宿餐饮、居民服务修理等中低端行业。由此，在中国城镇劳动力市场上形成了一种低质量就业与低人力资本投资相互强化的恶性循环，农业转移人口的就业质量提高缓慢，将同时拖累产业结构升级和人均收入水平提高的步伐，使中国的国内经济循环在低水平上重复并陷入中等收入陷阱的概率大大增加。②

---

① 见历年《农民工监测调查报告》。

② 丁守海、吴迪、张鹤：《跨越中等收入陷阱迫需提升就业质量》，《教学与研究》2018 年第 7 期。

　　从需求侧看，农业转移人口收入不高、预期不稳导致社会消费投资倾向持续低迷。农业转移人口的收入水平虽然相对于留在农村老家的劳动力和自己原先的收入水平，已有明显提高，但相对于城市职工，其工资、社会保障、就业稳定性和未来职业发展等方面均处于明显更低的水平，两个群体处在二元分割的劳动力市场上。① 尽管较低的保留效用使农业转移人口可以忍受这种差异，但随着时间的推移，农业转移人口长期未能市民化所带来的弊端也将日益显现。由于劳动力市场分割和公共服务差异，农业转移人口缺乏收入持续增长和在城市长期定居的稳定预期，其消费投资需求持续低迷。2010～2020 年，全国外出农民工月收入增速分别为 21.2%、11.8%、13.9%、9.8%、8.1%、6.3%、6.5%、7.9%、7.8%、2.7%、8.8%，"十二五"期间年均增长 10.0%，"十三五"期间年均增长 6.7%，② 增速明显下降。收入增长缓慢以及基本公共服务市民化迟迟无法兑现，使农业转移人口不得不增加预防性储蓄，降低消费倾向。在不稳定的预期下，农业转移人口返乡的数量持续高位运行，有研究表明，近年来已有占总人数 12%的农民工返回农村老家。③ 这种非永久性迁移预期强化了农业转移人口"候鸟式"的模式，固化了其城市过客心理，农业转移人口难以实现举家迁移，购房投资和其他耐用消费品需求的提升空间十分有限。

　　从外部环境看，依靠数量庞大的农业转移人口所形成的低劳动力成本比较优势正在被削弱，长期实施外向型发展战略使中国陷入内需持续萎缩和制造业低端锁定的风险日渐增加。曾几何时，中国所拥有的规模庞大、素质良好和相对低成本的劳动力资源，以及供应链和配套优势明显的制造业，使中国在与以美国为代表的国际分工上形成了优势互补、错位分工的合作格局。但随着中国经济总量的提升和经济结构的升级，中国等发展中国家与美国等发达国家在产业链上的互补性降低、竞争性增强。以中美经贸关系为例，对

① M. Piore，*Birds of Passage*，New York：Cambridge University Press，1979.

② 见历年《农民工监测调查报告》。

③ 钱文荣：《乡村人才振兴的关键是构建城乡人口双向流动与融合的制度保障体系》，《乡村振兴》2021 年第 11 期。

于美国，一方面面临制造业岗位持续萎缩，收入分配差距拉大，社会矛盾加深；另一方面也面临高端产业领域被中国赶超的情况。对于中国，一方面在以压低劳动力等要素价格方式融入全球化，多数内陆地区、农村地区、老工业基地并未融入，二元经济结构加深，数亿农业转移人口始终难以真正融入城市成为市民，难以获得平等的就业和基本公共服务待遇，从而使得内需持续萎缩。另一方面试图通过国际分工合作和以市场换技术的方式取得核心技术的突破也很难实现，制造业部门面临被低端锁定的风险。

总之，改革开放 40 多年来，农业转移人口这一数量庞大的劳动力群体已经从推动中国经济实施外向型发展战略的重要增长点，演变成为在收入、消费、投资、技术等领域阻碍经济循环的重要堵点。无论是从供给侧、需求侧还是从外部环境看，依靠压低农业转移人口的劳动力要素成本方式融入国际大循环的方式已走到了尽头，通过解决农业转移人口问题来推动构建新的发展格局已呼之欲出。

三　市民化：何以畅通经济循环

习近平总书记指出，构建新发展格局的关键在于经济循环的畅通无阻。在我国发展现阶段，畅通经济循环最主要的任务是供给侧有效畅通，有效供给能力强，可以穿透循环堵点、消除瓶颈制约。根据前面的分析，农业转移人口低质量就业与低人力资本投资水平的恶性循环阻碍了产业结构升级，收入水平不高和城市定居预期不稳拖累了社会消费投资倾向，依赖低劳动成本优势的发展模式使发展陷入内需萎缩和低端锁定困境。因此，从农业转移人口的角度探索畅通经济循环的途径，就应从就业质量、定居预期等方面入手。显然，市民化是疏解由农业转移人口问题造成的经济循环堵点的主要抓手。

市民化可以通过促进城市劳动力市场融合提高农业转移人口的就业质量，进而形成高质量就业与高人力资本投资相互强化的良性循环，并实现产业结构升级。劳动者的知识技能是推动产业升级的关键，而知识技能的提高需要人力资本投资。当前，我国劳动者的平均受教育年限约为 10.8 年，很难想象中国的产业升级依靠数以亿计、多数未受过职业技能培训、高中文化程度的劳动力去推动。因此，通过推动农业转移人口市民化，消除城市劳动力市场二元分割，赋予农业转移人口与城市职工平等的就业机会、工作回报、福利待遇和社会保障，提高农业转移人口的就业质量，则可以使经济运行退出低质量就业与低人力资本投资相互强化的恶性循环。具体机制是：一方面，农业转移人口的高质量就业在一定程度上提升了企业的用工成本，倒逼企业进行技术创新和效率提升，进而创造出更多的技能型、知识性就业岗位；另一方面，更高的就业质量可以通过筛选机制，改变农业转移人口对人力资本投资低收益的预期，促使农业转移人口加强对自身和下一代的人力资本的投资意愿，同时高质量的就业本身也有助于人力资本的积累，通过"干中学"也能有效提升人力资本水平，并最终形成高质量就业和高人力资本投资相互强化的良性循环。

市民化可以通过促进居住融合来提高农业转移人口实现举家迁移的比例，进而形成稳定的城市定居预期，提升消费和投资倾向。尽管实现家庭化迁移的农业转移人口的比例在持续提升，但家分两地、独自外出仍然是农业转移人口的典型特征。[①] 个体而非举家迁移也妨碍着城镇化水平的持续提高。由于当前农村剩余的青壮年劳动力数量已经很少，未来的人口乡城迁移的主体将是农村非劳动力人口，[②] 这些为数众多的农业转移人口留守家属，是未来推动城镇化水平进一步提升的主力军。农业转移人口之所以不能举家迁移，一个可能的重要原因是新迁移理论中所提出的风险规避，[③] 但更重要的一个原因是住房，拥有住房是流动农民工实现在城镇定居的一个基本条件，城市的众多公共服务资源（如教育、医疗、基础设施、治安等）和社

[①] 邹一南：《农业转移人口落户新趋势与"十四五"时期市民化政策展望》，《宏观经济管理》2020 年第 10 期。

[②] 国务院发展研究中心课题组：《中国新型城镇化：道路、模式和政策》，中国发展出版社，2014。

[③] O. Stark，D. Bloom，"The New Economics of Labor Migration"，*American Economic Review*，1985，75（2）：173-178.

会资源（如人力资本和社会资本、工作机会和其他机会）都是有形或无形地附着在区位之上的。住房不仅是遮风避雨的物质空间，它还决定了城市居民的生活环境和社会交往空间，为家庭获得各种城市资源、融入城市主流社会提供了机会。① 作为农业转移人口，一旦决定购买城市住房，则表明其在城市的工作生活已经比较稳定，并且有了长期发展的预期，其他家庭成员也就能够随之迁移至城市居住。通过市民化，将农业转移人口实质性地纳入城市住房保障体系，以居住融合的方式促进农业转移人口举家迁移，这种思路是与十九届五中全会提出的"以人为核心的新型城镇化"理念相吻合的，也与"农民工市民化挂钩房地产去库存"的政策导向相符。② 更重要的是，以居住融合促进农业转移人口举家迁移可极大提升消费和投资倾向。据测算，每年市民化 1000 多万农业转移人口（700 万农民工加上其抚养人口）可使经济增长速度提高约 1 个百分点；农业转移人口市民化将促进居民消费和固定资产投资增长，降低经济增长对出口的依赖程度可以提高服务业比例，优化经济结构，促进发展方式转变。③

市民化可以通过促进农业转移人口享受均等化的基本公共服务使其形成永久性迁移预期，进而实现农民身份的彻底转变，提高劳动力要素和土地要素的配置效率。由于没有城市本地户口，农业转移人口普遍不能享受城市中一些具有户籍排他性的基本公共服务。基本公共服务的缺失，在年轻的时候尚能接受，但是当农业转移人口进入中年之后，基本公共服务的不均等引发的困扰就越发明显。高强度的体力劳动、缺乏医疗卫生保障、子女入学受限、非正规居住条件下家庭生活的缺失，都将导致其难以继续在城市生活下去，不得不提前返回家乡，形成生命周期中的非永久性迁移模式或"候鸟式"迁移模式。在这种模式下，农业转移人口年轻时进城务工，到年纪大了后返回农村，将人口红利留在城市，将人口负债带回农村，周而复

---

① 郑思齐、廖俊平、任荣荣等：《农民工住房政策与经济增长》，《经济研究》2011 年第 2 期。

② 见《2015 年中央经济工作会议公报》。

③ 国务院发展研究中心课题组：《农民工市民化对扩大内需和经济增长的影响》，《经济研究》2010 年第 6 期。

始，使得城乡差距不断拉大，阻碍中等收入群体的形成。更重要的是，农业转移人口未到退休年龄就离开城市劳动力市场，减少了劳动生产率较高的工业和服务业的就业规模。同时，农业转移人口为日后返乡而保留农村土地，也在客观上妨碍了农村土地的流转和规模化经营，降低了土地配置效率。因此，通过市民化，赋予农业转移人口与城市居民均等化的基本公共服务，使其在城市中可以实现"子有所教、病有所医、老有所靠"，扭转"城市过客"的心理预期，改变"候鸟式"迁移模式。农业转移人口的永久性迁移，一方面可以延长其在工业和服务业就业的时间，提高劳动力资源配置效率；另一方面，在其他相关制度安排下，可以使农业转移人口在市民化进程中同时实现"非农民化"，将与农民身份挂钩的农村土地权利退出，稳定减少农业就业规模并提高农村土地资源配置效率，进而提高社会全员劳动生产率。

四　推进农业转移人口市民化的难点

作为一个理论研究热点和政策实践要点，农业转移人口的市民化被提出的时间远远晚于农业转移人口的大规模出现。市民化问题是在 21 世纪前 10 年尤其是 2008 年国际金融危机期间，沿海地区普遍出现"民工荒"之后才逐渐被重视。事实上，农业转移人口市民化从不受重视到受到重视，与城市工商业部门所面临的劳动力供求关系变化有着直接的关系，同时也与内需不足背景下城市扩大投资消费的内生要求有关。自农业转移人口市民化被提出之后，这一任务始终是按照城市居民排他性福利的扩散和剥离的二元路径在推动，多年以来已取得相当的成绩，但与真正完成市民化的任务仍有较大距离。截至 2021 年，户籍人口城镇化率与常住人口城镇化率仍存在约 18 个百分点的差距，农业转移人口市民化任务依然繁重。大体上看，当前和未来推进农业转移人口市民化存在以下一系列的难题和困境。

（一）农业转移人口迁移方向与迁入地市民化承载能力错配

改革开放以来，我国关于大城市化和小城镇化模式的理论争论和实践探索始终没有停止，大体经历了从"控制大城市规模，积极发展小城市"到"大中小城市协调发展"并实质上鼓励大城市优先发展的转变过程。近十几年来，无论是对外融入经济全球化，还是对内搞房地产开发和基本建设，大城市相对小城市都有明显的优势，加之大城市普遍拥有更高的行政等级，很快就实现了资源的集中和人口的集聚。根据历年《农民工监测调查报告》，全国地级以上大城市务工的农民工约占农民工总数的 2/3，虽然近年来外出农民工有就地就近转移的趋势，但大城市仍然是吸纳农业转移人口的主力区域。然而，大城市化所带来的直接后果是农业转移人口市民化的难度加大。大城市不仅落户门槛更高、基本公共服务均等化实现难度更大，其日常生活中的非耐用消费品成本也远高于中小城市，部分一二线城市畸高的房价更是成为农业转移人口实现居住融合和市民化的最主要障碍。大城市农业转移人口的过度集聚与其相对有限的市民化承载能力形成明显的错配，从整体上看，对市民化的推进形成阻碍。

一些特大、超大城市为解决农业转移人口市民化问题，设计了积分落户政策和居住证制度，前者希望为农业转移人口提供实现落户的努力方向，后者希望为不能落户的农业转移人口提供在落户之外享受均等化基本公共服务的途径。但是，在实践中这两个政策的效果均较为有限。

在积分落户实施过程中，地方政府出于自身财政利益最大化的考虑，普遍把提高城镇化率的指标要求与人才引进战略联系起来，使农业转移人口市民化政策异化为人才落户政策。例如，北京市设置的积分落户政策具有明显的高人力资本偏向性：在学历学位上，规定大学专科积 10.5 分，大学本科积 15 分，硕士学位积 26 分，博士学位积 37 分；在年龄上，规定 45 岁（含）以下的申请人加 20 分，45 周岁以上的申请人，每增加 1 岁少加 4 分。相应地，在合法稳定就业和居住以及纳税方面，积分权重较轻，规定每连续缴纳社会保险满 1 年积 3 分；在自有产权住所每连续居住满 1 年积 1 分，在合法租赁住所和单位宿舍每连续居住满 1 年积 0.5 分。① 显然，年轻、高学历的申请者更容易获得大城市的户籍指标，而没有高人力资本特征的农业转移人口，即使在城市工作生活多年，也难以在积分上获得优势。根据 2018 年北京市公布的首批积分落户人员名单来看，申请积分落户的共 124657 人，仅占全部 811.5 万外来常住人口总数的 1.5%，申报成功人数为 6019 人，申报成功率为 4.83%，同时，在申报成功的人员中，有 59.2% 的为来自高新技术企业和拥有各类奖项的人员。② 可见，各大城市积分落户实施方案和实施效果的高人力资本禀赋偏向性，与重点推进农业转移人口落户的积分落户政策初衷相去甚远。

　　由于居住证持有者能够在教育、医疗、社保、就业等方面享受一些基本的市民福利，③ 使居住证也具有一定的"含金量"，因此在实践中仍然存在一定的申请门槛。④ 作为一种利益剥离式市民化政策路径，居住证制度的最终目的是让农业转移人口在不落户的情况下，实现其与市民基本公共服务的均等化。然而，作为落户的过渡性政策而出现的居住证制度，在申请门槛设置和福利含量匹配方面却面临着两难境地。一方面，如果设置较高的居住证申请门槛，同时赋予居住证较多的福利内含，则是将居住证变为了第二个户籍。从一些地区的实践来看，确实存在居住证申请条件过高，超出很多农业转移人口的自身能力的现象。例如，深圳市将连续居住满 12 个月视为合法稳定居所，将参加社保 12 个月或两年累计 18 个月视为合法稳定工作。而农民工作为一个高流动性、从事非正规就业的群体，很难达到连续居住或连续参加社保的要求。据统计，在农业转移人口中，有超过半数的人有过城市间二次流动的经历，⑤ 参加工伤、医疗、养老、失业

---

① 北京市发展和改革委员会：《北京积分落户管理办法》，2020 年 7 月。
② 数据来自北京市人力资源和社会保障局 "北京市 2018 年首批积分落户公示人员名单"。
③ 有调查显示，武汉市持有居住证的外来人口所能享受的各项利益占城市本地户籍居民利益的 86.9%，在石家庄市，这一比例已经达到 90% 以上。
④ 陈鹏：《新一轮户籍制度改革：进展、问题及对策》，《行政管理改革》2018 年第 10 期。
⑤ 资料来源：国家卫生健康委 2017 年中国流动人口动态监测调查数据。

和生育等社会保险的农民工比例分别只有 26.2%、17.6%、16.7%、10.5%、7.8%。[①] 居住证的申请条件对农业转移人口来说较为苛刻。另一方面，如果不设置或设置较低的居住证申请门槛，同时赋予居住证较多的福利内含，则必将给地方政府带来较大的财政压力，而且若农业转移人口能够很轻易地获得居住证，并以此享受与市民完全等同的基本公共服务，则其落户意愿也将进一步降低，从而违背了居住证作为落户过渡政策的定位。如果在设置较低申请门槛的同时，赋予居住证较少的福利内含，则居住证在一定程度上将回归原暂住证的职能，从而失去其改革的意义。有研究表明，居住证仅能使农业转移人口享有城市 1/3 到 1/2 的基本公共服务。[②]

对于非特大、超大城市，近年来的落户条件是持续放宽的。从 2019 年开始，国家发改委等有关部门就明文规定了全面取消城区常住人口 100 万～300 万的 Ⅱ 型大城市的落户限制，对于城区常住人口 300 万～500 万的 Ⅰ 型大城市要全面放开放宽落户条件，并全面取消重点群体落户限制。各类非特大城市在制定落户政策时，也基本落实了国家政策，积极推动农业转移人口在城市落户。但是，由于一般的大城市和广大中小城市的户口含金量较低，缺乏吸引力，农业转移人口的落户意愿较低。据统计，大城市中农业转移人口表示愿意在务工城市落户的比例明显低于特大、超大城市，其中表示愿意在 Ⅱ 型大城市落户的农业转移人口比例仅为表示愿意在超大城市落户的一半左右。[③] 这一现象的形成可归因于长期以来形成的大城市优先发展的城市化模式，或大城市化模式。大城市化模式加剧了不同规模城市之间发展水平的失衡，从而带来各类城市中居民福利水平的失衡，而当这种失衡达到一定程度之后，将会产生大城市非户籍福利高于中小城市户籍和非户籍福利之和的

---

① 《2014 年农民工监测调查报告》，由于 2015 年起该报告不再发布农民工社保参保率的数据，这是目前能找到的该指标最新权威数据。

② 钱雪亚、胡琼、宋文娟：《农民工享有的城市基本公共服务水平研究》，《调研世界》2021 年第 5 期。

③ 资料来源：国家卫生健康委 2017 年中国流动人口动态监测调查数据。

情况，从而使得农业转移人口宁愿到大城市做非户籍居民，也不愿意到中小城市做户籍居民。[①] 在农业转移人口的这种非市民化预期下，将形成对包括房价在内的城市生活成本的不敏感性，并使得农民工的工资与大城市房价"脱钩"，其在大城市留居的动力甚至需要依靠"成功的幻觉"。[②] 总之，在偏向大城市的城镇化发展战略下，农业转移人口的迁移方向和人口迁入地的市民化能力出现错配，对农业转移人口市民化的实现形成阻碍。

（二）户籍制度与土地制度联动的城乡双向市民化改革尚未形成

在中国几千年的历史中，土地制度与户籍制度始终相互交织，户籍制度以固农限农为特征，并作为国家进行土地授予的依据。无论是隋唐的"均田制"，还是明朝的"鱼鳞图册"等，户籍制度都无一例外把户籍与土地相结合，约束农民自由流动。新中国成立之后，中国的土地制度和户籍制度经历了多次较大的变化，但土地和户籍的基本关系并未发生本质变化，户籍仍然是土地分配的依据。拥有农业户口是获得农村土地的基本前提，也是政府发放农业补贴、收取农业税费的根本依据，而非农业户口则没有农村土地相关权益，但相应地享有城市的部分排他性福利。可见，中国的土地制度和户籍制度自古以来就有着密切的关联，户籍和地籍是高度重叠、紧密相连、共生互动的。户籍是分配土地的依据，也是政府征收赋税等的基础。当前中国的农村土地制度也是以户籍制度为基础构建的。户籍制度改革不应简单理解为农民变成市民，也不在于建立城乡统一的户口登记制度，更不是政府发起的一场户籍城镇化运动。必须把户籍制度改革置于城乡融合发展的大框架中，与相应的土地制度改革联系起来，给予农民和市民、农村和城市公平的发展权利。

从市民化目标来看，农业转移人口以土地权利参与并分享工业化和城镇化带来的利益，并从土地权利中获取其实现市民化的有效经济支持，是必然

---

① 邹一南：《城镇化的双重失衡与户籍制度改革》，《经济理论与经济管理》2014 年第 2 期。

② 范红忠、王徐广：《成功幻觉与生产和人口的过度集中——兼论在城市发展规模上市场机制不一定是有效的》，《当代经济科学》2008 年第 3 期。

而且必要的。近年来，土地制度改革和户籍制度改革均在各自领域取得了重要进展，但是由于这两项改革之间联动性缺乏，使得两者在实现农业转移人口市民化方面未能形成合力。

第一，土地制度改革并未以农业转移人口市民化为最主要目的。党的十九大报告将深化农村土地制度改革作为一项重要任务提出，土地制度改革的主要目的仍然是处理好农民和土地的关系，尤其是保障农民的土地权益。其中，农村土地承包关系稳定并长久不变政策的落实以及将第二轮农村土地承包到期后再延长 30 年，起到了稳定农民对土地承包经营权预期的作用；土地确权颁证以及"三权分置"改革起到了在坚持落实集体土地所有权、稳定农户土地承包权前提下，进一步放开土地经营权，加快农村土地的流转、促进规模化经营的作用；征地制度改革则起到了在保障耕地和粮食安全的同时，更好地释放土地价值，提高被征地农民的补偿标准的作用。可见，土地制度改革的着眼点仍然主要集中在农村，与旨在推动农业转移人口市民化的户籍制度改革没有更多的联系。

第二，户籍制度改革并未构建起土地退出与城市落户之间的制度桥梁。作为户籍制度改革的指导性文件，2014 年出台的《国务院关于进一步推进户籍制度改革的意见》（以下简称《意见》），将改革的重点放在了农业转移人口迁入的城市，规定了不同规模的城市在实施差别化落户时可以设置的门槛条件，但是对农业转移人口在迁出地的土地权益能在落户中发挥的作用则基本没有提及，同时更未明确从不同类型的农业地区转移而来的农业人口在落户城市时是否能够得到区别对待，忽视了那些愿意放弃农村土地从而可能为农村留驻人群提供更多农地资源的农业转移人口，在获得城市户口时应具有的优先权。《意见》强调，土地承包经营权和宅基地使用权是法律赋予农户的用益物权，集体收益分配权是农民作为集体经济组织成员应当享有的合法财产权利。要坚持依法、自愿、有偿的原则，引导农业转移人口有序流转土地承包经营权。进城落户农民是否有偿退出"三权"，应根据党的十八届三中全会精神，在尊重农民意愿前提下开展试点。《意见》明确规定，现阶段不得以退出土地承包经营权、宅基地使用权、集体收益分配权作为农民进城落户的条件。但同时《意见》并没有规定,自愿放弃"三权"是否可以成为农业转移人口在城市落户的优先条件。

第三,无论是国家、地方政府还是农民,事实上都有通过深化土地制度改革尤其是与户籍制度改革实现联动的迫切需要。从国家的角度来看,如果农业转移人口能够在落户城市的同时,实现土地经营权的顺利流转,甚至退出"三权",则可以更有利于提高农民人均资源占有量和收入水平,实现农业农村现代化。从农民的角度来看,如果在退出由土地所带来的收入、社保、居住等权益的同时,能够合理地分享到农村土地非农化带来的增值收益,并将其作为在城市立足的资本,确保在城市获得稳定的并高于土地相关权益的城市户籍权益,则会大大提升市民化的意愿和能力。从地方政府的角度来看,农业转移人口在城市落户如果能够同时将宅基地复垦,形成城市经济发展所需的建设用地指标,则能够为市民化的成本融资,并推进城市的基本建设。总之,将土地改革与户籍改革联动起来是大势所趋,代表了未来改革的方向。

当前,各地已经在探索土地制度和户籍制度的联动改革更多是围绕特定目的的局部性改革试点,在全国层面构建系统性的土地制度与户籍制度联动改革机制在现实中存在诸多困难。例如,户籍利益和土地利益的时间趋势差异、空间结构差异、权能结构差异均影响两者利益的可交换性,土地退出的不可逆性与人口流动的不确定性影响着联动改革制度预期的稳定性,农业转移人口自身预期的不稳定性影响着转户和退地的意愿,等等。总之,建立户籍制度与土地制度联动的农业转移人口市民化机制尚有很长的路要走。

(三)兼顾公平与效率的市民化成本分担机制尚未建立

农业转移人口市民化成本分担机制的建立及完善滞后于土地城镇化和人口城镇化。虽然这已引起全国的普遍重视,但建立科学、合理的农业转移人口市民化成本分担机制迄今仍未超越纯粹理论层面的探讨。符合实际且操作性强的农业转移人口市民化成本分担机制,无论是在顶层设计层面,还是在基层探索层面,都缺乏实质性进展。其中的原因,主要是中央和地方之间、人口流入地和流出地之间、企业与就业者之间在分担成本上的责任与能力不匹配，其中又以中央与地方的财政关系中的成本收益不匹配最为关键。

1994 年分税制改革后，义务教育、医疗卫生、住房保障等基本公共服务的财政支出事权主要划归地方政府，而财权主要集中在中央政府。"营改增"之后，地方政府可用于基本公共服务融资的财政资源进一步减少。以北京为例，2015 年之前的财政收入增速高达 12.3%，而"营改增"之后仅增长 7.6%。虽然近年来的中央文件在力推"人地钱挂钩"配套政策，但诸如"人钱挂钩、钱随人走""人地挂钩、以人定地"等机制的落地和完善都有一个过程。这些政策法规要发挥更大作用，现实中还存在"梗阻"。有研究表明，地方政府要承担农业转移人口市民化成本的 97%，但仅享有市民化收益的 67%。[①] 在地方政府蒙受财政损失、积极性不足的条件下，有些政策也不会得到积极的响应。

在财政分权体制下，城市中的各项基本公共服务，主要是由作为人口流入地的城市政府承担。而现行体制下地方政府的财政预算，在基本公共服务支出上往往以户籍人口为依据，在中央转移支付和各类专项资金安排上，对于跨区域迁移而来的农业转移人口缺乏足够的财政安排，因而人口流入地的城市只能根据自身情况量力而行。[②] 当前在劳动力跨地区流动已经十分普遍的条件下，城市公共服务的供给和需求必然存在错配，导致人口净流入城市普遍面临着财政支出的正外部性。[③] 尽管 2021 年中央经济工作会议再一次强调，要健全常住地提供基本公共服务制度，但在实际操作层面的困难仍然很大。由于吸纳农业转移人口较多的大城市的财政支出压力较大，在新一轮户籍制度改革进程中，中央首先给出了按照城市规模实施的差别化落户政策，其次又基于这种按规模划分的差别化落户政策制定了相

① 魏义方、顾严：《农业转移人口市民化：为何地方政府不积极——基于农民工落户城镇的成本收益分析》，《宏观经济研究》2017 年第 8 期。

② 欧阳慧、邹一南：《分区域分群体推进农民工差别化落户城镇》，《中国软科学》2017 年第 3 期。

③ 傅勇：《财政分权、政府治理与非经济性公共物品供给》，《经济研究》2010 年第 8 期。

应的配套政策，提出对吸纳农业转移人口落户数量较多的城市，在中央财政转移支付、中央预算内投资安排和建设用地增加规模上予以倾斜，还对允许实施积分落户政策城市的规模，以及不同规模城市落户所要求的社保年限等具体条件进行了规定，进一步强化了按照城市规模实施差别化落户的政策取向。

城市规模固然是制定农业转移人口落户政策过程中一个重要的参考指标，但这一指标过于粗略简单，对中国城市体系和城市结构的复杂性考虑不够全面。在讨论户籍制度改革有关宏观战略层面的问题时，以城市规模作为方向性指导原则尚属合理，但在制定具体的差别化落户政策时，仅按城市规模实施差别化落户政策，并制定中央和地方市民化成本分担机制，则存在一些问题。具体表现为以下几个方面。其一，人口规模相当，但常住人口中的非户籍人口数量差距较大的城市，如采取相同的落户标准，在操作上会存在困难。例如，广州和沈阳同属特大城市，后者的农业转移人口数量仅为前者的15%左右，但是落户难度大相径庭。其二，外来人口数量相同，但结构不同的城市采用相同的落户标准也存在困难。如成都和深圳，前者的农业转移人口以省内迁移为主，后者的农业转移人口以跨省迁移为主，由于绝大多数公共服务尚未实现全国统筹，跨省迁移者落户的成本远高于省内迁移者，因而深圳非户籍人口落户成本要远高于成都。其三，规模较小城市的落户门槛低于规模较大城市落户门槛的要求不具有普适性。一些规模较大的城市如哈尔滨、西安，其农业转移人口数量并不多，而一些规模相对较小的城市如泉州、常州，其农业转移人口数量却很多，后者在放开落户方面的困难显然要大于前者，因此规模达到特大城市标准就要求严控落户，达到中小城市标准就全面放开的做法并不普遍适用。其四，规模相同而行政级别不同的城市，采取同一种落户标准也不符合实际。高行政级别的城市具有更强的资源再分配能力，能够在更大的辖区范围内集中经济资源，落户的承受能力强；反之，低行政级别的城市对落户的承受能力弱，如同为特大城市的广州和东莞，前者因行政级别高，资源再分配能力强，必然比后者更有能力为落户融资。总之，当前以城市规模为主要标准的差别化落户和配套政策仍有很大缺陷，与建立体现公平与效率原则的农业转移人口市民化成本分担机制的目标仍有较大距离。

五　本书的研究思路

问题被提出的方式决定了问题解决的思路。正是由于农业转移人口市民化是中国经济从传统发展格局到新发展格局转变的关键一步，而市民化问题又在当前面临着一系列困难和挑战，因此系统梳理农业转移人口问题形成的历史逻辑，准确把握问题发展的未来趋势，有针对性地提出解决问题的方案，进而提出相关政策建议就成为研究的主要目标。围绕农业转移人口市民化问题展开政策分析是本书的主要任务和基本特征，具体包括如下内容。

第一，在回顾历史的基础上，梳理农业转移人口问题的形成过程，并归纳已有的为解决这一问题的一系列政策措施的实施逻辑。人口从农村向城市转移是一个国家走向现代化的必然过程。中国的民工潮产生于改革开放之后，在融入国际大循环的战略背景下，几十年时间里，数以亿计的农业转移人口进入城市，推动了当代中国最重要的结构变迁，同时也造就了世界上最大规模的"候鸟式"城乡迁移。进入 21 世纪后，特别是 2008 年国际金融危机发生后，沿海地区出现了"民工荒"，政府和社会开始关注农业转移人口市民化问题，而推动"以人为核心的新型城镇化"也在党的十八大后被纳入国家层面的战略安排。总体来看，农业转移人口市民化政策的形成、发展和改革全过程，基本上是身处城市的政府以有利于城市经济发展和城市居民福利为原则而推动的，其变迁的逻辑遵循城市利益导向的政治经济学。从具体措施上看，农业转移人口市民化采取了城市排他性利益的扩散和剥离的二元路径，利益扩散即落户，利益剥离即居住证制度。从实施效果上看，农业转移人口市民化取得的每一个成绩，主要来源于城市福利供给体制外的市场化发展，如自理口粮户制度、城镇就业市场化和中小城市公共服务的市场化等。当前的新一轮户籍制度改革，由于其改革的对象越来越集中于少数特大城市这一户籍制度最后的堡垒，使得市民化政策越发体现出城市福利"体制内改革"的特征，这也成为农业转移人口市民化政策推进缓慢的一个重要原因。这部分内容构成本书的第一章和第二章。

第二，在剖析现实的基础上提炼总结出农业转移人口市民化问题的两大制度症结，即"落户两难"和"退地两难"并提出相应的破解之道。"落户两难"是指在当前城镇化进程中，对于"落户可促进农业转移人口市民化"这一命题，在政策层面存在着对立的推论：如果推进落户，在多数农业转移人口不愿落户且规模较大城市落户门槛较高的背景下，落户已很难继续推进；如果不推进落户，在城市户籍附着的公共服务等福利量仍然可观且很难进一步通过市场化手段予以剥离的背景下，农业转移人口市民化无法完成且无法可持续实现，因而必须继续推进落户。"退地两难"是指在当前城镇化进程中，对于"应在推动农业转移人口市民化的同时推动土地退出"这一命题，在政策层面存在着对立的推论：如果鼓励农业转移人口有偿退出土地，并利用土地退出的补偿实现市民化，可能会出现对"农民失地"风险的担忧，造成社会不稳定，因而不应让农业转移人口退出土地；如果坚持让农业转移人口保留农村土地权利，甚至在城市落户了也可以不退地，则会造成农业转移人口实现市民化的同时不实现"非农民化"，进而带来城乡资源配置低效，因而应推动农业转移人口有偿退出土地。"落户两难"和"退地两难"涉及更深层次的制度层面的问题，同时也是实现农业转移人口市民化不可回避的关键问题。两个"两难"的形成源于对落户、土地和市民化等问题的一些重要认识误区，澄清这些认识误区并提出对两个"两难"的破解之道构成本书第三章和第四章的主要内容。

第三，在实证分析的基础上探讨农业转移人口市民化的具体影响因素并构建短期、中期、长期相结合的政策体系。本书提出了当前农业转移人口市民化的三个主要难点，即农业转移人口迁移方向与迁入地市民化承载能力错配、户籍制度与土地制度联动的城乡双向市民化改革尚未形成、兼顾公平与效率的市民化成本分担机制尚未建立。这三个难点分别涉及城镇化模式、户籍制度与土地制度、市民化成本分担机制问题，是从长期、中期、短期视角推动农业转移人口市民化的政策着眼点，构成了农业转移人口市民化的政策体系。此外，鉴于居住和就业是影响农业转移人口市民化实现的两个十分重要的问题，本书基于中国流动人口动态监测调查数据，针对农业转移人口的购房行为和自雇就业行为对其实现市民化的影响和机制进行实证分析，为构建农业转移人口市民化政策体系提供更为具体的政策抓手。这部分内容构成本书的第五、六、七、八章。

第一章
农业人口向城市转移及其市民化问题的提出

农业人口向城市转移是一个国家走向现代化的必然过程。作为世界上人口数量最多的发展中国家，中国的城镇化过程必然会与世界其他国家有所不同。在经历了改革开放前的"抑制的城镇化"和改革开放后的"快速的半城镇化"之后，当代中国正在面对一个农业转移人口市民化的新的重要历史性课题，这项任务能否顺利完成，很大程度上决定了中国能否成功构建新的发展格局来应对世界百年未有大变局，能否成功建成社会主义现代化国家并完成第二个百年奋斗目标。

一 融入国际大循环战略的结构变迁

融入国际大循环战略是在改革开放初期制定的一项国家中长期发展战略。这一发展战略在破解了农业转移人口与城市国有企业争夺资金的"两难"困局的同时，也带来了中国经济结构的重大变迁，并造就了中国现代化进程中的一个数量庞大的特殊群体——农业转移人口，这一群体的出现和演变对中国经济社会的发展产生了深远影响。

（一）重工业优先发展战略下的农业人口状况

与 20 世纪 50 年代世界上其他发展中国家一样，中华人民共和国成立之后，首先面对的任务就是推动国家的工业化建设。1952 年，中国三次产业增加值比例为 50.5∶20.8∶28.7，其中第二产业中的工业增加值更是仅占 GDP 的 17.6%，工业基础十分薄弱。为了迅速扭转工业落后的局面，并巩固国家安全，中国选择了重工业优先发展的战略。在第一个五年计划期间（1953~1957），全国共安排了大中型建设项目 694 个，实际施工的达到 921 个，其中苏联援建 156 个；国家各部门基本建设投资 427.4 亿元，其中工业部门有 248.5 亿元，占 58.2%。在工业基本建设投资中，重工业又占到 88.9%。到 1957 年，新中国先后建成了以大中城市为核心的八大工业区，形成了全国范围内工业的面状布局，掀起了前所未有的工业化浪潮。

重工业的基本特点是"资本增密、排斥劳动"，也就是说，重工业优先发展战略将难以为农村劳动力提供足够的非农业部门就业机会。虽然在"一五"计划期间，全民所有制工业部门职工人数从 1952 年的 510 万人增加到 1958 年的 2316 万人，1959 年和 1960 年又分别增加到 4532 万人和 5969 万人，城镇人口达到 1.3 亿。[①] 但是随着"大跃进"运动的结束，农业人口向城市大规模转移的势头开始急剧逆转，大批已经进入城市工作的农业人口不得不重新回到农村务农。1961 年全国城镇人口减少 1300 万人，精减职工数量 950 万人，同年农村劳动力比上年增加 2730 万人，基本恢复到了 1957 年的水平。1962 年 1 月至 1963 年 6 月城镇人口共减少 1600 万人，同期精减职工 1034 万人；1962 年农村劳动力比上年又增加 1500 多万人。1960~1962 年，城镇人口共减少 2600 万人，精减职工 2000 万人。至 1963 年，农村劳动力占全社会劳动力的比例又陡然上升至 82.5%。[②] 农业部门在发挥其劳动力蓄水池作用的同时，也消化着工业部门经济危机的成本。

从 20 世纪 50 年代末开始，中国的国际环境日趋严峻，面临来自西方世界和苏联的双重封锁，城市重工业部门生产出来的制成品在国际上没有销路，只能通过工农业部门的产品交换实现经济循环，并通过国家强

---

① 萧国亮、隋福民：《中华人民共和国经济史（1949—2010）》，北京大学出版社，2011。
② 韩俊：《跨世纪的难题：中国农业劳动力转移》，山西经济出版社，1994。

制建立的工农业产品价格剪刀差的方式，维持工业化的资本积累，而这加剧了农业人口的贫困。为了确保重工业优先发展战略的有效实施，国家先后建立了包括粮食统购统销、人民公社制度、户籍制度在内的三位一体的城乡二元体制，在转移大量农业经济剩余的同时，严格限制农业人口向城镇转移。

在 20 世纪六七十年代，农业人口向非农部门的转移几乎停滞，城镇人口数量仅从 1964 年的 1.30 亿人增长到 1978 年的 1.72 亿人。而在同一时期，农村人口则从 5.75 亿人增长到 7.90 亿人，城镇化率更是从 18.3% 下降到 17.9%。在中国改革开放前的工业化进程中，不仅没有出现发展经济学理论中提到的和在其他发展中国家普遍发生的农业人口向城市转移，反而在短短不到 20 年的时间里，发生了持续的城市人口"上山下乡"运动，上千万青壮年劳动力从城市转移到农村（见表 1-1）。在这一时期，除了兵工厂和三线建设地区有少量的招工外，主要城市的人口均处于停滞状态。伴随高强度工业化原始积累的，是农业部门内卷化程度的加深，农业劳动力剩余状况越发严重。在 1952 年，第一产业增加值占 GDP 比例为 50.5%，农业劳动力占全国劳动力总量的 83.5%；到了 1978 年，第一产业增加值占 GDP 比例下降到 28.4%，而农业劳动力占全国劳动力总量仅下降到 70.5%，第一产业的比较劳动生产率处于持续下降的态势。

表 1-1　20 世纪六七十年代全国城镇下乡知识青年人数

单位：万人

年份	合计	插队	国营农场	知青集体农场
1962~1966	129.28	87.06	42.22	
1967~1968	199.68	165.96	33.72	
1969	267.38	220.44	46.94	
1970	106.40	74.99	31.41	
1971	74.83	50.21	24.62	
1972	67.39	50.26	17.13	
1973	89.61	80.64	8.97	
1974	172.48	119.19	18.66	34.63
1975	236.86	163.45	23.73	49.68

年份	合计	插队	国营农场	知青集体农场
1976	188.03	122.86	23.66	41.51
1977	171.68	113.79	15.99	41.90
1978	48.09	26.04	3.13	18.92
1979	24.77	7.32	1.01	16.44
总计	1776.48	1282.21	291.19	203.08

资料来源：历年《中国劳动工资统计资料》。

（二）融入国际大循环战略的时代背景

在重工业优先发展的战略选择下，中国工业结构呈现出重工业比例畸高的状态。在改革开放之前，中国重工业总产值在工业总产值中的占比最高时曾达到66.4%，到1978年这一比例仍然达到56.9%。根据经典的霍夫曼工业化定律，在工业化起始阶段，轻工业与重工业的比例应为5∶1左右；随着工业化的推进，重工业发展速度加快，但在工业中的占比仍低于轻工业，轻重工业的比例下降到2.5∶1左右；到工业化达到较为成熟的阶段后，轻重工业的比例基本相当；而站在20世纪中叶的发展视角看，重工业比例超过轻工业的国家几乎尚未出现。可见，中国在改革开放前实施的重工业优先发展战略，使重工业占比达到了一个罕见的高水平，这使改革开放后中国工业化的进一步发展面临一个两难的局面。

如前所述，在重工业优先发展战略下，农业人口向城镇的转移被严格限制。到改革开放初期，中国的城镇化已经严重滞后于工业化。1978年，中国非农产业增加值在国内生产总值中的占比达到72.3%，而非农就业人数在总就业人数中的占比仅为29.5%，城镇人口在总人口中的占比仅为17.9%。随着农村家庭联产承包责任制改革的成功，农业劳动生产率显著提高，大量农业剩余劳动力从农业中解放出来，并迫切地要求参与到工业化和城镇化进程中。然而，在改革开放初期，中国城市中的企业基本上全部为重工业企业，并且全部为国有企业，如果放任数以亿计的农业转移人口进入城市国有企业就业，必定会大大降低国有工业企业的资本有机构成，使整个工业结构向轻型化转型，阻碍工业结构升级进程。农业转移人口不仅要挤占就业岗位，用国有企业吸纳这些劳动力，就意味着需要提供给他们与国有企业职工同样的工资、社会保障以及住房等福利待遇，城市还要为接纳这些新市民投入大量资金用于基础设施和公共服务建设，这对于改革开放初期本就捉襟见肘的财政来说，无疑是一个沉重的负担。另外，在近30年的赶超发展战略下，很多城市国有企业的折旧基金甚至大修基金普遍被用于扩大再生产，企业面临着很大的固定资产更新换代压力，一些工业企业的机器设备极为老旧，生产技术亟待更新。对外开放后，这些国有企业迫切地需要进口国外先进的机器、设备和生产技术，实现固定资产的更新改造，而这也需要一大笔资金。事实上，从20世纪80年代中期开始，由于进口额大幅提高，国家外汇储备急剧下降，对外债务率急剧上升（见图1-1、图1-2）。资金和外汇短缺形势十分严峻。这样一来，在国家财政安排上，就形成了农业转移人口与城市国有企业争夺有限资金的"两难"困局。

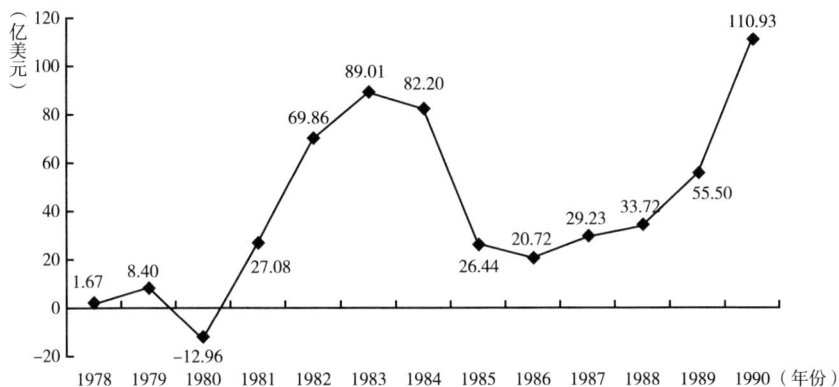

图 1-1　改革开放初期中国国家外汇储备余额变化情况

资料来源：国家外汇管理局。

破解这一困局的方式，关乎国家中长期发展战略的选择。在 20 世纪 80 年代末，理论界形成了多种不同的意见。其一，继续限制农业人口转移，并让农业继续为工业化积累资金。显然，在 20 世纪 80 年代改革开放的大趋势下，通过强化户籍管制等手段限制劳动力流动已经不合时宜。其二，大力发展轻工业，补上农村劳动力转移这一课。对于这种方案，在城市工商业部门仍以国有企业为主的条件下是无法实现的，以重工业为主的国有企业的资产专用型较强，强行实施结构转型的社会经济成本过高。其三，大规模举借外债，为工业结构升级和农业人口城镇化融资。举借外债的方案对于发展中国家来说，风险过大，20 世纪 80 年代拉美债务危机的教训有目共睹。其四，发展乡镇企业，走农村工业化和就地城镇化道路。应该说，这一方案在当时是很有市场的，20 世纪 80 年代是乡镇企业发展的黄金期，乡镇企业工业总产值最高时占全国工业总产值近四成，最早的一批农业转移人口是以乡镇企业就业和就地就近城镇化为主，"小城镇、大问题"也在一定范围内形成了理论共识。[①] 但是，乡镇企业生产的工业产品因为质量较低，出口竞争力弱，难以完成赚取外汇的任务，乡镇企业自身存在的一系列体制机制问题，也使其随着时代的发展逐渐退出历史舞台。最终，中国选择了以非国有部门发展劳动密集型产业融入国际大循环的发展战略。[②]

融入国际大循环可以使中国同时解决农业人口转移就业和城市国有企业固定资产更新改造两个问题。一方面，农业转移人口参与工业化和城镇化的成本被大大降低。劳动密集型产业中的企业以私营、外资企业为主，相对国有企业来说，这些企业属于"体制外"，可以不用对劳动者承担包括五险一金、终身就业、住房安排、子女教育、医疗保障等一系列的就业相关福利待遇。由于农业转移人口的保留效用较低，这种相对低水平甚至带有歧视性的待遇不仅是可以接受的，而且还因为可以带来远高于务农收入的工资而导致

---

① 费孝通：《乡土中国》，人民出版社，2008。

② 王建：《选择正确的长期发展战略——关于国际大循环经济发展战略的构想》，《经济日报》1988 年 1 月 5 日。

农业转移人口趋之若鹜。当时的中国，正面临着发展经济学理论上的"劳动力无限供给条件下的经济发展"，在城市劳动力市场上，也存在着典型的二元劳动力市场，通过将"体制内"和"体制外"劳动力市场分割开来，农业转移人口参与工业化、城镇化的成本被大大消解了。另一方面，城市国有企业获得了用于固定资产更新改造的宝贵的外汇资金。在强制结售汇制度下，中国劳动密集型企业出口换得的外汇，被国家外汇账户统一保留，并由国家统一安排使用，在低劳动力成本的优势下，劳动密集型企业表现出强大的出口竞争力，为疏解外汇资金短缺的困境做出了贡献。从 20 世纪 90 年代初期开始，国家外汇储备开始迅速增长，外债债务率也出现了明显下降（见图 1-1、图 1-2）。

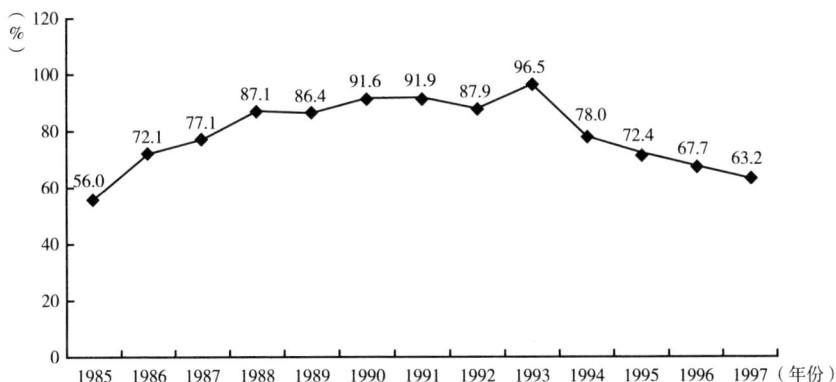

图 1-2　改革开放初期中国对外债务率变化情况

资料来源：国家外汇管理局。

（三）沿海经济发展战略下农业人口的跨部门、跨地区转移

应该说，融入国际大循环发展战略的成功有其重要的时代背景。首先，在外部条件上，20 世纪 80 年代的世界经济正在经历深刻的调整，尤其是日本和"四小龙"在完成了劳动密集型产业的发展积累后，开始寻求产业结

构的升级，其被淘汰下来的劳动密集型产业开始大规模地向中国内地等劳动力要素价格低谷转移，从而为拥有更多劳动力资源的中国内地留出了一个很大的发展空间。其次，在内部条件上，20世纪80年代的中国突然迎来了一个巨大的人口年龄机会窗口期。从20世纪70年代开始实施的计划生育政策在此时得到强化，14岁以下被抚养人口比例开始下降；从20世纪50年代开始不断快速延长的人口预期寿命，此时的增速开始大幅度放缓，从而使老龄被赡养人口比例也出现下降；20世纪60年代出生的婴儿潮一代此时正好集中进入劳动年龄，使得我国在20世纪80年代中期开始迎来人口抚养比急剧降低的时期。这一变化对中国承接国际劳动密集型产业转移提供了极好的机会。

1987年3月，六届全国人大五次会议正式提出，"要使经济特区、沿海开放城市和开放地区逐步形成外向型经济"。同年召开的党的十三大进一步确定，经济特区、开放城市和开放地区要着重发展外向型经济。为组织实施沿海发展战略，1988年3月4日，国务院在上海召开沿海地区对外开放会议，对贯彻实施沿海发展战略做了具体部署。会议认为，贯彻实施沿海经济发展战略，关键是必须把出口创汇抓上去，要两头在外、大进大出、以出保进、以进养出、进出结合。

在有利于沿海地区劳动密集型产业发展的内外部条件下，国家经济政策也开始向着有利于农业人口转移的方向进行调整，尤其是户籍制度出现了松动。1984年，国务院颁发的《关于农民进入集镇落户问题的通知》规定，凡申请到集镇务工、经商、办服务业，或在乡镇企事业单位长期务工的农民和亲属，准予自理口粮落户集镇。1992年8月，公安部拟制了《关于实行当地有效城镇居民户口制度的通知》，决定在小城镇、经济特区、经济开发区、高新技术产业开发区实行"当地有效城镇户口制度"。1997年，国务院正式批准了《小城镇户籍管理制度改革试点方案》，允许已经在小城镇就业、居住并符合一定条件的乡村人口在小城镇办理城镇常住户口。在持续放松的人口流动限制政策导向下，农业剩余劳动力开始大规模向非农部门转移。据统计，改革开放后，我国农民工数量由 1979 年的 200 万，增加到 2019 年的超过 2.9 亿（见表 1-2）。

表 1-2 改革开放后我国农民工数量变化情况

单位：万人

年份	1979	1989	1993	2003	2008	2012	2019
农民工数量	200	3000	6200	19200	22542	26261	29077

资料来源：历年《农民工监测调查报告》；国务院研究室课题组《中国农民工调研报告》，中国言实出版社，2006。

农业人口向非农部门的转移，极大地改变了中国的经济结构。从劳动力分布的部门结构来看，随着农业剩余劳动力的转移，农业就业人数在 20 世纪 90 年代中期之后开始迅速减少，使得长期困扰我国农业发展的内卷化倾向得以遏止，农业劳动生产率从 2003 年前后开始出现历史性的趋势转折，为农业的产业化和现代化发展提供了重要条件。与此同时，数以亿计的农村劳动力转移到城市工业部门，使工业的资本有机构成大幅度降低，从而带动重工业优先发展战略的调整。从劳动力分布的地区结构来看，随着农业人口跨部门转移，城镇化水平也开始快速提升，城镇人口占比从 1978 年的 17.9%上升到 2019 年的 63.9%，"乡土中国"转变为"城乡中国"，① 并快速地向"城市中国"迈进。同时，农业转移人口不再是就地城镇化转移，而是呈现出明显的跨区域转移特征。2008 年国际金融危机发生之前，全国外出农民工中，跨省流动的占 53.3%，其中流出中西部地区的占 56.9%，流入东部地区的占 71.0%，仅长三角和珠三角两地所吸纳的农民工就占外出农民工总量的 32.3%。②农业转移人口带来了中国史无前例的经济结构变迁。

---

① 刘守英、王一鸽：《从乡土中国到城乡中国——中国转型的乡村变迁视角》，《管理世界》2018 年第 10 期。

② 《2009 年农民工监测调查报告》。

二 "候鸟式"迁移模式的形成

（一）农业转移人口"候鸟式"迁移特征

以农民工为主体的农业转移人口[①]在其生命周期内的典型生活方式是，年轻时进城务工，中年之后就返乡生活（包括返回家乡所在地的中小城市或小城镇）。也就是说，对大多数农业转移人口来说，进城务工只是生命周期中的一个插曲，其最终的归宿还是回到家乡。因此，实际上农业转移人口被统计为城镇人口只是在他们年轻时，而中年返乡之后则不再是城镇人口。农业转移人口作为城镇化率的分子的时间也只是其年轻时在城市务工的时候，而中年返乡之后就只能成为城镇化率的分母。因此，农业转移人口进城对城镇化的贡献是一种"暂时"或"流量"的贡献，城镇化具有一种流动特征。

在农业转移人口群体中，有多少人会返乡呢？不同的时期，不同年龄段的农业转移人口，这个答案会有所不同。本书考察 2008 年国际金融危机前农业转移人口的返乡行为，具体如下。

通过对 2006 年中国综合社会调查农村卷的测算结果进行估计，有过进城务工经历而目前在农村生活的返乡农业转移人口占全部农村劳动力总数的18.9%，其中表示将来不打算再外出的人占 48.2%；Zhao 在 1999 年对河北、陕西、湖南、四川、安徽、浙江六省农村的调研表明，在所有的农村劳动力中，78.3% 为非外出劳动力，13.4% 为外出劳动力，8.3% 为返乡劳动力[②]，也就是说，在所有农业转移人口和曾经的农业转移人口中，返乡者占了

---

① 农民工是指保有农业户口并向非农部门转移就业的农业人口，农业转移人口是指保有农业户口并向非农部门转移了的农业劳动力和农村非劳动适龄人口，因此农业转移人口的范畴大于农民工。鉴于一些专题报告和调研数据采用"农民工"字样，后文在直接引述时如无必要，不再对两者进行区分。

② Zhao 的研究中，返乡劳动力是指在调查当年的前一年底返乡后，一直在农村没有再外出的劳动力，由于调查是在 9 月份，因而返乡劳动力至少在农村停留了 8 个月以上。

约 40%；白南生、何宇鹏在 1999 年对安徽、四川两省的研究也表明，外出或曾经外出的劳动力约占农村劳动力总数的 22.0%，外出劳动力占农村劳动力总数的 15.7%，占外出或曾外出劳动力的 71.4%，返乡农业转移人口占农村劳动力总数的 6.3%，占外出或曾外出劳动力的 28.6%，占仍外出劳动力的 40.1%。①盛来运等根据农民工监测调查数据的研究得出，2009 年春节前返乡的农民工大约 7000 万人，占外出农民工总量的 50%。②从返乡原因来看，只是回家过年的返乡农民工为 4500 万人，占返乡农民工的 64.3%；因企业关停、企业裁员、找不到工作、收入低等与金融危机有关的因素而返乡的农民工为 1200 万人，占 17.1%；因家庭原因、工程季节性停工等非经济原因而返乡的农民工为 1300 万人，占 18.6%。2009 年有超过 2000 万人是返乡不再外出的农民工。综上可见，农业转移人口返乡是一个在不同时期不断出现的普遍现象。

　　进一步地，返乡农业转移人口的年龄结构如何呢？通过对 2006 年中国综合社会调查农村卷的测算结果的估计，以及 Zhao、白南生、何宇鹏、盛来运等的研究可以看出各类农村劳动力的年龄结构（见表 1-3）：首先，返乡农业转移人口的平均年龄要明显大于仍在外务工的农业转移人口，可以推测农业转移人口随着年龄增大返乡的比例也在增大，而返乡者一般是中年人，平均年龄在 35 岁左右。其次，返乡农业转移人口年龄要小于从未外出的农业转移人口，包括返乡农业转移人口在内的所有农业转移人口普遍是农村劳动力中的年轻群体。因为即使是 20 世纪 80 年代最早的一批农业转移人口在 20 多岁进城务工，返乡之后，到了 21 世纪初也仅过了 20 年，年龄也只有 40 多岁。而在农村，60 岁甚至 70 岁的农民仍在充当农业劳动力的大有人在，因此返乡农业转移人口相对于从未外出的农村劳动力年龄较小。

---

① 白南生、何宇鹏：《回乡，还是外出？——安徽四川二省农村外出劳动力回流研究》，《社会学研究》2002 年第 3 期。

② 盛来运、王冉、阎芳：《国际金融危机对农民工流动就业的影响》，《中国农村经济》2009 年第 9 期。

表 1-3　各类农村劳动力的年龄结构

单位：岁

	已返乡农业 转移人口	仍在外务工的农业 转移人口	从未外出的 农村人口
中国综合社会调查	35.4	30.4	43.1
Zhao	35.6	27.9	42.0
白南生、何宇鹏	37.5	27.6	38.8
盛来运等	31.9	29.5	43.7

资料来源：笔者根据中国综合社会调查，Zhao，白南生、何宇鹏，盛来运等文献计算得出。

仅仅通过上述几个调查的平均年龄数据似乎还不足以说明我国农业转移人口中年返乡的事实，为此，利用中国住户收入调查（CHIP）1995 年、2002 年的数据，以及 2009 年国家统计局的一份针对新生代农民工的调查报告，制作了不同时间点的农村人口、农村从业劳动力和外出农民工的年龄结构金字塔，如图 1-3、图 1-4、图 1-5 所示。

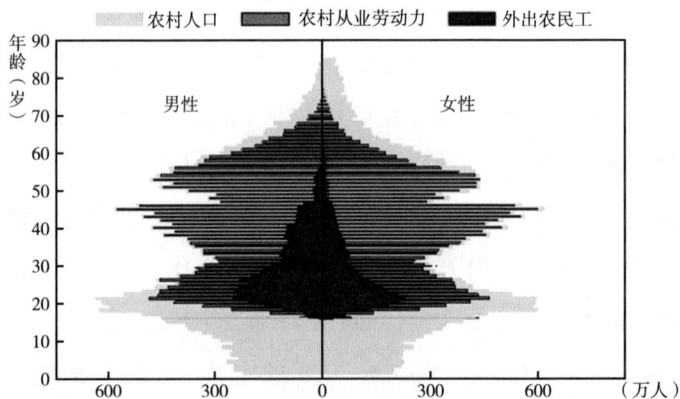

图 1-3　2009 年农村人口、农村从业劳动力和外出农民工的年龄结构

资料来源：国家统计局《新生代农民工的数量、结构和特点》，2009 年。

由图 1-3、图 1-4、图 1-5 可以发现农民工年龄结构的几个特点：第一，外出农民工的年龄结构表现出明显的年纪较轻的人多、年纪较大的人少

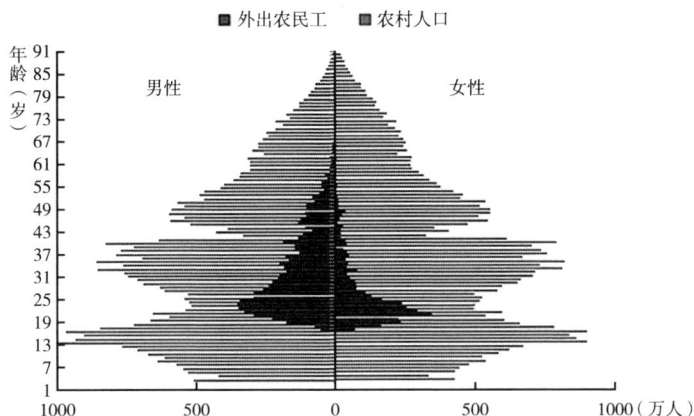

图 1-4 2002 年农村人口和外出农民工的年龄结构

资料来源：2002 年 CHIP 数据、2000 年第五次人口普查数据、国务院研究室课题组《中国农民工调研报告》。

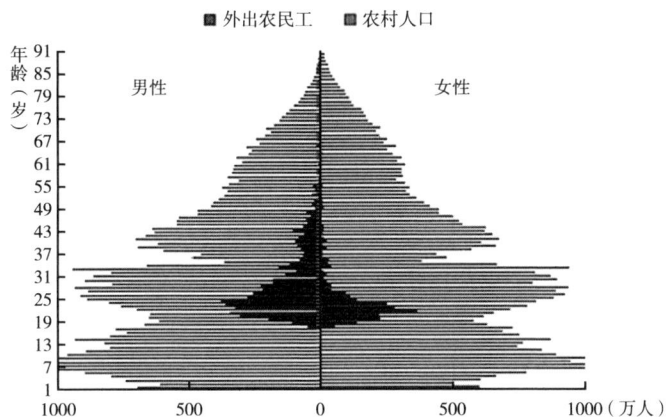

图 1-5 1995 年农村人口和外出农民工的年龄结构

资料来源：1995 年 CHIP 数据、1995 年全国 1% 人口抽样调查数据、国务院研究室课题组《中国农民工调研报告》。

的特征。以代表 2009 年农民工年龄结构的图 1-3 为例，年龄在 20~30 岁的农民工占据农民工群体中的绝大多数，而在 30 岁之后，外出农民工开始急剧减少；而女性农民工数量开始减少的年龄甚至更早，也更迅速。对比图中的农村劳动力年龄结构可以看出，在 30 岁之后，农村劳动力中的农民工比例开始迅速降低。由此可以从静态意义上说明，在农村劳动力中，年轻者在城市务工，而年长者生活在农村。

第二，从动态意义上考虑农民工的年龄结构，则可以清楚地看出农民工年轻时进城务工、中年后返乡的生命周期过程。由图 1-3 可以发现，2009 年农民工数量显著减少的年龄为男性 30 岁左右、女性 25 岁左右，在这一年龄段的农民工人数比峰值年龄的农民工数量减少了一半，男性约为 150 万、女性约为 100 万。进一步观察图 1-3 可以发现，农民工数量峰值的年龄为男性 23 岁左右、女性 18 岁左右，该年龄段的人数男性约为 400 万、女性约为 350 万，而 2002 年 23 岁的男性农民工和 18 岁的女性农民工正好是 2009 年 30 岁的男性农民工和 25 岁的女性农民工。对比图 1-4 和图 1-5，也可以发现类似的规律。1995 年时 23 岁的男性农民工和 18 岁的女性农民工，到 2002 年男性农民工达到 30 岁而女性农民工达到 25 岁时，其相当大一部分已经返乡。因此，从动态意义上的农民工年龄结构的变化可以说明，农民工群体确实存在年轻时在城市务工、中年后返乡的特征。

第三，分性别来看，3 个年龄结构图都显示出，女性农民工在 20~25 岁开始迅速减少，而男性农民工迅速减少的年龄在 30 岁之后，这表明女性农民工返乡的年龄要早于男性。这是由于女性农民工在 20~25 岁开始进入婚育阶段，在结婚生子之后往往不再外出，而是在农村老家带孩子，她们的丈夫则继续外出挣钱。[①] 因此，农民工总体数量也是男性明显多于女性，表现出单身外出而非举家外出的特征，而根据现实生活经验可以判断，单身外出务工是与"候鸟式"迁移模式相联系的。

综上可以说明，改革开放后以农民工为主体的农业转移人口的乡城迁移是一种"候鸟式"的迁移，相当一部分农业转移人口是年轻时在城

---

① 当然，也有部分女性农民工在进城之后与城市男性居民结婚，获得城市户口，成为市民而脱离农民工群体，但很多研究表明这种情况较少，不能改变研究结论。

市务工、中年之后返回家乡。因此，对于以 6 个月常住城镇人口统计的城镇化率，进城农民工的贡献只是一种"流量"意义上的，老一代农业转移人口年轻时进城务工，年纪大了返回农村，而更多的年轻农业转移人口又再次进入城市，填补了老一代农业转移人口返乡后留下的空缺。在一代代农业转移人口向城镇"候鸟式"迁移的动态演进过程中，农业转移人口总量和城镇人口的比例在逐步提升，因此可以说城镇化是"流动的城镇化"。

（二）农业转移人口"候鸟式"迁移的直接制度原因

完整的农业转移人口城镇化可以分为两个阶段，第一个阶段是由农村向城市地理上的迁移，此时的农业转移人口的职业属性和居住地点已发生变化，但身份仍然是农民，并且在城市的职业层级和居住条件都与城市原住居民有着明显的差异。第二个阶段是迁移到城市的农业人口实现市民化的过程，即在身份、居住、就业乃至心理等各个方面都和城市原住居民相融合的过程。然而，这种融合始终未能实现，迁移到城市的农业人口未能实现市民化，年轻时还可以勉强在城市停留，中年之后则越发受困于城市内部二元分割所造成的福利缺失，不得不返回农村家乡。具体而言，农业转移人口与城市居民存在三个方面的二元分割。

1. 户籍分割

新中国成立以后，尤其是改革开放以来，全国层面开始出现大规模的农民工进城务工潮。然而，我国的财政体制，从历史上的财政包干制到现行的分税制，无论是收入和支出责任的划分，还是转移支付制度的设计，都是以假定人口不流动为前提，以辖区的户籍人口为基础。[①] 此外，我国 70% 以上的税收收入来自间接税，90% 以上的税收收入来自企业缴纳，[②] 包括城市非户籍人口在内的自然人所缴纳的直接税是非常有限的。因此，地方政府在安

---

① 刘尚希：《城镇化对我国财政体制的"五大挑战"》，《中国财经报》2011 年 11 月 26 日。

② 高培勇：《由适应市场经济体制到匹配国家治理体系——关于新一轮财税体制改革基本取向的讨论》，《财贸经济》2014 年第 3 期。

排财政收支和制定财政政策的时候，既没有积极性也没有充足财力来考虑和满足非城市户籍人口的公共服务需求，特别是在教育、医疗、保障住房、社会保障等供需紧张的基本公共服务领域，当地居民与外来人口的"区别对待"更是一种普遍现象。

农业转移人口由于没有城市户口，无法享受与户籍相关的诸如子女教育、医疗、社保、住房保障、就业保护等方面的福利。虽然改革使得很多原来的户籍福利的配置越发市场化，但户籍福利尤其是大城市的户籍福利仍然是农业转移人口可望而不可即的。户籍分割是导致农业转移人口"候鸟式"迁移的制度原因之一。当然，这并不是说取消了户籍制度，农业转移人口就会改变"候鸟式"迁移模式，并实现市民化，事实上，户籍分割只是导致"候鸟式"迁移的众多制度原因之一，并非主要原因，这一点将在本书后面章节详细探讨。

2. 居住分割

住房在社会分层体系中是一个非常重要的因素，拥有住房是农业转移人口实现在城镇定居的一个基本条件。[①] 城市的众多公共服务资源（如教育、医疗、基础设施、治安等）和社会资源（如人力资本和社会资本、工作机会和其他机会）都是有形或无形地附着在区位之上。[②] 住房不仅是遮风避雨的物质空间，它还决定了城市居民的生活环境和社会交往空间，为家庭获得各种城市资源、融入城市主流社会提供机会。作为农业转移人口，一旦决定购买城市住房，则表明其在城市的工作生活已经比较稳定，并且有了长期发展的预期，其他家庭成员也就能够随之迁移至城市居住，从而实现举家永久性迁移。但没有住房，农业转移人口只能漂泊在城中村和城乡接合部等地，居无定所。年轻时可忍受这种漂泊，随着年龄的增大，自身和家庭成员对正规住房的需求与日俱增，缺乏正规住房导致正规家庭生活的缺失使农民工难以在城市长久居住，只能把自己当作城市的一个过客，把城市当作一个获取

---

① 李斌：《城市住房价值结构化：人口迁移的一种筛选机制》，《中国人口科学》2008 年第 4 期。

② 郑思齐、廖俊平、任荣荣等：《农民工住房政策与经济增长》，《经济研究》2011 年第 2 期。

非农收入的场所，当作生命周期中的一个中转站。

当前，农业转移人口普遍上还未被实质性地纳入各城市的住房保障体系，面对一些城市的高房价，以农业转移人口的收入水平普遍难以支付得起正规商品住房的成本。根据《2015 年农民工监测调查报告》，农民工在城市的月均生活消费开支为人均 944 元，其中用于居住的支出为人均 445 元，[①] 这显然难以支付正规住房的租房费用，大多数农民工只能依附性居住，与城市原住居民形成居住空间上的二元分割，这可以从表 1-4 和表 1-5 显示的一些年份（2008～2015 年、2016 年、2018 年）外出农民工住宿情况看出。[②]

表 1-4   2008～2015 年外出农民工住宿情况

单位：%

年份	单位宿舍	工地工棚	生产经营场所	与他人合租住房	独立租赁住房	务工地自购房	乡外从业回家居住	其他
2008	35.1	10.0	6.8	16.7	18.8	0.9	8.5	3.2
2009	33.9	10.3	7.6	17.5	17.1	0.8	9.3	3.5
2010	33.8	10.7	7.5	18.0	16.0	0.9	9.6	3.5
2011	32.4	10.2	5.9	19.3	14.3	0.7	13.2	4.0
2012	32.3	10.4	6.1	19.7	13.5	0.6	13.8	3.6
2013	28.6	11.9	5.8	18.5	18.2	0.9	13.0	3.1
2014	28.3	11.7	5.5	18.4	18.5	1.0	13.3	3.3
2015	28.7	11.1	4.8	18.1	18.9	1.3	14.0	3.1

资料来源：历年《农民工监测调查报告》。

① 农民工居住支出数据仅在《2015 年农民工监测调查报告》中出现，自 2016 年起不再发布，故仅用 2015 年这一较早年份的数据说明。

② 从《2016 年农民工监测调查报告》开始，有关农民工居住情况的统计口径发生了变化，因此用两个表呈现。在 2019 年之后，《农民工监测调查报告》不再报告农民工居住类型情况，因此表 1-4 和表 1-5 所报告的指标年份，均为农民工监测调查报告所报告的该指标的最新年份。

表 1-5　2016 年、2018 年外出农民工住宿情况

单位：%

年份	购房	自购保障性住房	租房	保障性公租房	单位雇主提供住房	其他
2016	16.5	1.3	61.0	1.4	13.4	6.4
2018	17.4	1.6	60.0	1.3	12.9	6.8

数据来源：历年《农民工监测调查报告》。

3.劳动力市场分割

就业是农业转移人口来到城市务工的最初动因，拥有一份体面的工作也是其留在城市的保证。然而，中国的城市劳动力市场具有典型的二元劳动力市场特征，农民工与城市劳动者分处在分割的劳动力市场上，农业转移人口普遍集中在二级劳动力市场上，收入低、社会保障差、稳定性弱的非正规就业者，大多数农业转移人口未与就业单位签订劳动合同（见表 1-6），参加"五险一金"的比例也很低（见表 1-7）。[1] 在这种条件下，非正规就业者无法随着工作年限的推移积累人力资本，因而只能从事重复性的低端就业。在年轻时可依靠体力勉强维持生计，年龄增大后则无法继续从事高强度体力劳动，因而不得不返回农村。因此，非正规就业是与农业转移人口"候鸟式"迁移相联系的。

表 1-6　2016 年农民工签订劳动合同情况

单位：%

	无固定期限劳动合同	一年以下劳动合同	一年以上劳动合同	没有劳动合同
农民工合计	12.0	3.3	19.8	64.9
外出农民工	12.4	4.2	21.6	61.8
本地农民工	11.5	2.2	17.7	68.6

资料来源：《2016 年农民工监测调查报告》。

---

① 《农民工监测调查报告》在 2017 年之后就不再报告合同签订情况，2015 年之后就不再报告"五险一金"缴纳情况，因此表 1-6 和表 1-7 所报告的指标的年份，均为《农民工监测调查报告》中该指标的最新年份。

表 1-7　2014 年农民工参加"五险一金"的比例

单位：%

	工伤	医疗	养老	失业	生育	住房公积金
农民工合计	26.2	17.6	16.7	10.5	7.8	5.5
外出农民工	29.7	18.2	16.4	9.8	7.1	5.6
本地农民工	21.1	16.8	17.2	11.5	8.7	5.3

资料来源：《2014 年农民工监测调查报告》。

（三）农业转移人口"候鸟式"迁移的影响

1.拉大城乡收入差距

考虑一个城乡二元经济，农村初始人口总量为 N，城市人口总量标准化为 1，t 时期进入城市务工的农业转移人口数量为 m_t，t 时期城市资本存量用 K_t 表示。假设城市的生产采用规模报酬不变的 C-D 型生产函数，而农村的生产仅靠劳动力，且边际收益递减，[①] 于是，t 时期城市部门的产出 Y_t^u 可以表示为：

$$Y_t^u = (1 + m_t)^\alpha K_t^{1-\alpha} \tag{1.1}$$

t 时期农村部门的产出 Y_t^r 可以表示为：

$$Y_t^r = (N - m_t)^\beta \tag{1.2}$$

其中，$0 < \alpha, \beta < 1$，如果劳动力市场是竞争性的，则城乡两部门的工资等于劳动的边际报酬，即：

$$W_t^u = \alpha (1 + m_t)^{\alpha-1} K_t^{1-\alpha} \tag{1.3}$$

$$W_t^r = \beta (N - m_t)^{\beta-1} \tag{1.4}$$

---

① 对农村的生产仅靠劳动力的假设，没有考虑农村非农业生产中资本的作用，与现实情况有所偏差。但考虑到农村的生产活动与城市的工商业生产活动相比，劳动力要素投入的比例明显较大，且农村中从事非农产业生产的比例也相对较小，为了简便，设定农村生产活动只使用单一劳动要素。

其中，W_t^u 为竞争性劳动力市场下城市的工资水平，W_t^r 为农村的工资水平。由于农业部门的生产是边际报酬递减的，随着乡城迁移的农业转移人口的数量 m_t 增多，农村的工资水平 W_t^r 将上升。城市的工资水平则取决于农业转移人口的数量 m_t 和资本规模 K_t。在一定的资本规模 K_t 下，农业转移人口的迁入会使得城市的劳动边际报酬降低，而如果在更多的劳动力创造出的更多产出 Y_t^u 中，有足够的比例用于物质资本 K_t 的积累，城市部门的工资水平也会保持增长。故从长期来看，随着劳动力由农业部门向城市工商业部门转移，二元经济将按照刘易斯模型所描述的那样，逐步走向融合，城乡人口迁移将形成一种劳动力的平衡机制，使城乡收入差距缩小，整体经济效益也将得到提高。

然而，我国城市部门的二元分割将使得城镇化的发展偏离刘易斯模型的轨道。由于我国的城市劳动力市场的不完全竞争性，城市部门更倾向于表现为托达罗模型和二元劳动力市场理论所描述的情形，即分化为正规部门和非正规部门，城市原住劳动者在正规部门就业，而农业转移人口只能在非正规部门就业。因此，农业转移人口的工资水平将低于城市劳动力的边际产出，我们设农业转移人口的工资水平为城市劳动力边际产出的一定比例，即：

$$W_{t,r}^u = \lambda W_t^u = \lambda \alpha (1 + m_t)^{\alpha-1} K_t^{1-\alpha} \qquad (1.5)$$

其中，λ 为农业转移人口实际工资系数，是农业转移人口实际工资占劳动边际产出的比例，$W_{t,r}^u$ 为在城市务工的农业转移人口的工资，而城市原住劳动力的工资水平仍然等于劳动边际产出。根据前文的分析，事实上城市内部的二元分割不仅体现在劳动力市场上的分割，还体现在户籍福利待遇和居住条件上的分割，这些分割都可以抽象为降低了农业转移人口的实际收入水平。

同时，随着农业转移人口年龄的增大，分割对实际收入水平降低的作用也在增强，农业转移人口实际工资的降低程度也在增大：当农业转移人口年龄增大，随迁子女达到学龄阶段，由于没有户口，在入学时不得不多交一笔借读费；随着年龄增大，农业转移人口身体健康程度也在下降，更多需要到医院就医，由于没有户口，获取医疗服务的费用也较高；年龄较大的农业转移人口也更多地面临失业风险和养老需求，没有户口将降低农业转移人口获得社保的可能性，使农业转移人口面临收入的损失；当农业转移人口年龄增大时，将面临成家、生育等对正规住房条件的现实需要，仅仅住在工地、厂棚、城中村等将不能满足基本的家庭生活条件。如果农业转移人口坚持在城市居住下去，则不得不租更好的住房，这必然增加居住成本，使实际收入水平降低。由于农业转移人口主要是在劳动力市场上从事体力劳动，更大年龄的农业转移人口失去了年轻力壮、精力旺盛的优势，更难获得就业机会，将直接导致实际收入水平的降低。因此，农业转移人口实际工资系数 λ 是农业转移人口年龄的函数，即：

$$\lambda = \lambda(a) \tag{1.6}$$

其中，a 表示农业转移人口的年龄，λ 为一个减函数，随着农业转移人口年龄的增大而降低。对于农业转移人口，只要进城务工的实际收入水平高于其在农村的收入水平，其就会从农村迁移到城市，因此追求收入最大化的农业转移人口进城务工的均衡条件是：

$$\lambda(a)\ W_t^u = W_t^r \tag{1.7}$$

图 1-6 显示了农业转移人口生命周期内工资变化情况，假设城市工资水平和农村工资水平不随劳动者年龄变化而变化。a_1 表示一个典型农业转移人口进入城市劳动力市场的年龄，当他年轻时，分割所造成的实际工资降低效应较小，实际工资系数 λ 较大。此时农业转移人口的实际工资虽低于城市工资水平 W_t^u，但高于农村工资水平 W_t^r，也就是进城务工的保留工资。因此，农业转移人口仍然会选择在城市务工。而随着农业转移人口年龄的增大，实际工资系数 λ 逐渐减小，最终在年龄 a_2 时达到 1.7 式表示的均衡条件，即进城务工实际工资与农村工资水平相等（图 1-6 中的点 C），此时农业转移人口将开始返乡。

设 a_3 代表典型农业转移人口退休的年龄，则从其离开城市返乡的年龄 a_2 到退休年龄 a_3 都生活在农村。如果农业转移人口的数量按年龄均匀分布，

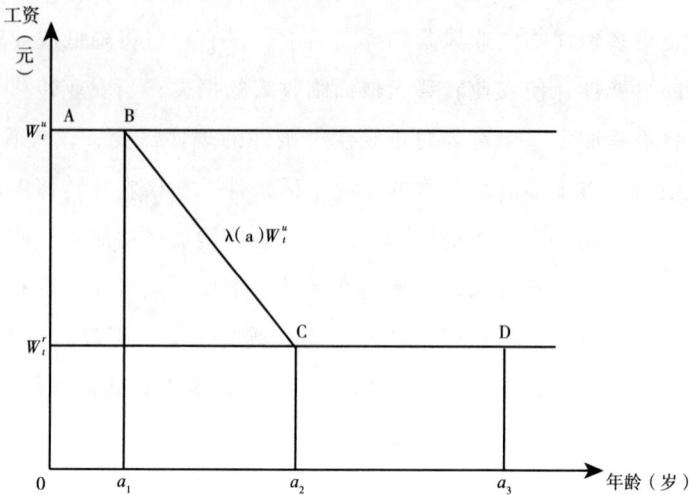

图 1-6　农业转移人口生命周期内工资变化情况

城市内部的分割造成的"候鸟式"迁移，将导致城市农业转移人口数量 m_t 比应有的数量减少 $\dfrac{a_2\,a_3}{a_1\,a_3} \times 100\%$ 。

根据 1.3 式和 1.4 式，城市的工资 W_t^u 和农村的工资 W_t^r 分别是农业转移人口数量 m_t 的减函数和增函数。因此，城市农业转移人口返乡所造成的城市劳动力数量的减少和农村劳动力数量的增加，将分别对城市和农村收入水平有提升和压低的作用，从而使城乡收入差距增大。

图 1-7 显示了改革开放以来我国城乡收入变化情况。可以发现，改革开放以来我国的城乡收入比一直保持在大于 1 的水平，并且总体上呈现逐渐上升的趋势。近年来虽然城乡收入比有所缩小，但两者的绝对差距仍在拉大。根据上述分析，城市内部农业转移人口和城市居民在户籍、居住和劳动力市场等方面的分割，造成农业转移人口中年返乡，使得只有年轻的农业转移人口才能留在城市务工，年龄较大的农业转移人口返回农村从业。这一方面降低了城市农业转移人口的存量，使城市的边际劳动收入较高。另一方面农村劳动力数量保持在较高水平，使农业生产难以实现规模化，在一定程度

上延续了内卷式的发展模式，农民收入水平难以提高。同时，农业转移人口年轻时进城务工中年后返乡，使得城市获得了年轻的高素质劳动力，而把年龄较大、劳动生产率较低的劳动力推回农村，实际上是将人口红利留在城市，将人口负债退回农村，这进一步拉大了城乡之间的平均劳动生产率差距，使得在城乡迁移和城镇化不断发展的同时，城市居民保持了收入上的优势地位。

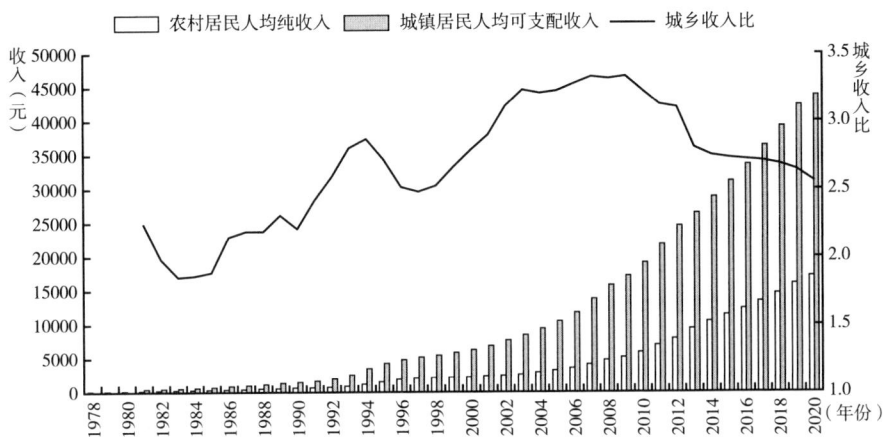

图 1-7　改革开放以来我国城乡收入变化情况

资料来源：历年《中国统计年鉴》。

2. 不利于农村经济社会发展

城市内部的新二元分割导致了农业转移人口的"候鸟式"迁移，而"候鸟式"迁移意味着农业转移人口从农村不完全退出，这将对农村社会经济的发展造成一些不利的影响。

第一，加剧人地关系紧张。由于计划生育政策的执行在农村相对较为宽松，农村人口的增长速度较快，加之农业转移人口向城市的转移是非永久性的，很多人在中年之后还要返回农村，这势必加剧已经高度紧张的人地关系，压缩农业生产规模经济的空间，增大农村人口收入提高的难度。由于农业转移人口不能永久性地退出农村，无法实现与土地彻底分离，兼业经营的现象较为常见。因此，农村土地难以集中，规模经济无法实现，农业生产的现代化就无法推进，只能仍旧依靠劳动力的投入维持低水平的生产，从而陷入"内卷化"的低水平发展陷阱。

第二，造成土地资源浪费。由于大多数农业转移人口家庭的收入主要来自非农收入，农业转移人口家庭对土地的耕种热情大大降低，往往只满足于粗放经营以获得基本口粮。然而，他们预期今后还会回到农村，出于对土地生产性和保障性作用的考虑，农业转移人口即使长期在城市务工，也不愿放弃自己名下的土地，导致大量农地抛荒。同时，"候鸟式"迁移的预期使得农业转移人口将城市务工的收入用于在农村老家盖房，而农业转移人口往往将家乡房屋建造得宽敞高大，却无人居住。这使得农村一方面人走屋空，农村空闲住宅达到 10%~15%，闲置用地面积达 3000 万亩左右，相当于现有城镇用地规模的 1/4；低效用地达 9000 万亩以上，相当于现有城镇用地规模的 3/4。① 另一方面，农业转移人口挣钱后回乡建房，使村庄呈现"人口减少，面积增大"的"逆向扩张现象"。

第三，产生农村社会问题。农业转移人口"候鸟式"迁移是与单身出户、人户分离的模式相联系的。自 20 世纪 90 年代中期以来，我国农村地区人口数量持续下降，从 1995 年的 8.59 亿下降到 2021 年的 4.98 亿，而农村户数仍然保持在 2.3 亿户左右，这表明出现了明显的人户分离现象。在这种模式下，大量外出农业转移人口长期忍受与家人的分离，对家庭关系形成冲击，动摇了社会最基本单元——家庭的稳定性，由此产生的留守儿童缺乏管教、留守老人缺乏照顾等问题也对农村社会的发展造成不利的影响。

3. 不利于城镇化健康发展

第一，不利于城市产业结构升级。"候鸟式"迁移模式虽然对工业化的发展具有积极作用，但农业转移人口长期的"候鸟式"迁移模式将使工业化的后续发展陷入困境。由于没有在城市长期稳定就业的预期，农业转移人

---

① 邹一南、苏长青：《乡村"人口减少、面积增大"悖论探析》，《中国党政干部论坛》2015年第 12 期。

口提高自身素质和技能的积极性将被抑制，现代城市公民的素质也难以得到培养。常年往返城乡之间，必然产生一笔不菲的交通开支，也将进一步削弱农业转移人口对人力资本投资积累的能力。对于用工企业，由于预期到农业转移人口的流动性较强、不会与企业保持长期的劳动关系，从而对农业转移人口的使用也往往从短期出发，不注重对农业转移人口的培训和提升，甚至形成只用年轻农业转移人口的浪费式用工模式，进一步恶化了农业转移人口的人力资本积累的环境。长期来看，农业转移人口将始终处于低水平、低层次的产业领域，难以成为适应高技术产业发展要求的高素质劳动者；而企业基于低技能劳动者数量多的比较优势，形成劳动密集化发展的路径依赖，从而逐渐被限定在低端产业领域，导致产业结构升级的步伐迟缓。

第二，不利于城市社区建设。在"候鸟式"迁移的预期下，农业转移人口往往寻求低廉的临时性住房，不愿意将大量的金钱用于改善居住条件，这造成了"城中村""棚户区"等非正规甚至游离于法律灰色地带的住房市场的兴起。然而，如果为了城市治安和社区环境的改善，拆除"城中村"、清理"棚户区"，但又无法提供符合农业转移人口需求的替代性住房，则会将农业转移人口挤出城市，或者在其他地方出现新的"城中村"和"棚户区"，这实际上是以牺牲农业转移人口的利益为代价，不利于经济发展和社会稳定。因此，由农业转移人口临时性迁移带来的临时性居住问题使城市社区建设陷入困境，而市政府在处理"城中村""棚户区"问题的政策选择上也面临两难的情况。

第三，不利于城市社会和谐稳定。年轻时进城务工，中年后返乡从业，这种模式是农业转移人口普遍的生命轨迹。但是，随着1980年后出生的第二代农业转移人口逐渐成为农业转移人口的主体，这种"候鸟式"迁移模式的稳定性受到挑战。"农二代"从小更多地受到城市文化的浸染，对城市生活更加向往，更重要的是，他们中的大多数人都缺乏务农经验，往往离开学校就直接进城务工。因此"农二代"普遍具有较强的永久性迁移意愿，不愿返回农村务农。国家统计局的报告《新生代农民工的数量、结构和特点》显示，在未来的打算上，接近一半的新生代农民工有在城市定居的打算。

然而，与较强的定居意愿相对应的是，第二代农业转移人口的定居能力与老一代农业转移人口相比并没有明显提高。虽然在教育年限、培训经历上要略微强于老一代农业转移人口，但在全民教育程度普遍提高的背景下，第二代农业转移人口的人力资本水平仍然较低。第二代农业转移人口仍然是城市中收入较低的群体，从事的是非正规工作，居住的是非正规住房，强烈的留城定居意愿与依然较弱的定居能力形成冲突。此外，当第二代农业转移人口步入中年后，面临在城市就业困难、生活不便进而需要离开时，缺乏务农经验将使他们无法像老一代农业转移人口那样可以轻松融入农村。城市无法留居、农村也不能融入的情形将给他们带来较大的不稳定性。

第四，不利于城市经济增长。"候鸟式"迁移模式首先会通过限制农业转移人口消费水平的提高影响城市经济增长。由于没有户籍身份，不能享受城市居民的社会保障和公共服务；在城市居无定所，大多只能单身居住，无法实现举家迁移；工资收入较低、社会保障缺乏、工作岗位有很大的不确定性，农业转移人口经常最大限度地降低消费以增加储蓄。总之，农业转移人口群体因"候鸟式"迁移模式所造成的消费不足，已经严重影响了我国内需扩大和经济增长。

此外，农业转移人口"候鸟式"迁移模式还通过限制城市规模的扩大，阻碍规模经济效应的发挥，影响城市经济的增长。由于农业转移人口在中年之后选择离城返乡，降低了城市农业转移人口存量，延缓了城市规模的扩大。Au和Henderson在估计出城市规模与城市劳动生产率之间的关系后，得出中国大部分城市都没达到最优规模的结论，并且指出除了部分超大城市外，城市规模扩大产生的集聚经济效益将带来劳动生产率和经济增长速度的巨大提升。[1]

总之，农业转移人口个体的"候鸟式"迁移模式不仅未能有效缩小

---

[1]　C. Au，V. Henderson，"How Migration Restriction Limit Agglomeration and Productivity in China"，*Journal of Development Economics*，2006，80（2）：350-388.

城乡收入差距，而且对城乡经济社会的发展造成了不利影响。这一模式使城镇化成为一种"流动的城镇化"。更重要的是，这种迁移模式使农业转移人口的生命周期被城乡两地割裂开来，农业转移人口经历了城市的洗礼，但并未真正融入城市，最终也将回到农村原点。每一个个体的农业转移人口都游离于城市文明之外，农业转移人口群体的最终归宿产生了不确定性。

三　农业转移人口市民化问题的提出

（一）社会对农民工权益问题的关注度提升

从 20 世纪 80 年代中国融入国际大循环的发展战略开始实施，中国就掀起了一轮又一轮的"民工潮"。大量农业剩余劳动力转移到城市工商业部门就业，在极大地缓解了农业内卷化发展瓶颈、为工商业提供了重要的廉价劳动力要素的同时，也伴生出一系列越发严重的社会问题。在"民工潮"兴起的早期，由于国家劳动关系法律法规不完善、劳动关系协调机制不健全、多数企业尚未建立工资正常增长机制、工资支付保障长效机制不完善、农民工利益诉求表达渠道不畅通等情况，导致进入城市的农民工普遍面临企业用工不规范、劳动合同签订率低、工资偏低且增长缓慢、劳动时间长且安全条件差以及缺乏精神关怀等问题。在工业化和城镇化进程中，工商业部门产生对来自农村的临时劳动力需求，农业转移人口在城市非正规部门就业，面临不同程度的劳动权益缺失问题，都是世界范围内的普遍现象。但是，进入 21 世纪后，随着社会文明程度的提高，劳动者权利意识的觉醒，舆论监督机制的完善，农民工合法权益缺失得到的关注开始增多，导致农业转移人口市民化政策出台，这在很大程度上也是对日益显现的农民工权益缺失问题的回应。

党的十六大之后，社会主义和谐社会建设成为时代的强音。党的十七大更是将社会建设与经济建设、政治建设、文化建设并列，纳入"四位一体"

的中国特色社会主义事业总体布局，构建和谐社会成为全面建设小康社会的重大战略任务。在新的制度环境下，城镇劳动力市场制度建设步伐不断加快，农民工权益问题得到前所未有的重视。以 2003 年的"孙志刚事件"的处理以及 2004 年中央领导直接干预农民工欠薪问题等为标志，劳动力市场制度经历了从无到有和由破而立的演进。这一时期，在农民工权益保护方面最引人注目的举措，是 2008 年通过并开始实施的《劳动合同法》。该法要求企业与所有雇用职工签劳动合同，并为其缴纳基本社会保险。这主要针对的是农民工就业的不稳定性、社会保障覆盖水平低和缺少社会保护。2008 年开始实施的法律还有《劳动争议调解仲裁法》，该法使劳动者可以在没有交易成本的条件下，把企业侵权行为诉诸法律，激发农民工的维权意识和行动。最低工资的变化是劳动力市场中相关制度做出反应的又一个例子。中国于 20 世纪 90 年代建立的最低工资制度，在实施后很长时间内没有显著提高，也没有把农民工纳入保护对象。从 2004 年开始，国家要求各地至少每两年进行一次调整，并且要求最低工资制度适用于农民工。自此开始，各地最低工资标准的调整间隔缩短，其提高幅度与市场工资率的提高幅度保持了同步。①

全社会对农民工权益问题的关注以及由此产生的一系列制度改革，都在为更高层面的战略进行布局。正是在这样的背景下，中国工农城乡关系的又一次重大战略调整——农业转移人口市民化——呼之欲出。

（二）从"民工潮"到"民工荒"催生农业转移人口市民化政策

如果说在"民工潮"下，接连发生的涉及农民工劳动权益的事件仅仅是局部、短期地唤起社会对农民工问题的关注，那么在劳动力市场供求形势陡然转变，"民工荒"不期而至后，无论是政府还是企业，对农民工权益保障的重视则成为普遍而长期的自发行为。

2008 年发生的国际金融危机，给高度外向型的中国经济造成重大冲击，

---

① 蔡昉：《户籍制度改革与城乡社会福利制度统筹》，《经济学动态》2010 年第 12 期。

海外订单的减少造成净出口大幅下降，净出口对 GDP 增长率的贡献由 2006 年的 1.5% 陡降至-3.9%，沿海制造业企业大批倒闭。外需的疲软对沿海地区劳动密集型企业造成了巨大冲击，大量农民工失去工作，由此形成了"返乡潮"。从 2008 年第三季度开始到 2009 年春节前，共有约 7000 万外出农民工返乡，占全部外出农民工总量的 50%，其中在国际金融危机期间，受直接和间接影响而返乡的农民工约有 2500 万人。[①]

2009 年之后，在宏观政策刺激下，经济形势迅速回暖，沿海用工企业却出现了严重的缺工现象。据报道，自 2009 年 8 月开始，在珠三角、长三角等地，很多中小企业的订单大量增加，却招不到工人。来自广州、深圳、东莞、佛山等城市劳动力市场的信息显示，这个接纳全国近 1/3 农民工的地区，劳动力市场求人倍率在 1∶1.14 到 1∶1.51，也就是说，每个求职的人有 1 个以上岗位虚位以待；在温州，2009 年 8 月该地区职介中心的用工缺口占比超过 73%，相比 2009 年 6 月的 52% 上升了 21 个百分点。

造成"民工荒"的原因，首先是企业给出的待遇已不能满足农民工的需求。据报道，在 2009 年的温州，一个农民工一般期望的月薪为 1500 元，但实际上企业只能开出 1000~1200 元的工资，这主要是因为 2008 年金融危机导致企业利润减少，使得很多企业把工资压得很低。之后虽然接到了订单，但是很多订单只是企业为了稳定客户而接下的"薄利单"，有的甚至是零利润。所以即使是缺人，短时间内也无助于提高农民工待遇。

另一个重要原因是中西部和广大农村地区的快速发展，使农业转移人口不再以到东部沿海地区打工为唯一选择。2010 年前后，内地众多大城市发展很快，如成都、重庆、武汉等南方核心特大城市，无论是城市建设、特大型企业数量还是福利待遇及生活水平都已经和沿海特大城市相差无几，尤其重要的是，底层操作工的工资待遇也与沿海城市的工资待遇处于同一水平线，加之沿海加工企业和台资、外资劳动密集型企业逐渐内迁，而就业机会

---

① 盛来运、王冉、阎芳：《国际金融危机对农民工流动就业的影响》，《中国农村经济》2009 年第 9 期。

较多，众多农业转移人口选择前往内地的这些特大城市务工。而众多多年未到过这些内地特大城市的农业转移人口在 2008 年被辞退后，在内地特大城市寻求工作时也逐渐意识到这些离原籍地不远的特大城市在很多方面已经不亚于沿海城市。同时，从 2005 年开始实施的社会主义新农村建设，极大地改善了农村地区的生产生活条件，大量的就业机会在农村地区出现，使得很多农业剩余劳动力选择就地就近转移，一些在国际金融危机冲击下失去工作的外出农民工，也借机返回农村老家工作。据统计，在 2009 年第一季度末不再继续外出的返乡农民工中，有 64% 在本地从事农业，有 24.8% 在本地从事非农自营或非农务工。

此外，珠三角等地区长期堪忧的农民工权益问题，在国际金融危机背景下被更加放大，这促使不少农民工选择用脚投票，转而到待遇更好的其他地区务工。因此，有人认为，发生在 2008 年之后沿海地区的"民工荒"，其实质是"权益荒"。

鉴于此，农民工权益保障问题开始得到从中央到地方史无前例的重视。国家自 2008 年起建立了农民工监测制度，每年向社会发布《农民工监测调查报告》。2010 年中央一号文件《关于加大统筹城乡发展力度进一步夯实农业农村发展基础的若干意见》提出，将与企业建立稳定劳动关系的农民工纳入城镇职工基本医疗保险，抓紧落实包括农民工在内的城镇企业职工基本养老保险关系转移接续办法；深化户籍制度改革，加快落实放宽中小城市、小城镇特别是县城和中心镇落户条件的政策，促进符合条件的农业转移人口在城镇落户并享有与当地城镇居民同等的权益；多渠道多形式改善农民工居住条件，鼓励有条件的城市将有稳定职业并在城市居住一定年限的农民工逐步纳入城镇住房保障体系。2012 年，党的十八大报告提出，加快改革户籍制度，有序推进农业转移人口市民化，努力实现城镇基本公共服务常住人口全覆盖。2013 年，党的十八届三中全会做出了《全面深化改革若干重大问题的决定》，其明确提出，推进农业转移人口市民化，逐步把符合条件的农业转移人口转为城镇居民，创新人口管理制度，有序放开落户限制。2014 年，国务院印发《关于进一步推进户籍制度改革的意见》，明确了推进农业转移人口在城市落户是到 2020 年前推进农业转移人口市民化的主要政策取向，由此开启了新一轮户籍制度改革的进程。2015 年，中共中央、国务院颁布《关于构建和谐劳动关系的意见》，从 8 个方面提出了 26 条构建和谐劳动关系的举措，标志着资本和劳动的关系从弱势劳动、过度劳动向和谐劳动和共享经济的方向转变。2016 年起，全国户籍制度改革全面启动，推动农业转移人口市民化成为加快以人为核心的新型城镇化建设的首要任务。

在中央和地方、政府和企业共同努力下，农民工的权益保障相较以往有了明显的改善。将农民工月收入作为一个代表性指标，可以发现，从 2009 年开始，外出农民工名义月工资①出现了一个加速上升的新趋势（见图 1-8），这不仅可以从理论上将其作为中国刘易斯第一拐点到来的标志，也可以在一定程度上体现出农民工务工权益有了明显改善，农业转移人口市民化进程开始进入加速期。

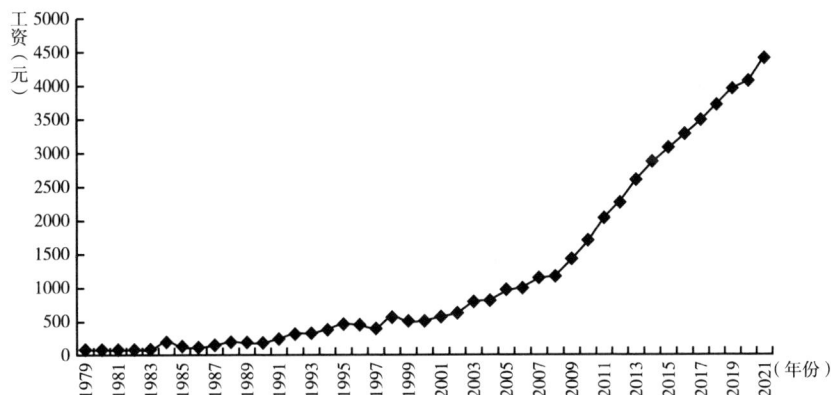

图 1-8 外出农民工名义月工资变化情况

资料来源：历年《农民工监测调查报告》；卢锋《中国农民工工资走势：1979—2010》，《中国社会科学》2012 年第 7 期。

---

① 名义月工资指未剔除价格因素的工资。

第二章
推进农业转移人口市民化的政策逻辑

尽管农业人口转移现象并不是中国所独有的，但接近 3 亿的农业转移人口存量规模确实是世界上最大的，并且这些数量庞大的农业转移人口所采取的"候鸟式"迁移模式在世界城镇化发展历史上也是极为罕见的。中国农业人口向城市的转移，在政策上从绝对禁止到逐渐松动，再到促进融合，确实是一个不断进步的过程，但这种政策的演进实质上是以城市利益为导向的决策结果。在农业转移人口市民化的路径上，采取的是城市利益扩散与利益剥离的二元并行路径；在放松城乡分割的户籍管制方式上，经历了从户籍利益集团体制外的发展向体制内改革的演进。这些共同构成了农业转移人口市民化的政策逻辑。

一 以城市利益为导向的农业转移人口政策

世界各国政府都有对其居民的基本状况进行登记和管理的行政管理制度，即户籍制度。但在中国，户籍制度除了发挥人口登记管理的基本功能外，还有两个额外的特殊功能——人口迁移限制和城市福利分配差别。户籍制度的这两大特殊职能始终处于某种对立运动状态中，而其对立运动的形式始终以最大限度地满足城市和工商业部门的发展利益为原则，进而形成了以城市利益为导向的农业转移人口政策的演进史。

（一）第一阶段：人口乡城迁移限制与城市福利分配非歧视

准确地说，严格限制农业人口向城市转移始于 1958 年，《户口登记条例》在这一年出台。而在实践中对人口乡城迁移的严格限制是在 1959～1961 年三年困难时期之后开始的。在此之前，我国实行的是自由迁移的政策，1954 年版的《宪法》也明确规定，中华人民共和国的公民具有迁徙和自由选择居住地的权利。

在中华人民共和国成立初期，国家采取的是一套重工业优先发展的战略，由于重工业具有资本有机构成高且自我循环的特征，其就业带动能力较弱，无法吸纳农业转移劳动力。更重要的是，重工业是资金密集型产业，而对于刚刚成立的新中国，最为缺乏的就是资金。除了中华人民共和国成立初期短暂地得到苏联的援助外，改革开放前的中国长期处于封闭状态。在缺乏外部资金输入的情况下，工业化所需的资金积累要完全依靠自己的力量，因此广大农村成为城市工业部门资金来源的唯一渠道。

从农村提取资金支持城市工业化建设有两种方法：一是收取重税，二是通过工农业产品价格剪刀差的方式。第一种方法不可取，因此只能选择第二种方法，即通过高价向农村出售城市工业制成品，再低价从农村收购粮棉等农产品，形成工农业产品的不等价交换。鉴于 20 世纪 50 年代的中国尚未完成三大改造，大量的私营粮食商贩借机牟利，扰乱市场秩序，因此国家从 1953 年起开始实施粮食计划供应和计划销售，即统购统销，以此确保国家对粮食收购的垄断地位。由于当时全国自耕农户有一亿几千万户，国家直接向一家一户收购粮食遇到了技术上的困难，交易成本过高。于是，把分散的农户组成合作社就成为必然。农业集体化乃至后来的人民公社化运动，不仅是社会主义理想的需要，也是粮食统购统销的需要，即国家控制粮食资源的需要。在工农业产品价格剪刀差、粮食统购统销、人民公社体制下，农民的利益受到损害，自然会产生离开农业部门向其他非农部门转移的倾向，而如果放任农民进城，则支持工业化资金积累的二元体制就无法存续。因此，严格限制农村人口向城市转移的户籍制度应运而生。在此基础上，1975 年版的《宪法》历史性地去掉了关于"中华人民共和国居民有居住和迁徙的自由"的条文。这样，通过立法的形式，从最根本的法律安排上取消了农民向城市流动的制度保障。在长期的农业人口向城市转移的限制政策下，中国的城镇化严重滞后于工业化水平，表现为城镇人口占比远低于非农产业增加值占比（见图 2-1）。

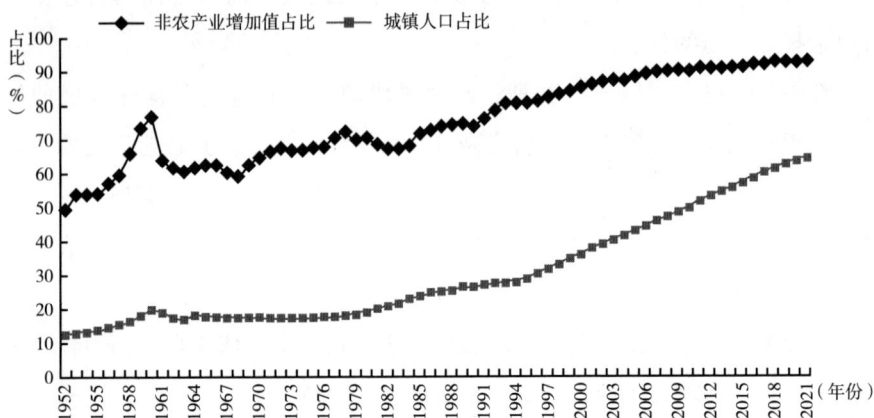

图 2-1 非农产业增加值占比和城镇人口占比变化情况对比

资料来源：历年《中国统计年鉴》。

与二元体制下农村居民利益受损并且被严格限制进城相对应的，是城市居民可以获得低价且定量供应的粮食和无差别的城市福利配置。由于当年的副食品供应少，即使是城市居民也常常用不上油、吃不上肉，粮食是人们热量的主要来源，因此城镇居民的粮食定量并不低。对农民来说，这种有保证的粮食定量是一种求之不得的特权。城市居民不仅在粮食供应方面享受着一些福利，而且也享受着一系列近乎免费的住房、医疗、教育等社会福利，这些排他性福利待遇的获得都要依托于城市户口。

至此，构成新中国第一阶段农业转移人口政策的要素已完全具备。一方面，为国家工业化建设做出巨大牺牲的农业人口被户籍制度严格限制在农业领域，无法离农进城。另一方面，所有城市居民都是城市户籍居民，可以获得排他性的高福利待遇。这意味着，在城市中不存在非城市本地户籍的农业转移人口，城市的福利分配对于城市常住居民来说是非歧视性的。此时的户籍制度在城市内部是一种非歧视性的福利分配机制，而这种城市福利的非歧视分配与城市人口的严格控制是并存的。政府在严格限制农业人口向城市转移的同时，又对于特殊时期通过"农转非"进城获得工作的劳动力，给予其获得与原有市民享受同等城市福利待遇的资格。

虽然严格限制农业人口进城有利于重工业实现资本积累，城市福利在占人口数量很少的城市户籍人口范围内实现非歧视分配也有利于降低工业化成本，但是这种户籍制度两大特殊功能的安排方式——人口乡城迁移限制与城市福利分配非歧视——客观上形成了以城市利益为导向的农业转移人口政策，并且随着时间的推移，逐渐产生了具有深远影响的路径依赖。

（二）第二阶段：人口乡城迁移非限制与城市福利分配歧视

改革开放后，伴随着工业化资本原始积累的初步完成和外向型经济发展新战略的形成，城市为满足自身经济发展需要而对农业人口的态度发生了微妙的变化：一方面，承接了劳动密集型产业国际转移的沿海地区产生了对廉价劳动力的大量需求；另一方面，农村地区在经历了改革后，生产力水平迅速提高，从土地中解放出来的农业剩余劳动力急需寻找农业以外的就业机会，这时再通过严格的户籍管制阻止农民进城务工已不可能。同时，农村改革成功后粮食产量大幅提高并逐渐市场化，原先对于农民离农进城后会造成商品粮供应短缺的担忧不复存在，通过户籍来控制农村人口进城以保护粮食安全的制度安排也失去了必要性，城乡分隔的大门由此打开。

虽然户籍制度限制农业人口进入城市的功能已不复存在，但是在对城市福利的分配上形成了新的二元分割。农业人口可以相对自由地进入城市，却无法在城市落户，因而在进入城市后无法享受与城市居民平等的福利待遇。农业转移人口与城市原住居民在教育、医疗、社会保障和住房等方面形成了新的二元分割。也就是说，此时的户籍制度的两大职能开始表现为相对自由的人口迁移与歧视性的城市福利分配的结合。随着农业转移人口数量的增多，城市中出现了越来越多的非户籍人口，城镇化率也形成了常住人口城镇化率和户籍人口城镇化率之分，"两率差"所对应的人口绝大部分为农业转移人口（见图2-2）。

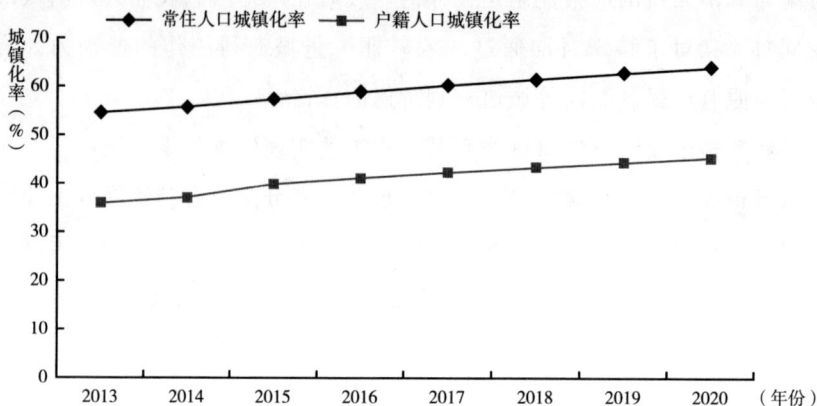

图 2-2 常住人口城镇化率和户籍人口城镇化率变化情况对比

资料来源：历年《中国统计年鉴》，历年《国民经济和社会发展统计公报》。

　　农业转移人口政策的这种变化是内生于城市经济发展需要的。改革开放后，城市经济中并存着资本密集型和劳动密集型产业，城市劳动力市场也相应地开始分化为二元分割的劳动力市场。根据二元劳动力市场理论，一级劳动力市场以资本密集型企业为主，提供的是高工资、高福利、就业稳定、环境舒适的就业岗位，而在这些岗位上就业的劳动力主要是城市本地居民；二级劳动力市场以劳动密集型企业为主，需要非熟练、低工资的员工从事不稳定的工作，这种工作不仅报酬和稳定性差，而且社会地位低，难以吸引城市本地劳动力，这使城市产生了对农村外来劳动力的内在需求。[①] 对农业转移人口来说，虽然他们在城市务工，但仍然是农村户口，无论在收入水平还是社会地位上，他们参照的都是农村老家的情况。因此，尽管面临来自城市原住居民在就业收入和各类城市福利分配上的歧视，但对他们而言，这不仅是可以接受的，而且还被视为获得非农收入改善生活水平、提高在农村的社会

----

① M. Piore, *Birds of Passage*, New York：Cambridge University Press，1979.

地位的重要手段。另外，这种临时性的就业方式又恰好能满足城市劳动密集型产业发展对低素质、低报酬的农业转移劳动力的需求。总之，这种以非限制性的人口城乡迁移和歧视性的城市福利分配为特征的农业转移人口政策，最大限度地适应了这一阶段城市经济发展对就业的内在需求，为劳动密集型产业的扩张提供了大量的廉价农村转移劳动力，并带来了城市经济的高速增长和城市居民福利的增进。

（三）第三阶段：人口乡城迁移非限制与城市福利分配非歧视

农业转移人口在城市二级劳动力市场就业，同时在教育、医疗、社会保障和住房等方面的公共服务受到差别对待，在一定时期内使城市经济以更低的成本实现增长，也使城市居民福利有所增进。但是，随着时间的推移，对农业转移人口在公共服务方面的差别对待会造成内需潜力不足、发展空间受限等问题，反过来不利于城市经济发展和城市居民福利增进。作为农业转移人口政策的制定者，城市出于对自身有利的原则，会主动推进农业转移人口与城市原住居民的融合，在户籍制度两大特殊功能上将表现出人口乡城迁移的非限制与城市福利分配非歧视的趋势。

第一，在歧视性政策下，城市内部二元分割所导致的收入和福利分配差距逐渐扩大，将产生不同群体之间的社会冲突，并进一步导致社会资源的非生产性消耗，[①] 这不利于城市经济发展和城市居民福利增进。例如，城市贫民窟所产生的社会治安成本，大量农业转移人口子女得不到正规教育所产生的潜在的社会负外部性，由于收入分配差距过大所培育出的"仇富"社会心态，因小的矛盾纠纷而引起的大规模群体性事件，等等。因此，当农业人口向城市转移达到一定阶段之后，特别是中心城市的外来人口数量达到一定水平后，通过促进社会融合的政策来控制不同户籍身份居民的收入和福利分配差距，将可以避免由社会冲突带来的资源损耗，反而有利于城市经济发展

---

① 刘晓峰、陈钊、陆铭：《社会融合与经济增长：城市化和城市发展的内生政策变迁》，《世界经济》2010 年第 6 期。

和城市居民福利增进。当 21 世纪前十年社会上有关农民工的负面事件频发，城市用于防范和减少社会冲突所投入的非生产消耗越来越多，对农业转移人口的歧视不利于城市经济发展和城市居民自身利益时，推动农业转移人口市民化逐渐成为共识。

第二，在歧视性政策下，农业转移人口无法享受市民化的教育、医疗、社会保障和住房保障的公共服务，因此很难实现举家迁移，也不会形成永久性迁移的预期。对他们来说，城市就是一个临时性的打工挣钱场所，自己也无非就是城市的过客。因此，他们在消费和投资活动上都会出现自发的抑制，在城市挣钱、回农村盖房和消费是其普遍选择。城市居民和农业转移人口在消费和投资行为上的异质性将显著影响城市的有效需求增长，进而拖累城市经济发展，阻碍城市居民福利的增进。在 20 世纪末 21 世纪初，中国经济就已经出现了总供求形势的转换，产能过剩初露端倪。2008 年国际金融危机之后，外需萎缩加剧导致总需求不足，投资刺激政策的滞后影响加剧产能过剩。此时，拉动内需成为经济平稳健康运行的关键，而最大的一块潜在的内需就是 2 亿多农业转移人口。有研究表明，放松户籍限制，可以使农民工的消费水平提高 20.8%，[①] 每年市民化 1000 万农民工，将使我国经济增长平均加快 1 个百分点左右。[②] 通过进一步推动户籍制度改革，促进农业转移人口市民化以扩大其消费和投资需求就成为政策制定者的必然要求，同时拉动内需也是有利于城市居民福利增进的举措。

第三，在歧视性政策下，农业转移人口在城乡之间做"候鸟式"迁移，必然会保留自己在农村老家的承包地和宅基地，以备日后返乡之需。对城市来说，农业转移人口固然可以为产业发展提供大量的廉价劳动力资源，但随着城市经济的发展，城镇建成区规模的扩张越发受到用地指标的限制，土地要素成为城市经济发展的硬约束。为了拓展城市建设空间，征用城郊地区的农地就成了必然选择，而每一片农地上都是有承包经营主体的，此时为了获

---

① 陈斌开、陆铭、钟宁桦：《户籍制约下的居民消费》，《经济研究》2010 年增刊。
② 国务院发展研究中心课题组：《农民工市民化对扩大内需和经济增长的影响》，《经济研究》2010 年第 6 期。

得这些农民名下的土地，通过将其户籍从农业户口转变为非农业户口，并将在农村宅基地分散建房的农民集中到城镇楼房上居住，就能为城市建设提供宝贵的土地资源。因此，出于有利于城市经济发展和城市居民福利增进的客观目的，政策制定者会主动制定促进农业转移人口市民化的政策。近年来，在中央层面，出台了吸纳农业转移人口落户与建设用地指标挂钩的奖励政策；在地方政府层面，利用增减挂钩政策，将农民集中上楼居住，同时将其宅基地复垦后获得建设用地指标投入城市建设的做法也十分普遍。例如，重庆市出台了"地票交易"制度，用市民化的福利向农业转移人口兑换农村土地指标。还有一些地方更进一步，探索了"土地换户籍"的改革举措，无论其实施效果如何，都充分地体现了农业转移人口市民化政策的城市利益导向特征。通过"土地换户籍"的方式，在获得城镇化所需土地资源的同时带来一部分农业转移人口市民化，是这一时期农业转移人口政策变迁的重要动因，体现了农业转移人口政策的城市利益导向性。从城市自身的利益出发，能够做到"要地不要人"可能更为理想。事实上，从近年来城镇建成区面积增长率和城镇人口增长率的对比可以看出，土地城镇化速度始终高于人口城镇化的速度（见图 2-3），城市在推动自身发展的过程中"要地不要人"是真实存在的。

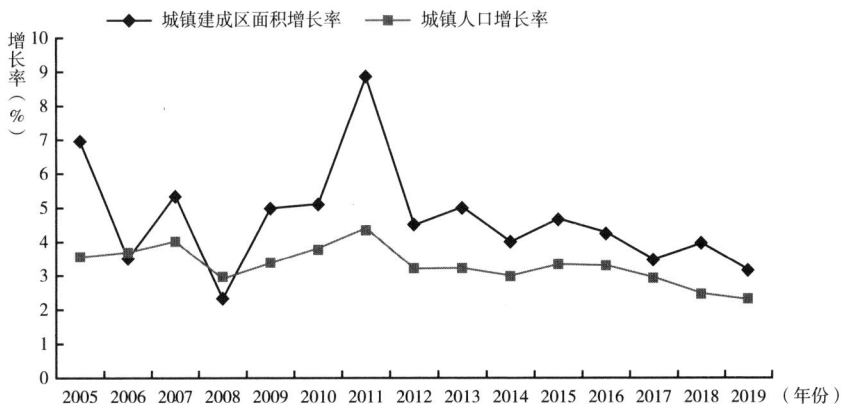

图 2-3　城镇建成区面积增长率和城镇人口增长率的对比

资料来源：历年《中国统计年鉴》。

二 福利扩散与福利剥离的二元市民化路径

推动 2 亿多农业转移人口融入城市并实现市民化需要有一个总体的路径设计。显然，分割城乡的户籍制度是绕不过去的一项制度安排，而户籍制度改革已经实施了长达半个多世纪，大量公共服务和社会福利与之挂钩并且已形成很强的路径依赖，让仍然流动性很强的农业转移人口享受与城市原住居民均等的福利待遇，在政策上具有很高的难度。

（一）二元市民化路径的形成

自 20 世纪 80 年代开始，对户籍制度改革的探索就没有停止过。1984年中央一号文件就放开了农民自理口粮进入集镇落户的限制，这可被视为户籍制度改革的起点。随后，各地又相继探索出了本地有效的"蓝印户口"制度，以及"交纳增容费、办理有效户口""投资落户""购房落户"等附带一定条件的落户政策。1997 年公安部发布《小城镇户籍管理制度改革试点方案》，标志着小城镇户口的完全放开。

进入 21 世纪之后，落户限制的放开逐渐扩展到一些大城市。比较有代表性的是 2001 年石家庄的户籍制度改革。2001 年 6 月 29 日，石家庄市人民政府出台了一个引起全国关注的文件——《关于我市市区户籍管理制度改革的意见》。该文件规定了包括有合法固定住所和常住户口的职工居民、经商人员、就业满一年的管理人员和技术人员以及就业满两年的工人、购买商品房者、师范类本科和非师范类专科及特殊专业中专毕业生、市区内农业户口妇女与外地人结婚、二环路以内村民等七类人群可以办理石家庄本地的城市户口。这次改革放宽了落户条件，开了大城市户籍改革的先河。据统计，自 2001 年 8 月 1 日到 2003 年 6 月底，石家庄共有 446592 人办理了落户手续。更为重要的是，除了政策实施前半年办理落户的人数较多以外，进入2002 年后落户数量基本处于一个平稳增长状态，并没有出现很多人预计的"一窝蜂"现象，因而对石家庄市的市政设施和公共服务带来的压力有限。

虽然这次改革并非完全放开限制，对落户申请者的就业、收入和居住等设置了一定的条件，但其取得成功的现实意义仍然是巨大的。

然而，几乎同一时间在另一个省会城市郑州实施的"户改新政"却有着完全不同的结果。郑州是在 2001 年制定并于 2003 年正式实施了所谓的"全面放开"的落户政策，规定凡是投资置业、购买商品房以及直系亲属投靠等，都可以申请在郑州落户，并于 2004 年 1 月进一步放开落户条件，凡是有固定住所的都可以落户，同时也放开了亲属投靠的直系限制。然而，过多的落户人口给郑州的公共服务带来了巨大压力。据统计，在 2001 年 11 月至 2005 年 4 月，郑州全市共落户 38 万人，其中有多达 10 万的 18 岁以下的青少年及学龄前儿童，而在户籍管制进一步放开后，仅 2004 年一年通过投靠亲属住所落户的就达 10 万人以上，其中 18 岁以下的学龄儿童占了落户者的一多半。户籍人口中学龄儿童的大量新增，加上放开对外来务工人员子女的入学限制，使得郑州市面临教育资源的供求矛盾特别突出。一些较好的学校入学难的问题尤其突出，师资紧缺，学生超员，支出激增，给财政带来了很大压力。据媒体报道，一个 54 平方米的小学教室摆进了 8 排课桌，学生超出计划数量的 50% 以上。此外，老年人可以免费办理的公交卡，其发放数量也严重超过计划。迫于城市所承受的各方面压力，郑州市在 2004 年 8 月叫停了放开落户条件的户籍制度改革政策，恢复了 2004 年 1 月以前执行的需满足就业、购房等条件落户的户籍制度。

鉴于放开落户的难度较大，理论界和政策界开始思考落户的替代方案。有人认为，深化改革的关键，在于把挂靠在户口之上的教育、医疗、社会保障等诸多公共服务和福利与户口类型剥离。[①] 在实际操作中，对于一些不能立即落户但又对当地经济发展做出较大贡献的人口，采取了一种折中办法，即用就业状态、居住年限、社会保险缴费年限等多个条件的综合管理手段，替代常住户口的单一身份管理手段，根据是否满足上述具体条件来渐进式提

---

① 王太元、宋雪莲：《剥离附着利益、还户籍制度真面目——我为什么反对"购房落户"》，《中国经济周刊》2009 年第 12 期。

供当地的福利和权益，这种折中办法就是居住证制度，而居住证制度就是剥离式改革的主要手段。

居住证制度最早出现在北京（1999 年）、上海（2002 年）、广东（2003 年）等大城市。居住证最初的出现是出于引进人才的目的，因此居住证在这些地区又被称为"人才居住证"。居住证的申领者一般是高层次人才，他们受政策限制无法落户，而居住证可为他们在当地的工作和生活提供便利。近几年各地新一轮居住证制度的探索实施，主要针对农民工群体。2010 年国家发改委发布的《关于 2010 年深化经济体制改革重点工作的意见》首次提出，进一步完善暂住人口登记制度，逐步在全国范围内实行居住证制度。2012 年国务院发布的《国家基本公共服务体系"十二五"规划》明确要求，逐步将基本公共服务领域各项法律法规和政策与户口性质相脱离。2014 年中共中央、国务院发布的《国家新型城镇化规划（2014—2020 年）》进一步提出，全面推行流动人口居住证制度，以居住证为载体，建立健全与居住年限等条件相挂钩的基本公共服务提供机制。随着观念和政策的转变，此轮居住证制度的实施，更加注重居住证与城市的福利项目挂钩，实现非户籍持证人与户籍居民享有均等化的基本公共服务。居住证制度的积极意义在于，一方面，将"高门槛、一次性"的户籍改革调整为"低门槛、阶梯式"赋权，为不能在城市落户的农民工提供了获得城市基本公共服务的途径，并形成了制度规范；① 另一方面，一些地方制定了居住证转为常住户口的政策，为持证人迁移落户提供了一条可预期的通道，② 是推动实现城镇基本公共服务由户籍人口向常住人口扩展的重要手段。

2014 年 7 月，国务院正式出台了新一轮户籍制度改革的纲领性文件《关于进一步推进户籍制度改革的意见》。该文件鲜明地体现了推动农业转移人口市民化的二元路径特征。文件的第二部分标题为"进一步调整户口

---

① 谢宝富：《居住证积分制：户籍改革的又一个"补丁"？——上海居住证积分制的特征、问题及对策研究》，《人口研究》2014 年第 1 期。

② 王阳：《居住证制度地方实施现状研究——对上海、成都、郑州三市的考察与思考》，《人口研究》2014 年第 3 期。

迁移政策"，按城市规模设置不同的落户门槛，详细规定了建制镇、小城市、中等城市、大城市以及特大城市的落户政策指导思想。文件的第三部分标题为"创新人口管理"，明确提出建立居住证制度，并要求以居住证为载体，建立健全与居住年限等条件相挂钩的基本公共服务提供机制，明确规定持有居住证的城市外来人口享有与当地户籍人口相同的就业、基本公共教育、基本医疗卫生服务、计划生育服务、公共文化服务、证照办理服务等权利。

至此，以差别化落户为主要内容的福利扩散式市民化路径和以居住证制度为主要内容的福利剥离式市民化路径基本形成，农业转移人口市民化开始沿着二元并行的路径推进。[①]

（二）市民化的福利剥离路径

市民化的福利剥离路径，是指在不改变原有户籍制度的基础上，通过建立某种新的城市福利分配机制，分流户籍制度附着的一部分福利，并局部地、逐渐地替代户籍制度使其空壳化的过程。[②] 鉴于户籍制度主要的弊病就是其功能的异化，除人口信息登记管理，还被附加了城市福利分配的功能，因此改革的关键就在于把与城市户籍挂钩的各种特殊福利剥离掉。[③] 改革开放以来，福利剥离对推动农业转移人口市民化起到了重要的作用，城市户口原本控制的一些特殊福利，如粮食供应、城镇就业保护、排他性公共服务配置等，都是在福利剥离路径的逻辑下完成改革的。具体来说，可以从动力机制、改革对象、实施过程和政策效果四个方面来考察农业转移人口市民化福利剥离路径的主要特征。

从动力机制来看，市场化是市民化的福利剥离路径的主要推动力量，而

---

① 辜胜阻、李睿、曹誉波：《中国农民工市民化的二维路径选择——以户籍改革为视角》，《中国人口科学》2014 年第 5 期。

② 王清：《地方财政视角下的制度变迁路径分析——以当代中国城市户籍制度为例》，《武汉大学学报》2011 年第 3 期。

③ 王美艳、蔡昉：《户籍制度改革的历程与展望》，《广东社会科学》2008 年第 6 期。

这种推动力量的根源又来自地方政府甩掉财政包袱的动机。随着市场经济的发展，城市各项福利分配的市场机制将逐渐替代依靠行政力量分配的机制，而市场经济的发育程度又决定了福利剥离的进程。一般而言，市场化程度越高的领域，户口与福利的剥离程度也就越高，如商品粮、城市商品住房以及城市市场化的劳动力就业岗位。但是，一些公共产品属性较强、主要依靠财政补贴的福利，如义务教育、低保、经济适用房、廉租房、城镇居民养老保险等，很难在市场化进程中实现福利剥离，需要寻找新的改革途径。通过将城市福利与户口进行剥离，地方政府得以减少为提供这些福利而必须承担的开支，财政压力随之减轻。

从改革对象来看，福利剥离主要是针对与户籍挂钩的各项特殊福利。通过福利剥离，使原本需要通过具备户籍才能获得的各项福利与户籍脱钩，户籍的排他性福利范围逐渐缩小，非户籍福利的范围逐渐扩大（见图2-4）。在20世纪80年代初，为了实施农村休养生息的政策，国家取消了粮食统购统销制度，允许农民搞多种经营，同时放开了城市非国营粮店，农民可以自理口粮进城。随着食品供应的多样化和市场化，享受基本口粮供应的这种城市特殊福利逐渐消失，最终被从户籍上剥离下来，吃国家商品粮成了非户籍福利。到了20世纪90年代中期，城市就业逐渐实现了市场化，国企改革的推进，私营企业的进入，使得城镇就业越发脱离由国家安排分配的旧体制，劳动供求双方进入双向选择的新时期，"包分配"这种特殊福利也从城市户口上被剥离下来，同时这也意味着与就业相关的各项社会保险开始与户口脱钩。如果劳动者就业的单位为劳动者缴纳了社会保险，劳动者无论是否有城市户口都可以享受社保待遇。近年来，新一轮户籍制度改革普遍实施的居住证制度，将原本由户籍控制的证照办理、义务教育、医疗卫生、保障性住房

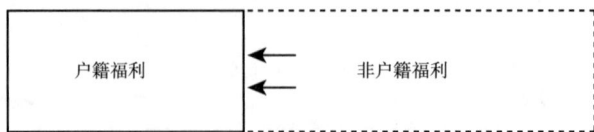

图2-4 福利剥离式市民化路径示意

等福利进一步剥离出来，使得户籍福利的范围进一步缩小，非户籍福利逐渐接近户籍福利。

从实施过程来看，福利剥离的实质是城市福利分配的载体发生了转移。通过创设新的机制，把原本需要依靠户籍这种旧的机制获得的各项福利转移到新的机制上，由此削减了户籍的功能，使城市户籍居民能享受的排他性福利减少。例如，粮食供应福利的转移，是通过废除粮食统购统销制度之后建立起非国营渠道实现的。体制内就业福利的转移，是通过就业市场化后体制外就业市场的蓬勃发展实现的。当前阶段，城市公共服务领域中的各项福利，也正是通过居住证制度实现转移的。

从政策效果来看，福利剥离可以使非户籍人口与户籍人口所享受的福利在一定程度上接近。福利剥离使得城市中不依赖户口获得的福利范围增大，需要依赖户口才能获得的福利范围减少，由此非户籍人口和户籍人口的福利差距缩小。需要注意的是，由于存在一些难以完全市场化的福利，如教育、医疗等，户籍福利无法完全剥离，因此非户籍人口与户籍人口的福利难以完全一致，所以福利剥离是一种过渡性的农业转移人口市民化模式。

（三）市民化的福利扩散路径

福利扩散是一个制度受益者范围的扩大、新进入者获得预期福利的过程。虽然户籍的特殊福利在很大程度上已经被剥离了，但仍然控制着一部分福利，尤其在特大城市，没有城市户口的农业转移人口在基本公共服务、住房和劳动力市场上仍然受到歧视，与城市户籍居民存在较大的福利差距。市场化虽然熨平了很多福利鸿沟，但户口等级差别依然存在，户籍制度的强黏附性不断地生出新的社会差别，如购房、购车资格等，因此改革的基本方向是推行户口一元化。① 实现福利扩散是户籍制度改革的终极形式，在户籍制度改革进程中，各地曾实施过多种福利扩散方式，如对本地有效的蓝印户口

---

① 陆益龙：《户口还起作用吗？——户籍制度与社会分层和流动》，《中国社会科学》2008 年第 1 期。

制度、购房（投资）落户、积分落户等，也确实解决了一部分农业转移人口的落户问题。对此，仍然可以从动力机制、改革对象、实施过程和政策效果四个方面来考察农业转移人口市民化福利扩散路径的主要特征。

从动力机制来看，中央政府是市民化福利扩散路径的主要动力源，而地方政府通过政策变通吸纳高素质外来人口落户来增加地方财政收入则是其执行中央福利扩散任务的主要原因。地方政府在执行中央政策时，则主要从财政增收的角度出发，对福利扩散的对象进行条件筛选。例如，通过实施投资落户来增加增值税和个人所得税；通过购房落户促进房地产交易，增加契税和营业税；通过人才落户增加城市人力资本存量，同时也可以收取一定的城市增容费。在当前新一轮户籍制度改革进程中，各大城市普遍实施积分落户，而从积分规则设置上看，普遍具有明显的高人力资本禀赋导向。这些高学历、高技能、年纪轻的人到城市落户，自然可以促进当地经济发展并带来财政收入的增益。

从改革对象来看，福利扩散的对象是城市的非户籍人口，城市中原来的非户籍人口通过各种渠道实现落户，成为城市户籍人口（见图2-5）。通过落户，原先具有排他性的城市户籍福利扩散到了非户籍人口身上，后者可以与原户籍居民享受同等的城市福利。不过，即使是同一个城市的户口，所对应的福利也可能不完全相同。以20世纪末实施过的蓝印户口为例，虽然正式制度规定持蓝印户口者在入托入园入学、办理证照、安装煤气和电话等方面享受常住户口的待遇，但在实际操作中两者仍有一些差别，如在义务教育方面，普通户籍居民的子女能在学区内就近入学，蓝印户口者需通过缴纳一定的择校费入学。再如，特大城市普遍存在不同辖区公共资源分布不均的现象，而农业转移人口往往是在公共资源配置较差的郊区落户，这意味着福利扩散对象所享受的各类户籍福利水平相对较低。

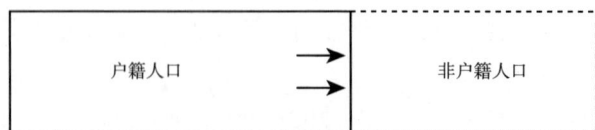

图2-5　福利扩散式市民化路径示意

从实施过程来看，在福利扩散过程中，城市福利分配的载体未发生转移，仍然是户籍制度。也就是说，福利扩散是通过设置一定的达标门槛，只有超过这个门槛的农业转移人口才有资格成为福利扩散的对象，新进入者与原户籍居民一道，仍通过户籍获得城市的各项排他性福利待遇。此外，福利扩散的有效实施往往有赖于福利剥离的先行实施。通过一定程度的福利剥离，可以降低城市户籍的福利含量，从而降低城市实施福利扩散的财政成本。

从政策效果来看，相对于福利剥离，福利扩散是更完全彻底的基本公共服务均等化改革方式。落户不仅可以让农业转移人口获得与城市原户籍居民完全等同的福利待遇，而且这一过程还是不可逆的。获得城市户口后，所得到的福利待遇不存在因政策变化而再次失去的可能。不过，鉴于地方政府是出于自身财政收入最大化的考虑才响应中央对户籍福利扩散的要求，因而普遍会通过设置落户门槛来控制福利扩散范围，甚至导致最终获得城市户籍福利的只是城市中的外来市民而非农业转移人口，这当然会与市民化福利扩散路径的初衷相背离。

三 从"体制外发展"到"体制内改革"的户籍制度改革取向

除了从福利剥离与福利扩散的角度理解农业转移人口市民化的政策逻辑，还可以换一种角度，从"体制内改革"和"体制外发展"的角度来理解。这一角度与福利剥离和福利扩散有类似之处，区别是更加聚焦于户籍制度改革本身，所以能够更好地用以理解户籍制度改革的逻辑。

（一）户籍制度改革的"体制内改革"逻辑与"体制外发展"逻辑

当代中国的户籍制度是传统计划体制遗留下来的一项制度安排。作为一种特殊的身份识别标志，户籍将人口按城市、乡村或按本地、外来进行划分，本地户籍居民能够享受"体制内"福利，而非本地户籍居民只能享受"体制外"福利。显然，"体制内"福利是由国家或地方公共财政支持的排他性福利，集聚了整个国家或部分区域内的优质社会资源，其福利水平显著高于"体制外"，后者是在计划经济体制下未得到或较少得到公共财政覆盖的领域。从这个角度看，户籍制度实际上起到了维系体制内外福利差距的功能，它就像一堵"体制墙"，阻挡着墙内与墙外福利势能差的趋同。

户籍制度改革的任务当然是消解这种"体制内"与"体制外"的福利势能差，消解福利势能差的方式可分为两种，即"体制内改革"和"体制外扩散"。所谓"体制内改革"逻辑就是在体制内外福利差距很大的情况下，直接推动"体制内"户籍福利的扩散。具体而言，就是通过直接拆除"体制墙"释放福利势能差，实现体制内外福利水平的趋同。显然，这是最彻底的一种户籍制度改革方式，但是在改革开放后的户籍制度改革实践中，这种方式几乎从未取得过理想的效果。例如，前述2004年郑州的以"全面放开"为主要特点的户改新政，短时间内将"体制内"的门槛放得很低，在实施仅一年多就因为落户数量过多，给城市公共资源带来的压力过大而被叫停。

纵观改革开放后中国户籍制度的演进历程发现，户籍改革的每一次突破性进展，都并非通过直接拆除"体制墙"释放势能的方式来实现体制内外人群福利水平的趋同，而是在保护"体制内"高福利不扩散的同时，通过不断提高"体制外"的福利水平，逐渐将某一领域的福利势能差消解于无形。待"体制墙"内外的福利势能差完全消失后，再顺势而为将已经名存实亡的"墙"拆除，以至于每次当正式的户籍制度改革政策出台后，人们似乎都没有觉察到它的作用，也好像没感受到它的必要性。正是"体制外"的发展成果弥补了"体制墙"内外的福利水平差距，使得"体制墙"的存在失去了必要性，户籍制度改革这一"拆墙"行为也就水到渠成。从这个角度看，户籍制度改革更像是一个"发展"的过程，而非"改革"的过程。尽管数十年来，通过落户这种"拆墙"方式实现市民化的农业转移人口也为数不少，但势能差的释放仍然在很大程度上依赖于前期的

"体制外发展"。

户籍制度所附带的"体制内"排他性福利，在不同历史时期具有不同的表现形式，展现出截然不同的内涵。大体上来看，户籍制度对社会公共资源和公共服务所形成的"体制内"和"体制外"的划分主要体现在四大领域。按照出现的时间顺序，这四个领域分别是粮食供应、城镇就业岗位、小城镇的非农户口、大城市的户籍福利。改革开放之后，这四大领域已经或即将实现从排他性配置到普惠性供给的转变，并成为农业转移人口市民化的四个里程碑。其中，前三个福利领域的普惠性转变都取得了良好的效果，而这种成效的取得均归功于户籍制度改革所采取的"体制外发展"的路径。

（二）"体制外发展"逻辑下的户籍制度改革成效

1. 粮食供应福利的取消

改革开放前，口粮不足一直是我国经济发展的主要制约因素之一。为了降低工业化成本，国家建立了包括户籍制度在内的城乡二元体制，将享受低价粮食计划供应的范围局限于非农业户口的城市居民，而农民只能吃自产粮，吃国家商品粮成为城市居民的一项排他性福利。显然，粮食供应形成了一种"体制内"与"体制外"的划分，即由国家财政负责的粮食供应渠道属于"体制内"，而不由国家财政负责的粮食供应渠道则属于"体制外"。20世纪80年代户籍制度的破冰改革就是从口粮供应的排他性体制开始的，吃国家负责供应的商品粮不再是城市户籍居民的专享福利，而这种突破依靠的是"体制外"的发展。

改革开放后，随着农村家庭联产承包责任制的成功实行和国家粮食收购价格的持续提高，粮食产量出现了很大的提升，口粮问题在很大程度上得到了解决；或者说，在国家商品粮食供应领域出现了"体制外"的大发展。农村粮食产量的提高，一方面使城市的粮食供应能够继续得到保证，另一方面由于农业生产力水平的提高，即使农村的农业劳动力减少，粮食供应也逐渐能够得到保证。在粮食统购统销制度取消后，粮食和其他农产品逐渐可以通过市场化渠道获得，计划配给逐渐退出历史舞台，城乡居民都可以直接从农贸市场购买粮食。自此，"体制外"粮食供应渠道逐渐替代了"体制内"粮食供应渠道，这一领域体制内外的福利水平趋于相同，继续通过"体制墙"将国家负责的粮食供应对象限制在城市户籍居民范围之内就失去了意义。随着农产品市场化程度的不断提高，粮食供应开始逐渐与户籍脱钩，吃国家商品粮这一城市户籍的排他性福利也随之消失。1984 年中央一号文件允许农民自理口粮进入集镇落户，标志着粮食供应领域户籍"体制墙"开始拆除，进入 20 世纪 90 年代后，粮票制度的取消则标志着粮食供应领域户籍制度改革的完成。可见，户籍福利在粮食供应领域从排他性到普惠性转变的实现，要归功于"体制外"的发展。

2. 城镇就业权利与户籍脱钩

户籍制度改革的另一个重要突破，是"体制内"就业岗位与城市户口的脱离。20 世纪 90 年代劳动力市场化改革之前，就业岗位是稀缺资源，城市就业主要通过计划分配的方式安排，全部的城镇就业岗位也都是由机关事业单位和国有企业提供。这些岗位当然只能由拥有城市户籍的市民拥有，农村户口的劳动者除了务农，只能在政策允许的历史时期，进入城市非正规部门临时性就业。由此形成城市就业领域的"体制内"与"体制外"的划分，即由公共财政负责工资和社保的城镇国有单位就业岗位是"体制内"，而不由公共财政支付工资和社保的非国有部门的就业岗位为"体制外"。从地理分布上看，"体制内"就业岗位当然主要在城市，"体制外"岗位主要集中在农村地区和少量城市非正规部门中。显然，前者的福利水平要高于后者。户籍制度改革在城镇就业领域取得的突破，就是越来越多的"体制内"就业岗位不再是城市户籍居民的排他性福利。

20 世纪 90 年代中后期，国家开始启动新一轮经济结构的调整，市场经济体制加速建立，对外开放程度持续扩大。在城市劳动力市场上，最突出的特点就是就业逐渐实现了市场化，新涌现的个体私营和三资企业提供了越来越多的城镇就业岗位。随着农村劳动力向城市转移规模的扩大，这些由非国有企业提供的"体制外"就业岗位也越来越多，并逐渐代替"体制内"就业岗位成为城市劳动力市场上就业岗位的供给主体。"体制外"就业岗位的出现，使得原本是稀缺资源的城市就业机会变得相对富余，并且随着市场化程度的提高，"体制外"就业岗位所能提供的薪酬待遇逐渐赶超了"体制内"就业岗位，就业领域的体制内外福利水平逐渐接近，甚至"体制内"国有单位也突破了户籍界限，开始招收外地劳动者。随着越来越多的劳动者可以在没有落户的情况下在城市实现就业，继续通过"体制墙"将城镇就业的权利限制在城市户口居民范围之内就失去了意义。因此，城镇就业权利开始与城市户籍脱钩，除了少数特殊岗位外，户口不再是限制城镇就业权利的障碍，而户籍制度在城镇就业权利领域从排他性到普惠性转变的实现，也要归功于"体制外"的发展。

3. 中小城市和小城镇落户限制的放开

进入 21 世纪后，户籍制度改革的一个新的重要突破，是建制镇和小城市完全取消限制农业转移人口落户的政策。在粮食供应和城镇就业实现市场化之后，城镇户籍剩余的福利主要集中到了教育、医疗卫生、最低生活保障等基本公共服务领域。城市户籍的居民可以排他性地享有城市本地基本公共服务，而农业转移人口因为没有本地城市户口，则在一定程度上被排除在城市基本公共服务的供给范围之外。党的十六大之前，国家公共财政尚未覆盖农村地区，因而在基本公共服务领域又一次形成了"体制内"与"体制外"的划分，即由公共财政负担的城市基本公共服务是"体制内"，具有依户籍而形成的排他性，不由公共财政提供或仅仅由于不可避免的财政正外部性而形成的公共服务则是"体制外"。户籍制度改革在这一领域取得的突破，就是小城镇的公共服务不再是城镇居民的排他性福利。

2003 年之后，中央一号文件持续聚焦"三农"问题，国家公共财政的阳光开始普照农村。农村税费改革的启动、四项农业补贴制度的建立、农村社会事业的发展、社会主义新农村建设全面铺开都显著提高了农村生产生活水平，尤其是城镇化进程中土地价值的增值，使得农村户口的含金量日益提高，农村户口附带的基本公共服务水平和潜在价值逐渐赶上甚至超过许多中小城市和建制镇的户口，体制内外的公共服务水平开始迅速靠拢，使得农民对于在中小城市落户的积极性大为减弱，继续通过"体制墙"限制农村居民进入中小城市和小城镇落户失去了意义。至此，除少数户籍含金量仍然较高的特大、超大城市，全国绝大多数城市的落户限制已完全放开，而中小城市和小城镇的公共服务从排他性到普惠性的转变，仍然要归功于"体制外"的发展。

（三）新一轮户籍制度改革的"体制内改革"逻辑

户籍制度改革的最后堡垒，也是最后的"体制内"福利领域，就是大城市的户籍福利。大城市有着更高的行政级别、更优越的区位条件和更好的发展基础，是社会优质资源和发展机会的集中地，其户籍所附带的福利含金量显著高于中小城市。由此，大城市和中小城市之间形成了新的"体制内"与"体制外"的划分，即大城市户籍福利是"体制内"，中小城市的户籍福利为"体制外"。按照"体制外发展"的政策逻辑，大城市"体制墙"的打开要通过发展作为"体制外"的中小城市，使后者的户籍福利与前者的差距大幅度缩小，待到时机成熟时再一举突破大城市的户籍壁垒，实现户籍制度改革的圆满收官。但是，从 2014 年新一轮户籍制度改革的顶层设计来看，继续推动户籍制度改革的政策逻辑发生了一些微妙的变化，大城市的户籍制度改革采取的不再是"体制外发展"的政策逻辑，而是"体制内改革"逻辑。

近年来，一系列有关户籍制度改革的中央政策文件明显地体现出直接针对大城市户籍福利的改革倾向。2014 年发布的《国务院关于进一步推进户籍制度改革的意见》尚对大城市和特大城市户籍限制放开持较为保守的态度，要求合理确定落户条件乃至严控人口规模。而仅仅两年之后，2016 年 9 月发布的《国务院办公厅关于印发推动 1 亿非户籍人口在城市落户方案的通知》（以下简称《通知》）就明确提出了要进一步强调拓宽落户通道，不再提严控特大城市人口规模，转而提出要调整完善超大城市和特大城市落户政策，明确要求户籍人口比例低的超大城市和特大城市，要进一步放宽外来人口落户指标控制，加快提高户籍人口城镇化率。三年后的 2019 年 4 月，国家发改委发布的《2019 年新型城镇化建设重点任务》（以下简称《建设重点任务》）中则进一步要求，城区常住人口 100 万 ~ 300 万的 II 型大城市全面取消落户限制，城区常住人口 300 万 ~ 500 万的 I 型大城市要全面放开放宽落户条件，并全面取消重点群体落户限制，特大超大城市也被要求大幅扩大落户规模，调整积分落户政策。可见，通过放开放宽落户条件的方式直接推动"体制内改革"的意味十分明显。总而言之，新一轮户籍制度改革所采取的改革方案，都是以拆除"体制墙"释放福利势能差的方式推进大城市内部公共服务的全覆盖，实现"体制内"福利水平与"体制外"福利水平的趋同。

此外，为了配合大城市放开放宽落户条件政策的有效实施，新一轮户籍制度改革还出台了以"人地钱挂钩"为主要内容的配套政策。例如，2016 年 9 月的《通知》明确提出：中央将根据东部发达地区和大城市、特大城市吸纳农业转移人口进城落户的情况给予财政奖励，对吸纳农业转移人口落户较多的城市实施投资倾斜政策，并且要将城市获批新增建设用地规模与实现农业转移人口市民化的数量挂钩，进一步鼓励大城市增加落户规模。2019 年 4 月《建设重点任务》中也提出了相似的配套政策，希望通过中央和地方的共同努力，一举推动"体制内改革"的成功。

需要注意的是，"体制内改革"并不限于作为一种福利扩散模式的落户，也包括市民化的福利剥离路径。例如，新一轮户籍制度改革中，强调推广实施居住证制度，而居住证主要能够发挥作用的地点也是大城市。因此，无论是福利剥离还是福利扩散，只要针对的是大城市的户籍福利，户籍制度改革就是一种"体制内改革"逻辑。

总之，新一轮户籍制度改革的政策逻辑发生了从"体制外发展"向"体制内改革"的转变，这是新一轮户籍制度改革"新"的最突出体现。在完成对我国农业转移人口市民化政策逻辑的发展演变过程的探讨之后，从下一章开始，本书将对阻碍农业转移人口市民化的制度症结及其破解问题展开分析。

第三章
农业转移人口的"落户两难"
及其市民化的再认识

在农业转移人口市民化问题上，存在着两个政策上的两难选择，即"落户两难"和"退地两难"。本章先来探讨"落户两难"。"落户两难"是指在当前城镇化进程中，对于"落户可促进农业转移人口市民化"这一命题，在政策层面存在相互对立的推论：如果推进落户，在多数农业转移人口不愿落户且规模较大城市落户门槛较高的背景下，落户已很难继续推进；如果不推进落户，在城市户籍附着的公共服务等福利内容仍然可观且很难进一步通过市场化手段予以剥离的背景下，农业转移人口市民化无法完成且无法可持续实现，因而必须继续推进落户。"落户两难"的出现与普遍存在的对农业转移人口落户和市民化的认识误区有关，破解"落户两难"是进一步推进农业转移人口市民化的关键。

一 推进农业转移人口落户的"两难"

自20世纪90年代"民工潮"兴起之后，农业转移人口问题就成了理论研究的热点，农业转移人口政策也发生了几次重大调整：以2003年的"孙志刚事件"为转机，在国家制度层面，开启了对农业转移人口由限制自由行动向保护合法权益的转变；以2008年的国际金融危机为转机，地方政府推动了由维护农业转移人口短期权益向促进农业转移人口市民化的转变。① 自 2013 年起，国家开始推进以人为核心的新型城镇化，将农业转移人口市民化放在了新型城镇化的六大任务之首，加快实现农业转移人口市民化被认为是促进城镇化高质量发展、维护社会和谐稳定的关键举措，也是扩大内需、形成强大国内市场的重要抓手。②

一个普遍接受的观点是，造成农业转移人口无法市民化的关键因素是具有城乡分割特殊功能的户籍制度的存在。③ 由于没有流入地城市的户口，农业转移人口及其随迁家属无法平等享受教育、医疗、社会保障和住房保障等基本公共服务，④ 并且在劳动收入、就业门槛等方面受到严重的歧视，⑤ 造成了农业转移人口只能在城乡之间采取候鸟式的循环流动，无法永久性迁移。⑥ 因此，必须加快户籍制度改革，让农业转移人口在城市落户。基于这种共识，近年来国家先后出台了《国务院关于进一步推进户籍制度改革的意见》（国发〔2014〕25 号）、《国务院关于深入推进新型城镇化建设的若干意见》（国发〔2016〕8 号）等多项政策文件，力求加快农业转移人口市民化进程，提高户籍人口城镇化率。

然而，从政策效果来看，加快农业转移人口落户并未取得明显进展。户籍人口城镇化率和常住人口城镇化率的差距，在"新户改"政策刚出台的几年有一个明显的缩小后，自 2017 年开始又再次扩大。2013 年时，常住人口城镇化率和户籍人口城镇化率的"两率差"达到一个相对高点：18.69%，随后开始下降，到 2015 年的"两率差"降至 17.43%，而从 2016

---

① 国务院发展研究中心农村经济研究部：《从城乡二元到城乡一体》，中国发展出版社，2014。

② 辜胜阻、李睿、曹誉波：《中国农民工市民化的二维路径选择——以户籍改革为视角》，《中国人口科学》2014 年第 5 期。

③ 乔晓春：《户籍制度、城镇化与中国人口大流动》，《人口与经济》2019 年第 5 期。

④ 孟凡强、吴江：《中国劳动力市场中的户籍歧视与劳资关系城乡差异》，《世界经济文汇》2014 年第 2 期。

⑤ 孙婧芳：《城市劳动力市场中户籍歧视的变化：农民工的就业与工资》，《经济研究》2017 年第 8 期。

⑥ 孙三百、白金兰：《迁移行为、户籍获取与城市移民幸福感流失》，《经济评论》2014 年第 6 期。

年起，"两率差"又开始回升，到 2020 年已达到 18.49%（见图 3-1）。同时，在城市落户的非户籍人口也大多是外来市民，而非农业转移人口。据调查，在江苏和广东这两个农业转移人口输入大省，真正通过积分等方式实现落户的农业转移人口数量微乎其微。[①] 一般认为，农业转移人口落户进展缓慢的原因，一方面是地方政府仍然设置了一定的落户门槛，将学历等各方面条件较低的农业转移人口排除在落户范围之外；另一方面则在于农业转移人口群体的落户意愿不强。诸多研究均表明，在农业转移人口群体中，愿意在流入城市落户的比例仅为总数的 1/3 左右。[②] 如果附加退出土地的前置条件，愿意落户的比例更低。[③] 因此，进一步推动农业转移人口落户变得更加困难。

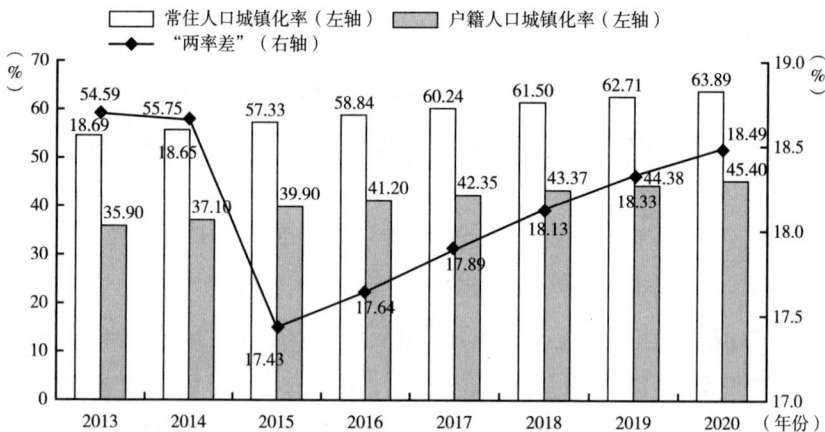

图 3-1 常住人口城镇化率、户籍人口城镇化率及两者差距变化

资料来源：历年国家统计局《国民经济和社会发展统计公报》。

---

① 肖璐、蒋芮：《农民工城市落户"意愿—行为"转化路径及其机理研究》，《人口与经济》2018 年第 6 期。

② 林李月、朱宇：《中国城市流动人口户籍迁移意愿的空间格局及影响因素——基于 2012 年全国流动人口动态监测调查数据》，《地理学报》2016 年第 10 期。

③ 张翼：《农民工"进城落户"意愿与中国近期城镇化道路的选择》，《中国人口科学》2011 年第 2 期。

如果放弃推进落户，选择通过居住证等"福利剥离"方式来推进市民化，在实践中也存在很大问题。如本书导论中所述，作为落户的过渡性政策而出现的居住证制度，在申领门槛设置和福利含量匹配方面存在着政策两难：一方面，如果设置较高的居住证申领门槛，同时赋予居住证较多的福利内含，则将居住证变为了第二个户籍；另一方面，如果不设置或设置较低的居住证申领门槛，同时赋予居住证较多的福利内含，则必将给地方政府带来较大的财政压力，而且若农业转移人口能够很轻易地获得居住证并以此享受与市民完全等同的基本公共服务，则其落户意愿也将进一步降低，从而违背了居住证作为落户过渡政策的定位。更重要的是，当前城市户籍所附带的福利已经集中到教育、医疗、社保等具有公共品性质的基本公共服务领域，因而很难再采取过去对待粮食配给、就业岗位等福利的改革方式，通过市场化手段实现户籍福利的剥离。因此，单靠居住证，很难完整地实现基本公共服务均等化，附着在户籍上的剩余福利仍然对农业转移人口实现市民化产生重要的阻碍作用，完整意义上的农业转移人口市民化仍然需要通过落户来实现。

至此，农业转移人口的"落户两难"正式形成，即本章开头所述：如果推进落户，在多数农业转移人口不愿落户且规模较大城市落户门槛较高的背景下，落户已很难继续推进；如果不推进落户，在城市户籍上附着的公共服务等福利内容仍然可观且很难进一步通过市场化手段予以剥离的背景下，农业转移人口市民化无法完成且无法可持续实现，因而必须继续推进落户。

如何理解并面对这一两难现象影响着"十四五"规划期乃至未来很长一段时间农业转移人口市民化政策的走向，对于推进以人为核心的新型城镇化战略的实现也有着深远的影响。对此，有学者认为，随着城市户籍福利的剥离，户口的意义已经发生了变化，推进农业转移人口市民化不能纠结于落户，也不能就户籍制度改革来评价户籍制度改革。[①] 也有学者认为，落户困

---

① 田明、李辰、赖德胜：《户籍制度改革与农业转移人口落户——悖论及解释》，《人口与经济》2019 年第 6 期。

境的原因是地方政府配套政策滞后、激励机制不足等，应进一步加大户籍制度改革的力度。①

事实上，上述两种观点都有失偏颇。一方面，我们不能因为户籍重要性下降就忽视农业转移人口未能落户的事实，不去追究其背后的原因。另一方面，我们也不能简单地认为农业转移人口普遍未能落户是因为当前户籍制度改革的力度不足，似乎只要进行政策设计上的调整就能够大大加快落户进度。事实上，农业转移人口"落户两难"的出现既与改革开放 40 多年来户籍制度发生的变化有关，也与工业化、城镇化进程中农业转移人口流动与迁移比较利益的变化有关。如果不能准确把握这些变化，将产生对农业转移人口落户问题认识上的一系列误区，进而影响农业转移人口市民化相关政策的有效制定。

二 农业转移人口落户问题的三大传统认识

对于户籍制度改革和农业转移人口落户政策的制定，一直存在着一些似是而非的传统认识，这些传统认识存在的误区阻碍了人们准确理解农业转移人口"落户两难"的形成。

（一）误区一：农业转移人口未能落户是因为不愿放弃农村土地权利

对于农业转移人口未能落户的现象，最流行的一个解释就是其受到农村土地权利的羁绊而不愿转移户口。由于农民的土地承包权和宅基地使用权依托于其所在村集体的成员权利，而户口迁出往往被认为将失去作为村集体成员的权利，因此土地成为农业转移人口在城市落户的巨大机会成本，拥有承包地和宅基地对农业转移人口城市落户意愿有显著的负面影响。② 一些针对农业转移人口落户意愿的问卷调查似乎也印证了"'想保留承包地'是绝大多数农业转移人口不愿在城市落户的主要原因""农地的保障性功能对农村

---

① 欧阳慧：《新一轮户籍制度改革实践中的落户困境与突破》，《经济纵横》2020 年第 9 期。

② 黄帅金：《土地对农民工城市落户意愿的影响——基于 2017 年全国流动人口动态监测调查数据的再考察》，《安徽农业大学学报》（社会科学版）2020 年第 6 期。

劳动力获得城市户籍意愿的影响依然存在"。①

但是，基于问卷调查得出的结论可能有所偏颇，因为针对农业转移人口落户意愿的问卷提问方式实际上已经预设了问题的答案。例如，问"如果需要放弃农村土地，你还是否愿意在城市落户？"这样带有诱导性且不明确落户实际利益的笼统提问，显然不能反映农业转移人口对待落户的全部真实想法。事实上，在城镇化进程中，农村土地对于农业转移人口的意义一直发生着快速而深刻的变化。

首先，相当大比例的农业转移人口在农村老家已经没有土地了，对于这些农业转移人口，无所谓是否愿意放弃土地权利。20世纪80年代在贵州省湄潭县试点并已在全国大多数农村推行的"增人不增地、减人不减地"政策，使很多"90后""00后"农业转移人口名下没有承包地，加之出于种种原因退出土地的农业转移人口，相当大比例的农业转移人口实际上并没有农村土地。根据国家卫健委2017年中国流动人口动态监测调查数据，在14万多个农村户籍流动人口样本中，仅有53.6%回答在农村老家还有承包地，回答"没有"和"不清楚"的分别为39.7%和6.7%（见表4-1）。回答在农村老家有宅基地的占比为68.5%，回答"没有"和"不清楚"的分别为27.4%和4.1%。也就是说，有将近一半的农业转移人口在农村老家没有或不清楚有没有承包地，有将近1/3的农业转移人口在农村老家没有或不清楚有没有宅基地。

表4-1 农业转移人口在农村老家的农地保有情况

单位：%

回答	农村老家是否有承包地			农村老家是否有宅基地		
	有	没有	不清楚	有	没有	不清楚
比例	53.6	39.7	6.7	68.5	27.4	4.1

资料来源：国家卫健委2017年中国流动人口动态监测调查数据。

---

① 陈丹、任远、戴严科：《农地流转对农村劳动力乡城迁移意愿的影响》，《中国农村经济》2017年第7期。

其次，国家对进城落户农业转移人口的农村土地权利已给予了充分保障。2014 年出台的《国务院关于进一步推进户籍制度改革的意见》和 2016 年出台的《国务院办公厅关于印发推动 1 亿非户籍人口在城市落户方案的通知》均明确提出，在推动农业转移人口落户的进程中，不得以退出土地承包经营权、宅基地使用权、集体收益分配权作为进城落户的条件，是否有偿退出"三权"应充分尊重农业转移人口的意见。即使一些地方在执行中央政策时确有贯彻落实不力的现象，[①] 但农业转移人口对"落户即失地"的担忧已经从正式制度上被消除。

再次，土地所承载的收入和保障功能已经大大下降。随着城镇化的推进，农户收入结构发生了很大改变，土地对农民收入的贡献越来越小。《中国统计年鉴 2020》显示，在 2019 年全国农村居民可支配收入中，经营性收入占比已下降到 35.9%，工资性收入占比上升到 41.1%。刘同山根据农业农村部全国农村固定观察点数据统计得出，2016 年仅有 12.8% 的农户农业收入多于非农收入；非农收入占比超过 80% 的农户比例高达 64.0%，因此对大部分农民而言，来自种地的收入一年不过几千元，实在难以保障基本生活，更不用说结婚、生子、医病。[②] 至于少数严重依赖土地的生存型小农户和"以农为业、力农致富"的职业农民，他们要么因为能力太弱而难以外出务工，要么因为能力很强而几乎不需要外出务工，其家庭成员中选择外出务工从而进入农业转移人口群体的人很少。[③] 此外，政府主导的农村社会保障体系也在加速替代土地承载的社会保障功能：2017 年各级财政对新型农村合作医疗的人均补助标准已达到 450 元、新农合人均缴费标准全国人均已达到 180 元；2017 年全国农村每人每年最低生活保障标准已达到 4211 元，农村低保对象达到 4078.2 万人；在新型农村社会养老保险体制下，农村每人每月基础养老金标准已达到 70 元，国家提供的养老保障已超过承包地在

---

① 李国正：《农地权益保障与农业转移人口市民化》，《中国土地科学》2020 年第 10 期。

② 刘同山：《城镇化进程中农村土地退出及其实现机制》，社会科学文献出版社，2020。

③ 蔡昉、都阳：《迁移的双重动因及其政策含义——检验相对贫困假说》，《中国人口科学》2002 年第 4 期。

农民养老生活来源中的作用。[1] 同时，越来越多的农业转移人口在城市已拥有了城镇职工养老保险，不再需要农村土地作为保障。

最后，土地所带来的未来潜在征地收入对农业转移人口的落户意愿影响有限。在城镇化进程中，农民通过征地而获得的补偿金数额确实比较可观。但是，一方面，随着城镇化率增速放缓和耕地红线管理的日趋严格，中国通过土地大规模扩张的城镇化阶段已经过去，[2] 通过征地获得一大笔补偿金的潜在可能性已降低。另一方面，能有征地补偿机会的只是那些正好位于城市周边建成区扩张范围内的农民，绝大多数位于一般农业地区的农民的土地并不会有机会得到征收补偿。[3]

总之，认为不愿放弃农村土地权利是阻碍农业转移人口落户意愿的主要原因是一个重大的认识误区，农业转移人口不愿在流入城市落户并非因为农村土地，而是与当前的工业化、城镇化阶段中农业转移人口群体的一些固有特征相关。本书将在下一节对这个问题进行探讨。

（二）误区二：农业转移人口未能落户是因为未能满足城市落户条件

有些城市政府曾制定过一些限制外来人口落户的门槛和条件，如"购房落户""投资落户"等，希望一方面给外来人口提供一个享受大城市市民权利的机会，另一方面也能够给城市带来更多的税收和就业，促进城市经济发展。对于收入和财富水平较低的农业转移人口，因其无法满足落户所需的购房或投资条件，普遍无法在城市落户。还有一些大城市出台了积分落户制度，对落户条件予以量化，向能够达到一定分值的外来人口提供本地城市户

---

① 叶兴庆、张云华、伍振军等：《农业农村改革若干重大问题研究》，中国发展出版社，2018。

② 刘守英、熊雪峰：《我国乡村振兴战略的实施与制度供给》，《政治经济学评论》2018 年第 4 期。

③ 华生：《城市化转型与土地陷阱》，东方出版社，2013。

口。[①] 城市出于自身利益，往往把积分落户与人才引进战略联系起来，在落户积分设置上具有明显的人力资本偏向性：学历、职称等指标的权重较重，这使得农业转移人口落户政策有异化为人才落户政策的倾向，[②] 较高的落户门槛使农业转移人口普遍达不到落户条件。广东省中山市早在 10 年前就已率先推行流动人口积分入户政策，而真正实现落户的农业转移人口数量微乎其微。[③]

但是，随着新一轮户籍制度改革的推进和人口流动趋势的变化，无论是国家层面还是地方政府层面，对农业转移人口落户的态度都发生了很大的转变，以限制农业转移人口落户数量为特点的户口迁移政策也发生了重大调整。

在国家层面，全面放开落户限制的政策导向已十分明确。同时，为了鼓励各地尤其是特大超大城市推动农业转移人口落户，中央出台了"人地钱挂钩"的配套政策，全面落实了吸纳农业转移人口落户数量与城市新增建设用地规模挂钩以及与财政转移支付挂钩的政策。

在地方政府层面，地方政府曾经的那种将农业转移人口落户视为一种成本或负担的态度也发生了转变。近年来，随着农村剩余劳动力基本转移完毕，以及老龄化背景下农村新成长的劳动力数量急剧减少，经济发展所需的劳动力从无限供给变为相对稀缺，农业转移人口市民化所带来的消费拉动和集聚经济效益越发受到重视。在这个背景下，各地竞相出台史上最宽松的落户政策，一些省会特大城市更是掀起了一轮又一轮的"抢人大战"，将农业转移人口落户门槛一降再降。江西省甚至在 2021 年 3 月印发文件，明确在全省所有城市范围内全面取消落户限制，仅以具有合法稳定住所或合法稳定就业为落户的基本条件。

---

① 谢志强、姜飞云：《积分落户：户籍制度改革的"破冰船"》，《人民论坛》2016 年第 30 期。
② 邹一南：《农民工市民化困境与新一轮户籍制度改革反思》，《江淮论坛》2020 年第 4 期。
③ 肖璐、蒋芮：《农民工城市落户"意愿—行为"转化路径及其机理研究》，《人口与经济》2018 年第 11 期。

总之，在新一轮户籍制度改革的政策推动和劳动力市场环境变化的条件下，农业转移人口在城市的落户门槛已经大幅下降。当前，除了少数在特大超大城市的主城区和部分 I 型大城市中的农业转移人口仍可能面临一定的落户门槛外，绝大多数农业转移人口在城市落户已无政策障碍。

（三）误区三：农业转移人口市民化等同于落户

当前，城市本地户籍的确包含一些城市社会福利，缺少这些城市福利，农业转移人口确实很难实现市民化。因此，近年来在多份中央文件中，在有关"推进农业转移人口市民化"章节的第一段，都是"加快推进户籍制度改革，提高户籍人口城镇化率"的相关内容，落户显然已经被当作了推进农业转移人口市民化的最重要手段。学术界也普遍将推进落户作为农业转移人口市民化问题的核心，认为通过落户使农业转移人口享受均等化的公共服务是其实现市民化的关键。①

但是，这种认为通过落户赋予农业转移人口城市福利就能使其实现市民化的观点，实际上是一个重大的误区。在计划经济体制下，城市户籍居民的教育、医疗、住房、养老等公共服务由所就业的单位统一提供，农村户籍居民则依靠所在的农村集体来解决基本公共服务问题。因此，如果农村居民转为城市非农户口，则可以立刻享受市民化的福利待遇，此时的落户就等同于市民化。改革开放后，劳动力就业很快完成了市场化改革，拥有城市户口不再是获得就业机会的保证，而随着农业转移劳动力的大量进城，农村户口和城镇户口都要在就业市场上双向选择。就业市场化改革也使一系列城市社会福利相继与户口脱钩，例如与就业相关的养老、医疗等社会保险已不再依赖户口，如果劳动者的就业单位为其雇员缴纳了社会保险，则不管其是否拥有城市户口，都可以享受这些社会保险。再如住房福利，住房改革之前，分配住房是城市职工的一项福利，而房改之后，除了少数中央国家机关，无论城

---

① 魏义方、顾严：《农业转移人口市民化：为何地方政府不积极——基于农民工落户城镇的成本收益分析》，《宏观经济研究》2017 年第 8 期。

市户口还是农村户口，想拥有城市住房都需要自己购买。目前，与户口挂钩最紧密的是教育权益，而随着国务院出台了"以流入地政府管理为主，以全日制公办中小学为主"两为主政策，农业转移人口子女在流入地接受公立义务教育的权利已经从正式制度上予以了保证。同时，在学区制下，住房对于公立教育资源的分配发挥着越来越大的作用，在一些城市，即使拥有本地户口，如果没有该学区的住房，也难以享受完全平等的公立学校入学机会。

总之，随着附着于城市户口上的社会福利逐渐减少，越来越多的社会福利已经成为非排他性的公共服务，不落户也可获得；而一些市场化程度较强的社会福利并不与户口挂钩，即使拥有城市户口也并不意味着可以获得这些社会福利。因此，对农业转移人口来说，落户并不等同于市民化。事实上，农业转移人口未能实现市民化，除了因户籍身份导致在就业机会和收入等福利待遇上存在一定的歧视因素外，还有自身的能力因素和心理因素等。同时，地方政府和企业在就业、社保、居住等公共政策等方面存在短板，也是农业转移人口未能市民化的重要原因。使农业转移人口全方位地融入城市并成为市民，早已不是单纯依靠落户就能够完全解决的。

三　对落户和市民化的再认识

中国现行户籍制度诞生于计划经济时期，是服务于重工业优先发展的赶超战略的特殊历史产物。随着时代的变迁和改革的推进，户籍制度的内涵已经发生了巨大的变化，中国的城镇化进程也展现出了很多新的特征，特别是农业转移人口在循环流动和迁移落户选择上利益的比较发生了微妙的变化，这些都对我们准确认识户籍制度及其改革有着重要的意义。

（一）循环流动而不在流入地落户是现阶段农业转移人口的理性选择

大约 20 多年前，非农户口对农民来说具有极大的吸引力，由于彼时城市户口对应着商品粮供给和体制内就业等重大福利，而农村地区尚未被公共财政覆盖，基本公共服务乃至基本生活条件都无法得到保证，农民在面对进城落户的机会时丝毫不会迟疑。但是，当前城市户口的含金量已发生了变化。如前所述，许多城市福利已经与城市户口脱钩，而随着公共财政的阳光普照农村，城乡基本公共服务的差距在缩小。在"十三五"期间，农村居民的养老保障和医疗保障已经实现了全覆盖，即使不考虑土地因素，农民对将户口迁移到城市的迫切性也已经大为下降。

事实上，农业转移人口在城乡之间循环流动而不落户定居，是所有发展中国家在工业化和城镇化进程中普遍经历过的发展阶段，是与一定历史时期相联系的长期过程，并不是中国所特有的，也不会随着户籍制度的改革而立刻消亡。有研究表明，在很多发展中国家，其户籍制度并不具备城乡分割的功能，但流动人口现象同样大量存在。①② 从理论上讲，采用流动而不落户的这种迁徙模式，是农业转移人口家庭内部实现劳动力资源优化配置的一种理性选择，是发展中国家的农村转移劳动力在就业市场不稳定条件下，最大限度地增加家庭收入并降低风险所采取的一种策略。③ 同时，农业转移人口流动而不落户也与一定时期内工商业部门对农村劳动力的内在需求特点有关：在从低收入阶段向中等收入阶段爬升的过程中，社会还不能提供足够的高工资、高福利、高稳定性的一级劳动力市场就业岗位，农业转移人口只能暂时选择在低工资、低福利、低稳定性的二级劳动力市场上就业。④ 城乡分割的户籍制度固然对农业转移人口经济地位和社会地位的提升有一定阻碍，但农业转移人口在城市呈现一种非市民化的工作生活方式也是一个必然而且相对漫长的过程，不会随着户籍制度的改革而立即发生实质性的改变。

进一步地，农业转移人口在各城市之间的流动不仅是一个普遍现象，也

---

① G. Hugo, "Circular Migration in Indonesia", *Population and Development Review*, 1982, 81（2）: 59-84.

② Y. Zhu, "China's Floating Population and Their Settlement Intention in the Cities: Beyond the Hukou Reform", *Habitat International*, 2007, 31（1）: 65-76.

③ O. Stark and D. Bloom, "The New Economics of Labor Migration", *American Economic Review*, 1985, 75（2）: 173-178.

④ M. Piore, *Birds of Passage*, New York: Cambridge University Press, 1979.

是其提高收入水平和职业声望的有效途径。[①] 据调查，流动到过 2 个以上城市的农业转移人口占总数的 51.3%，其月平均收入水平为 4384 元，明显高于只在 1 个城市流动过的农业转移人口的月平均收入 3799 元。同时，流动到过 2 个以上城市的农业转移人口中，就业身份为雇主、固定雇员等较高职业声望类型的比例明显高于只流动到过 1 个城市的农业转移人口，前者的就业身份为零工、散工和无业等较低职业声望类型的比例也明显低于后者（见表 4-2）。因此，流动而不落户是农业转移人口最大化收益、最小化风险的理性选择，希望通过落户将农业转移人口固定在一个城市享受市民化待遇，既不符合工业化和城镇化发展的一般规律，也不符合农业转移人口自身的利益。

表 4-2　不同流动次数的农业转移人口的就业身份分布

单位：%

	雇主	固定雇员	自营劳动	零工、散工	无业
流动到过 2 个以上城市	5.4	42.4	30.0	7.0	15.3
只流动到过 1 个城市	3.6	37.0	29.9	7.7	21.8

资料来源：国家卫生健康委 2017 年中国流动人口动态监测调查数据。

此外，对大多数农业转移人口尤其是老一代农业转移人口来说，年轻时在城市务工、年老后返回家乡是他们在现有条件下根据自身及其家庭的生命周期所做的理性安排，与户籍制度并无太大关联。即使是新生代农民工，面对流入城市高昂的房价和生活成本，以及随着自身年龄增长而日益显现的乡愁和离愁，[②] 也并非都希望永久留在城市。年轻时在大城市务工，当财产和能力积累到一定程度就返回家乡附近的小城市定居，并开始创业或就业，已经越发成为农业转移人口群体的共同选择。2017 年中国流动人口动态监测

---

① 常进雄、赵海涛：《农民工二次跨区流动的特征分析》，《中国人口科学》2015 年第 2 期。
② 贺雪峰：《谁是农民：三农政策重点与中国现代化农业发展道路选择》，中信出版社，2016。

调查数据显示,仅有不到三成的农业转移人口表示会在流入城市定居,更多的农业转移人口都会在若干年后选择离开(见表4-3)。

表4-3 农业转移人口对未来流动和定居意愿的选择分布

单位:%

选择类型	定居	留居 1~2 年	留居 3~5 年	留居 6~10 年	留居 10 年以上	短时间内立刻离开	没想好
比例	26.3	7.1	13.1	5.1	8.5	2.5	37.4

资料来源:国家卫生健康委 2017 年中国流动人口动态监测调查数据。

(二)能力强的农业转移人口未必更有落户意愿

如前所述,许多大城市曾通过建立积分落户制度对外来人口进行筛选,而积分分值的设置明显偏向于高学历、年纪轻、有技能、有住房、有投资能力的高禀赋人群。虽然中央文件要求调整积分权重,将社保缴纳年限和居住年限的积分权重调高,但一些特大超大城市在落实积分落户政策过程中,人力资本和物质资本禀赋较高者仍然占据绝对优势。此外,在推动非户籍人口落户的进程中,国务院《关于深入推进新型城镇化建设的若干意见》(国发〔2016〕8 号)中选定了四类落户重点人群,即农村学生升学和参军进入城镇的人口、在城镇就业居住 5 年以上和举家迁徙的农业转移人口以及新生代农民工。从这四类重点人群的特点看,仍然具有明显的高禀赋倾向性。也就是说,在实际操作过程中,部分城市仍然在一定程度上存在着"能力强者优先落户"的政策倾向。

但是,问题在于,那些能够达到落户条件的农业转移人口未必更愿意落户,或者说,有着较强落户能力的农业转移人口未必有更强的落户意愿。根据国家卫健委 2017 年中国流动人口动态监测调查数据,如果以能够购买城市商品房和就业身份为雇主的农业转移人口作为落户能力强的标志,则落户能力强的农业转移人口的落户意愿并不强烈,在各类农业转人口的落户意愿中仅位居中游水平（见表4-4和表4-5）。相反，落户意愿较强的农业转移人口反而是购买了小产权房或保障房、借房居住的农业转移人口以及无业者。这些落户意愿较强的农业转移人口有一个共同的特征，就是普遍因居住和就业面临着一定的合法性压力，而需要寻求制度上的认同感和安全感，落户就是他们谋求制度认同的一种有效手段。而对于那些已经在城市购买商品房和已经成功创业的农业转移人口，反倒不需要通过落户来寻求这种认同感。对于这些能力较强的农业转移人口，由于已经适应和熟悉了城市生活，没有感受到歧视、心理压力和生活麻烦，迁移户籍的动力就大大降低。[1]

表4-4　不同居住类型农业转移人口的落户意愿

单位：%

	购买商品房	购买小产权房	购买保障房	整租住房	合租住房	政府公租房	借住房	单位雇主房	就业场所	非正规住所
愿意落户比例	33.5	39.9	44.2	36.2	36.0	34.5	38.4	28.3	25.0	31.6

资料来源：国家卫生健康委2017年中国流动人口动态监测调查数据。

表4-5　不同就业身份农业转移人口的落户意愿

单位：%

	雇主	固定雇员	自营劳动	零工、散工	无业
愿意落户比例	36.6	37.1	32.0	35.0	38.1

资料来源：国家卫生健康委2017年中国流动人口动态监测调查数据。

更进一步地，有研究表明，中国农民普遍固有一种从"小农"向"小资"转变的理想情怀，他们进城打工的目标是通过勤劳努力当上小老板，同时更多地买房、置业，而并不想成为靠工资和社保生活的城市产业工人。[2] 因此，

---

[1]　蔡禾、王进：《"农民工"永久迁移意愿研究》，《社会学研究》2007年第6期。
[2]　温铁军：《城镇化是去城市化》，《中国房地产业》2014年第2期。

能力强、经济地位高的农业转移人口并不一定有更强的落户意愿，尤其是对老一代农业转移人口而言，进城打工初衷的实现往往就昭示着他们荣归故里和落叶归根的肇始。① 这进一步说明了将农业转移人口落户数量少归因于达不到城市落户条件是一个重大的认识误区，而设置能力导向的落户政策则是人们单纯站在城市的角度而非农业转移人口的角度来思考落户问题的产物。

（三）农业转移人口市民化的进展得益于户籍利益的剥离而非扩散

利益扩散和利益剥离是两种不同的农业转移人口市民化推进思路。利益扩散是通过各级政府的推动，使制度受益者范围扩大，使新进入者获得本地户籍福利的过程。利益扩散的对象是城市中的农业转移人口等非户籍人口，通过落户使之享有和市民同等的福利水平。利益剥离是通过形成某种新的利益分配机制，剥离由现有机制控制的部分利益，并逐步地替代现有机制，最终使其空壳化的过程。② 利益剥离的对象是与城市本地户籍挂钩的各种福利。通过利益剥离，使原本由户籍控制的各项城市利益的范围缩小，非户籍利益的范围扩大。

从政策效果看，作为利益扩散的落户政策在推进农业转移人口市民化上更为彻底，因为一旦实现落户，农业转移人口就自动获得了与市民完全等同的城市福利，并且这种福利的承诺不会随日后政策的变化发生改变。但是，通过落户来扩散利益的改革方式存在两个重大缺陷：其一，落户的政策实施对象是人，即农业转移人口，它需要政策实施对象的配合。如前所述，农业转移人口出于对自身利益的考虑，配合落户政策的积极性很低，因而利益扩散的程度必定有限。其二，落户不是一个可以低成本重复的过程，它的手续相对烦琐，很难频繁地变动户口注册地。对于流动性较强并且以在城市间流动来获得收入和职业声望提升的农业转移人口来说，将其户口落在某一个城市，反而是对其正常活动的限制。

---

① 钱文荣、李宝值：《初衷达成度、公平感知度对农民工留城意愿的影响及其代际差异——基于长江三角洲16城市的调研数据》，《管理世界》2013年第9期。

② 郭秀云：《户籍制度分立式改革路径：利益剥离与利益扩展》，《改革》2016年第9期。

从户籍制度改革的历史进程看，无论是改革开放初期的自理口粮户改革，还是城镇住房、就业、社保及部分公共服务的市场化，再到中小城市落户限制的放开，每一次户籍制度改革的边际进展都是在利益剥离路径的逻辑下完成的。在未来推动特大超大城市公共服务均等化的改革进程中，仍应坚持利益剥离式改革路径。当前，各大城市实施的居住证制度就是利益剥离的典型途径。居住证的政策实施对象是物，即城市福利，它实质上是将原本由户籍承载的城市福利进行了转移，而居住证所具备的"低门槛申领、阶梯式赋权"的特征，更符合农业转移人口的流动就业特点，也易于被农业转移人口所接受。无论流动到哪个城市，农业转移人口都可以通过方便地申领当地居住证，获得相当于或接近于市民的基本公共服务，而且可以一直保留农村户口。随着居住证制度的不断完善，越来越多的户籍福利被剥离到居住证上，户籍制度的改革进程也得以自然完成。

四　破解农业转移人口"落户两难"的市民化政策转型

农业转移人口市民化是一个国家在走向现代化过程中的一个重要的结构变迁，其核心是市民化的需求与市民化供给相匹配、市民化意愿与市民化能力相匹配。[1] 我们不能只从市民化供给和市民化能力这一单方面视角看待市民化，忽视市民化的需求和市民化的意愿。通过对关于农业转移人口落户问题认识误区的修正，以及当前农业转移人口市民化和落户的重新认识，我们可以做出如下判断：当前我国农业转移人口市民化进展缓慢的主要原因，很大程度上就在于政策制定者仅仅站在城市的视角，从市民化供给和市民化能力来看待农业转移人口市民化问题，而没有站在农业转移人口的视角，从市民化需求和市民化意愿来看待该问题。因此，在政策制定上，简单地将市民

---

[1]　马晓河、胡拥军：《一亿农业转移人口市民化的难题研究》，《农业经济问题》2018 年第 4 期。

化等同于落户，不顾市场化改革几十年来户籍制度发生的巨大变化，认为只要城市能够供给城市户口对应的各项福利，并用行政力量按能力优先的顺序推动农业转移人口落户，就能迅速实现农业转移人口市民化，忽略了农业转移人口市民化的长期性和复杂性。对此，我们有针对性地提出了进一步推动农业转移人口市民化的政策转向路径。

（一）农业转移人口市民化的着眼点从异地市民化向就地市民化转变

根据前文分析，农业转移人口未能在城市落户的原因并不是不愿放弃农村土地，他们不在首次流入城市落户的迁移方式是当前阶段农业转移人口的理性选择，并且多数农业转移人口会选择最终回到家乡附近的小城市定居。但是，现阶段农业转移人口市民化的各项政策主要是针对农业转移人口流入地城市而设置的，目的是让农业转移人口在流入地城市实现市民化，而没有考虑到农业转移人口的二次迁移。无论是落户条件的规定还是"人地钱挂钩"政策的制定，都是着眼于那些吸纳了异地农业转移人口数量较多的东部发达地区和大城市，或者说是一种异地市民化政策。事实上，随着越来越多的农业转移人口返乡就业和选择就地转移，在本省本地务工的农业转移人口比例近年来在持续提升。2010~2020 年的《农民工监测调查报告》显示，在乡镇街道范围内就业的本地农民工占农民工总量的比例从 2009 年的 36.8% 上升到 2019 年的 40.1%；在跨越乡镇街道边界的外出农民工中，选择在省内就业的农民工占比从 2009 年的 47.1% 上升到 2019 年的 56.9%，农业转移人口就地就近转移趋势明显。因此，以异地市民化为着眼点的农业转移人口市民化政策无法取得理想的效果，农业转移人口市民化政策的着眼点应转向就地市民化。

服务于就地市民化目标的政策，首先应遵循农业转移人口循环流动的特点，进一步建立完善城市农业转移人口养老保险等社会保障的转移接续制度，消除农业转移人口循环流动和最终返乡定居的制度障碍。此外，应探索建立对那些吸纳从本地农村外出后又返回当地定居的农业转移人口较多的城市，尤其是广大中西部地区和中小城市的财政支持政策。这些外出务工的农业转移人口，将生命周期中的黄金年龄贡献给了异地流入城市，而将年龄"负债期"留在了本地，站在全国层面上考虑，理应对这些曾经的农业转移人口流出地、现在的农业转移人口回归地予以财政支持。

与此同时，还应积极探索农民土地退出与市民化联动的改革机制。自古以来，中国的户籍和地籍就是紧密相连、共生互动的，但在当前农业转移人口市民化的顶层设计中，并未构建起土地退出与市民化之间的制度桥梁，忽视了那些愿意主动放弃农村土地，可有助于土地流转并实现规模化经营，从而为当地农业现代化和城镇化建设做出贡献的农业转移人口在城市享受市民化权利时本应拥有的优先权。导致这种制度缺失的一个很重要的原因，仍然是当前片面着眼于异地市民化的农业转移人口市民化政策导向：由于农业转移人口土地退出所形成的农地规模化经营条件和建设用地指标很难跨越县级以上行政区划配置，难以形成支持异地市民化的政策工具，在农业转移人口市民化政策体系中也就没有鼓励农民土地退出的政策。因此，应推动各地方政府探索在本行政区内的农民土地退出与市民化权益享受挂钩的政策，在尊重农民意愿的情况下，引导农业转移人口退出土地，并就地实现市民化。

（二）落户政策的制定从有能力者优先向有意愿者优先转变

根据前文的分析，农业转移人口未能落户并不是因为达不到城市落户门槛，以当前各地的户籍改革力度和农业转移人口现有的能力条件，农业转移人口能够满足在绝大多数城市落户的要求。主要的问题在于，能力强、能够满足城市落户条件的农业转移人口，其落户意愿未必也强，流动而不落户是当前阶段多数农业转移人口的一种理性选择。因此，虽然保留了落户门槛的部分大城市和特大超大城市的户籍对农业转移人口有一定的吸引力，但即使这些城市大幅度降低落户所需的能力条件乃至完全放开落户限制，也不太可能立刻导致农业转移人口大规模落户。而在当前，部分大城市和特大超大城市的积分落户制度仍然是以"有能力者优先"为导向的，这种做法是类似于西方发达国家对待跨国移民入籍和申领绿卡的做法。出于对本国利益最大化的考虑，对外国移民根据能力大小进行挑选是合情合理的。但是，对于一国内部的城乡移民也采用相同的办法进行挑选，则不仅有违共享发展成果的理念要求，也不利于实现区域经济的协调发展。吸纳农业转移人口较多的城市本来就是经济较发达的地区，如果再通过一套筛选机制使高禀赋的劳动者落户，留下人口红利，退回人口负债，则可能加大地区发展差距。

鉴于此，在目前城市内部利益扩散需求仍存在的情况下，应及时推动各类城市的落户政策导向，从有能力者优先向有意愿者优先转变。具体而言，应督促各地取消购房落户、投资落户等明显具有能力导向性的地方性落户政策，同时在各类城市取消对落户重点人群的认定，无论农业转移人口的迁移目的如何、年龄大小、是否就业居住满五年以及是否举家迁徙，只要有落户意愿，都考虑给予满足。对于广大中小城市，由于农业转移人口的落户意愿并不强烈，全面放开落户后可能并不会出现扎堆落户和财政压力骤增的现象；对于少数特大超大城市，可以在短时间内继续保留积分落户政策，但应对积分设置规则进行大幅度修改，切实减少学历、职称、纳税、购房等带有禀赋倾向性的加分项目，以合法稳定就业和居住年限为主要的积分依据，并且通过严格督察防止地方政府在执行这类政策过程中出现"打折扣"的情况。

（三）市民化目标的设置从户籍市民化向常住市民化转变

根据前文的分析，落户不等于市民化。改革开放以来，农业转移人口市民化取得的进展主要得益于户籍利益的剥离而非利益扩散，以落户这种利益扩散方式推进城镇化和农业转移人口市民化的客观结果，不是弱化而是强化了以户籍为依托的城市公共服务配置特征。目前，中国有数亿城市非户籍人口，这其中大多数为外出农业转移人口，而伴随着城镇化进程的深入，仍将有大量农业转移人口离开农村户籍地进入城市。倘若要将数亿农业转移人口全部实现城市落户，从制度成本和操作性上看，既无可能也无必要。未来推动农业转移人口市民化的根本途径，应是通过大力推进居住证制度等户籍利益剥离式改革举措，实现各类城市福利在不同人群间的均等化配置，使户籍制度的利益分配功能逐渐淡化。

在短期内，不再追求落户数量的目标可能会使得农业转移人口与市民的公共服务差距继续存在，但以常住人口为目标推动市民化更符合未来劳动力在城市之间和城乡之间常态化流动的长期趋势。况且，在14亿多人的大国中推动农业转移人口的市民化，本来就不是一个毕其功于一役的举措，而是一个需要全面、系统、渐进推进的事业，它包括在基本公共服务上由存在差异向均等的转变，在居住方式上由非正规向正规的转变，在就业岗位上由低质量向高质量的转变，在心理状态上由城市过客向城市主人的转变。因此，只有以常住人口市民化目标取代户籍人口市民化目标，才能真正实现符合经济发展客观规律和以人为核心这一根本特征的高质量城镇化。

第四章
农业转移人口的"退地两难"及其非农民化的再认识

"退地两难"是指在当前城镇化进程中，对于"应在推动农业转移人口市民化的同时推动土地退出"这一命题，在政策层面存在着对立的推论：如果鼓励农业转移人口有偿退出土地，并利用土地退出的补偿实现市民化，可能会出现对"农民失地"风险的担忧，造成社会不稳定，因而必须让农业转移人口继续保有土地；如果坚持让农业转移人口保留农村土地权利，甚至在城市落户后也可不退地，则会造成农业转移人口实现市民化的同时不实现"非农民化"，进而带来城乡资源配置低效，因此必须积极推动农业转移人口有偿退出土地。与"落户两难"一样，"退地两难"的出现与普遍存在的对农业转移人口与土地关系的认识误区有关，破解"退地两难"是进一步推进农业转移人口市民化的关键。

一 农业转移人口"不能失地"的历史逻辑

城镇化是农业人口向城镇转移并实现市民化的过程。从理论上讲，市民化应包括两个过程：一是农业转移人口与城镇居民在基本公共服务等方面的福利待遇均等化的过程，二是农业转移人口退出农村土地及其相关权利的"非农民化"的过程。而在现实中，中国的城镇化采取了一种在推进农业转移人口进城并逐步实现市民化的同时不推进"非农民化"的方式，即在政策上允许农业转移人口在进入城市工作生活的同时保留农民身份和土地权利。这种城镇化模式催生了数量庞大的在城乡之间做"候鸟式"循环流动的农业转移人口，而"手中有地、进退有据"也确实对中国工业化的顺利推进起到了关键作用，并成为一条基本经验。农业转移人口"不能失地"也逐渐成了一个不容置疑的意识形态，被认为是确保农民利益、降低社会风险的关键制度安排。

由于保有农村土地，农业转移人口可以在失去城市非农就业岗位后返回农村，不至于在城市形成大规模贫民窟，从而避免经济危机造成更严重的社会问题。农村土地这一作用被称为劳动力蓄水池，这一消化返乡劳动力的过程也被称为城市向农村转嫁经济危机的成本。① 新中国成立以来，农村土地至少发挥过 4 次劳动力蓄水池的作用。

第一次农业转移人口大规模返乡发生在 1959～1961 年的三年困难时期。"一五"计划期间大批已经进入城市工作的农业转移人口不得不重新回到农村务农。据统计，1961 年全国城镇人口减少 1300 万人，减少职工数量 950 万人，同年农村劳动力比上年增加 2730 万人，基本恢复到 1957 年的水平。1962 年 1 月至 1963 年 6 月城镇人口共减少 1600 万人，同期减少职工 1034 万人；1962 年农村劳动力比上年又增加了 1500 多万人。整个三年经济调整时期，城镇人口共减少 2600 万人，减少职工 2000 万人。②

第二次农业转移人口大规模返乡发生在 20 世纪 80 年代末。从 1988 年下半年开始，经济增长速度明显放慢，国内市场疲软，中国经济进入了为期三年的"治理经济环境、整顿经济秩序"阶段。这一阶段，国家采取了压缩基本建设投资规模、加强财税和信贷控制等一系列重要的经济措施，许多建设项目下马或停建，相当一部分企业开工不足。国家在这一时期再度加强了对农村劳动力进城的限制，特别强调农村剩余劳动力转移的主要方式应当

---

① 温铁军：《八次危机》，东方出版社，2013。
② 韩俊：《跨世纪的难题：中国农业劳动力转移》，山西经济出版社，1994。

是"离土不离乡",要严格控制农村劳动力向城市的盲目流动,减轻城镇就业压力。在这种形势下,大量在城市就业的农村劳动力被清退,出现了已经转入城市的农民工群体性返乡的现象。治理整顿对农村非农产业的发展也造成了严重冲击,乡镇企业吸纳劳动力的数量连续两年下降,许多已经就地实现了非农化的农村劳动力不得不重操旧业。同1988年相比,1989年滞留城市的农业转移人口大幅度减少,各大城市中最大的回落幅度达到1/3左右。农业转移人口的返乡持续了约两年,直到1990年城市农业转移人口数量才基本上恢复到1988年的水平。[①]

第三次农业转移人口大规模返乡发生在20世纪90年代末到21世纪初期。当时,宏观经济紧缩政策叠加亚洲金融风暴的冲击,使经济增长速度放缓,改革开放之后的中国首次出现总需求不足,城市就业压力增大。与此同时,国有企业的战略性调整所造成的大量职工下岗,加剧了对城市劳动力市场的冲击。在政府相关部门的引导下,下岗职工在城市寻求再就业,而新的就业岗位与外来农民工所从事的岗位有着较高的重合度,因而产生了直接的就业竞争。为了保证城市户籍的下岗职工能够再就业,各地政府纷纷出台政策,限制农民工在城市就业,让农民工为城市下岗职工腾出就业岗位。一是采取"清退"政策,即辞退没有本地城市户口的外来农民工,将其岗位转让给本地劳动者。二是"收费",即通过向雇用外来劳动力的单位或外来农民工个人征收就业管理费、暂住人口管理费、就业调节金等,人为提高外来农民工的城市就业成本,从而改变了农民工进城务工的预期收益,最终达到限制其就业的目的。三是设定"限制外来民工进入的行业和职业",如2000年北京市劳动和社会保障局规定的限制外地来京务工人员的行业有8个,限制的职业有103个。[②] 就业歧视加上经济下行本身对劳动力需求的减少,大量农民工在这一时期失去了工作,被挤

---

① 赵长保:《农业和农村产业结构调整》,载宋洪远编著《改革以来中国农业和农村经济政策的演变》,中国经济出版社,2000。

② 黄瑞芹、张广科:《农民工进城就业歧视政策的经济学评价》,《南京人口管理干部学院学报》2002年第4期。

压出了城市，返回农村。这导致从 20 世纪 90 年代后期到 21 世纪初农业从业人数不降反升，2002 年农业从业人数达到 36780 万人，比 1996 年增加了近 2000 万人。

第四次农业转移人口大规模返乡发生在 2008 年国际金融危机期间。2008 年，在国际金融危机的冲击下，中国的净出口对经济增长的贡献由 2006 年的 1.5% 陡降至-3.9%。外需的疲软对沿海地区劳动密集型企业造成巨大的冲击，大量农民工失去工作，形成了"返乡潮"。从 2008 年第三季度开始到 2009 年春节前，共有约 7000 万外出农民工返乡，占全部外出农民工总量的 50%，其中受到国际金融危机直接和间接影响而失去工作返乡的农民工约有 2500 万人。数量如此庞大的城市失业群体并没有造成严重的社会动荡，农村劳动力蓄水池再一次发挥了重要作用。据统计，在 2009 年第一季度末不再继续外出的返乡农民工中有 64% 在本地从事农业，有 24.8% 在本地从事非农自营或非农务工。[1]

总之，通过确保农民的土地承包经营权，的确在相当长一段时间内使农业转移人口的城乡双向流动更具有政策弹性，使农民不会既失业又失地。由此，农民"不能失地"逐渐成为制定任何政策的前提条件，农业转移人口的农村土地权利得到了政策法规的充分保障，甚至 2018 年新修订的《农村土地承包法》也删除了"承包期内，承包方全家迁入设区的市，转为非农业户口的，应当将承包的耕地和草地交回发包方"的条款，农业转移人口即使在城市落户也可以保留农村土地。这种对农民个人土地产权的强化，必然会带来土地集体所有权的弱化。在工农城乡关系结构深刻变化的时代，土地产权个人化对城乡资源配置已产生越来越深刻的影响。

---

① 盛来运、王冉、阎芳：《国际金融危机对农民工流动就业的影响》，《中国农村经济》2009 年第 9 期。

二　工农城乡关系演进下集体所有制的嬗变

集体所有制是公有制的一种形式，是社会主义基本经济制度的重要组成部分。在农村土地"三权分置"的制度安排下，形成了集体所有、农户承包、主体经营产权分置的格局，并在事实上形成了"按人均分、长期承包、鼓励租赁、限制转让"的制度安排。这一土地制度安排最大的特点就是强化土地的农户个人产权，其初衷是在确保农民土地权利的前提下提高土地配置效率，其政策逻辑的根源还是在于"农民不能失地"的考量，而这也引发了近年来围绕农村土地产权性质的激烈讨论。

（一）集体所有制向何处去？

改革开放以来，农村土地集体所有制发生了深刻的变化，土地产权的各项权能在农民集体和农户个体之间不断地进行着分割，总的趋势是集体产权收缩而个体产权扩张。① 不可否认，改革农村土地制度，在市场化条件下对农民进行持续赋权，是改革开放 40 多年来农业农村发展取得一系列重大成就的基本经验之一。② 但是，随着农村劳动力持续地向城镇转移，农业农村发展出现了一些新情况，以"产权个人化"为主要特征的农村土地制度改革也面临着越来越多的争论。中国农村土地制度改革来到了新的十字路口，集体所有制向何处去成为一个重要的时代命题。

在理论层面，对中国土地制度改革方向的公私之辩从未停止。有人认为，鉴于土地私有制的效率属性，土地制度改革的出路一定是私有化。③ 也有人认为，土地私有制并不意味着更高的效率，集体所有制这种公有制形式

---

① 叶兴庆：《集体所有制下农用地的产权重构》，《毛泽东邓小平理论研究》2015 年第 2 期。
② 张云华：《农业农村改革 40 年主要经验及其对乡村振兴的启示》，《改革》2018 年第 12 期。
③ 文贯中：《中国现有土地制度改革》，《经济资料译丛》2016 年第 3 期。

更有效率。① 在政策层面，对农村土地制度改革的分析视角已超越了所有制性质的意识形态争论，开始从重视产权归属向重视产权利用转变。② 一个被广泛接受的观点是，虽然现阶段农户已经拥有了比较完整的土地产权，但集体所有制并未虚置化，而是以新的形式拓展它的功能。③ 当前，集体实际上是在通过充当小农户与大市场或大政府之间的双重委托代理人，降低各主体之间开展土地合作的交易费用以及提供农村各类公共物品的方式，获得农村土地的"治权"。④ 然而，在人口城镇化给城乡结构带来深刻变化的时代背景下，农民的概念和范畴也在迅速变化着，仅仅赋予集体所有制以"治权"的实现形式，回避由"谁是农民"引发的"集体在代表谁""政策在保护谁"这样的关键问题，恐怕将偏离改革的初衷。

习近平总书记指出："不管怎么改，都不能把农村土地集体所有制改垮了，不能把耕地改少了，不能把粮食生产能力改弱了，不能把农民利益损害了。"⑤ 要在确保农民利益的前提下，推动集体所有制实现形式的创新，就要从改革开放以来中国工农城乡关系演进的历程中，厘清集体所有制的发展规律，准确认识在城乡结构演变的现实背景下农民范畴的变化，并基于此分析现行农村土地制度对农业农村发展的重要影响，进而找到新时代农村集体所有制改革的出路。

（二）城乡结构变迁下土地集体产权和个人产权的消长

无论是集体化还是个人化的农村土地产权安排，均是内生于由特定时期国家发展战略所决定的工农城乡关系结构。认清这一点是理解中国农村土地

---

① 贺雪峰：《论农村土地集体所有制的优势》，《南京农业大学学报》（社会科学版）2017 年第 3 期。

② 刘守英：《分析土地问题的角度》，《学海》2017 年第 3 期。

③ 汪险生、郭忠兴：《虚置还是稳固：农村土地集体所有制的嬗变——基于权利分置的视角》，《经济学家》2017 年第 5 期。

④ 郑淋议、钱文荣、洪名勇等：《中国为什么要坚持土地集体所有制——基于产权与治权的分析》，《经济学家》2020 年第 5 期。

⑤ 中共中央党史和文献研究院：《习近平关于"三农"工作论述摘编》，中央文献出版社，2019。

产权几十年来不断地由集体向农户个体让渡这一逻辑的关键,具体可以分三个阶段来考察。

1. 为工业化提供积累——集体产权的建立

大多数在第二次世界大战后独立的主权国家,无论认同何种意识形态,实现工业化都是其首要任务。任何想在保持主权独立的前提下实现工业化的发展中国家,都只能从"三农"领域提取经济剩余来完成资本原始积累。[①] 20世纪50年代的中国是一个典型的农业国,农业在GDP中的比例超过一半,农村人口的占比接近90%。在这样的条件下,基于"逐步实现国家的社会主义工业化"的过渡时期总路线,中国必然要实施"农业支持工业,为工业化提供积累"的发展战略。

土地改革完成之后,全国农村的土地被几亿农民平均占有,农业生产由上亿个农户分散完成,农业剩余也由农民平均分享。这种土地的农民个体所有制无法支持国家工业化资本原始积累的目标:一方面,国家直接面对上亿个小规模农业生产经营主体,征购粮食等农产品的难度很大;另一方面,超小规模的小农生产方式,难以产生对城市生产的机械、化肥、农药等工业产品的需求,导致工农业产品价格剪刀差体制无法建立,农业剩余无从向工业部门转移。同时,在土地小农私人所有的条件下农户又开始出现分化,农民的土地所有制的弊端日益显现。因此,唯有通过建立集体所有制,将土地和生产资料集中,增大农业生产经营主体的规模,在避免农户分化的同时减少农村基本核算单位的数量,才能够以较低的交易成本完成国家对农业剩余等农村社会经济资源的动员和管理,进而实现资本积累的目标。

从1953年开始,农业合作化正式开启,并在短短三年多的时间里,就完成了从互助组到初级社再到高级社的转变。高级社的建立终结了土地私有制,农民的土地全部转为集体所有,土地的占有、使用、收益等权能在集体层面实现了统一,农村的基本核算单位也从上亿个农户转变为几十万个生产合作社。从1958年开始,高级社又开始向人民公社升级,到当年9月底,

---

① 温铁军:《八次危机》,东方出版社,2013。

全国 90% 以上的农户加入了人民公社，基本核算单位从几十万个生产合作社进一步转变为 2 万多个人民公社。[①] 1962 年之后，"一大二公"的人民公社退回到"三级所有，队为基础"的形式，土地集体所有制的架构基本稳定下来。[②] 至此，国家在农村统购统销的户头大大减少，收缴农业经济剩余的交易成本大大降低，工业制成品的下乡也得以顺利推进。据测算，在计划经济时期，农业部门每创造 100 元产值，通过剪刀差体制转移到工业部门的数量，从 1952 年的 17.9 元提高到 1978 年的 25.5 元。[③] 在产权集体化的土地制度安排下，农业部门以这种方式为国家提供了工业化的资本原始积累。

2. "休养生息"——向农民赋权

在农业对国家工业化建设的支持下，中国的第二产业增加值占比逐步提高，到 1978 年已达 47.7%，工业体系初步建成。与此同时，农业在效率低下的人民公社体制下陷入严重的危机，1978 年的农村贫困发生率高达 97.5%，全国有 2.5 亿人存在温饱问题。改革开放前夕，粮食等农产品的供应水平持续下滑，越发难以满足全国人民的基本生活需要。[④]

为了解决吃饭问题，国家采取了"休养生息"的政策，从 1979 年开始调减农副产品派购种类和征购基数，缩小计划收购范围，逐步放开农村集贸市场。当然，最重要的改革还是在农村土地制度方面，主要体现在 1982~1984 年的三个中央一号文件上。1982 年中央一号文件对全国各地探索的包工、包产、包干等一系列生产责任制做法给予了肯定，明确了其社会主义性质；1983 年中央一号文件更是将联产承包责任制提升到"农民的伟大创造"的高度，并指出这是"马克思主义农业合作化新发展"；1984 年中央一号文件提出土地承包期"一般应在 15 年以上"，并明确了"大稳定、小调整"

---

① 罗平汉：《农村人民公社的兴起》，《文史精华》2002 年第 9 期。
② 刘守英、程果：《集体所有制的理论来源与实践演进》，《中国农村观察》2021 年第 5 期。
③ 严瑞珍、龚道广、周志祥等：《中国工农业产品价格剪刀差的现状、发展趋势及对策》，《经济研究》1990 年第 2 期。
④ 曲福田、马贤磊、郭贯成：《从政治秩序、经济发展到国家治理：百年土地政策的制度逻辑和基本经验》，《管理世界》2021 年第 12 期。

的原则。随着连续三个中央一号文件的出台，农村家庭联产承包责任制正式确立。①

家庭联产承包责任制的建立开启了集体向个人让渡土地产权的进程。土地承包经营权首先从集体产权中分离出来，农户作为承包经营主体，在种什么、怎么种、卖给谁等问题上都由自己做主。集体仍然是土地所有权的主体，但土地经营方式由集体统一经营转变为农户家庭经营，"三级所有，队为基础"的人民公社体制随即瓦解，农户在完成国家任务和集体义务后，拥有农业剩余产品的索取和控制权利，以生产队为核心的集体所有制转变为以成员为核心的集体所有制。从土地产权的权能结构来看，农户已拥有了比较完整的土地占有权、使用权，一部分收益权以及集体范围内的转让权。伴随着集体向农户个体的赋权，农户生产经营的积极性得到极大提高，1984年，全国粮食总产量相较于1977年提高了43.8%，② 人民群众的吃饭问题基本得到解决。

3. 反哺"三农"——产权个人化

进入20世纪90年代，集体所有、农户承包经营的土地产权制度安排又遇到了新的问题。第一，由于首轮土地承包期15年即将到期，农民预期不稳导致在农业生产中出现了一些短期化行为。第二，一些地方调地过于频繁，集体以土地所有者的名义侵犯农户土地承包经营权的现象时有发生，农户的生产积极性受到伤害。第三，在城乡收入差距鸿沟下，农民大量进城务工，加之农业税费沉重，承包地抛荒现象普遍，"三农"问题日益严峻。

针对"三农"领域出现的问题，中央做出了一系列围绕农村土地政策的调整，通过将产权更多地界定给个人，以求在确保农民利益的同时，提高土地资源配置效率。第一，进一步稳定土地承包关系。1993年中央十一号文件将土地承包关系再延长30年，2008年党的十七届三中全会进一步明确

① 陈锡文、赵阳、陈剑波等：《中国农村制度变迁60年》，人民出版社，2009。

② 王小鲁：《改革之路：我们的四十年（1978—2018）》，社会科学文献出版社，2019。

为"长久不变"。第二，实行"增人不增地、减人不减地"。通过出台中央文件和立法的方式对该做法加以明确，取消了集体利用土地所有者身份调整农户承包地的权力。第三，进一步调整农民与国家和集体之间的关系。党的十六大之后，中央对农村政策做了重大调整，农业税被废止，农业补贴增加，公共财政的阳光开始普照"三农"。同时，集体对农民征收的"三提五统"被取消，各项不合理的摊派也被停止。党的十八大之后，强化农户权利的政策接连出台。2014年国务院发布的《关于进一步推进户籍制度改革的意见》（国发〔2014〕25号）明确要求，不得以退出土地承包经营权作为农民在城镇落户的条件，进城农民"落户即失地"的担忧被消除。2016年中共中央办公厅、国务院办公厅印发的《关于完善农村土地所有权承包权经营权分置办法的意见》明确了"三权分置"的改革方向，将经营权从承包经营权中分离出来，农民可在保留承包权的同时流转土地经营权，并且流转范围可以延伸到集体成员之外。此外，承包地确权登记颁证工作于2019年底完成，产权个人化得到进一步强化。

至此，农户个体已经拥有了较为完整的土地产权权能。在土地占有权方面，由于承包关系长久不变且承包期内集体无权收回和调整土地，农户在事实上获得了代表完整土地占有权利的"永佃权"。在土地使用权方面，2019年新修订的《中华人民共和国土地管理法》（以下简称《土地管理法》）在进一步明确农民可以利用土地从事农林牧渔业的生产外，还删除了农地不能进行非农建设的规定，农民的土地使用权趋于完整。在土地收益权方面，税费改革后，农民已无须承担对国家和集体的税费责任，可以获得全部的农业经营收益，并得到多种生产补贴，土地收益权也十分完整。在土地转让权方面，根据"三权分置"原则和《土地管理法》的规定，农户可在合规条件下将承包地通过出让、出租等方式向集体外部流转，农户的土地转让权也相对完整。除此之外，在入股权方面，农户可以自愿将土地折成股份，加入合作社，成为社员并参与分红。在融资担保权方面，"三权分置"后，土地经营权的物权属性被明确，无论是承包户自己还是转入土地的经营主体，均可以在满足一定的条件下将土地经营权向金融机构融资担保。在退出补偿权方面，农民可以自愿有偿退出承包地，而随着征地制度改革的推进，失地农民获得补偿的水平相对于若干年前也已经有了大幅度的提高。①

总之，随着以产权个人化为特征的土地改革的持续推进，现阶段农户已拥有了较为完整的占有权、使用权、收益权、转让权等核心权能和入股权、融资担保权、退出补偿权等他项权能。② 土地集体所有制的实现形式日益窄化，逐渐收缩到公共物品供给以及土地合作中介等"治权"领域。

三　"谁是农民"问题及其影响

农民既是一种身份，也是一种职业。在传统的乡土中国，作为一种身份的农民和作为一种职业的农民是一致的。但是，随着城镇化的深入发展，越来越多拥有农民身份的人离开农村从事非农职业，农民身份与农民职业的差别逐渐增大，"谁是农民"的问题越发凸显，而这个问题也影响着土地产权个人化的政策效果。

（一）"谁是农民"问题的提出

1. 作为一种身份的农民

农民身份体现在农村户籍上。根据公安部的统计，截至 2020 年底，全国户籍人口城镇化率达到 45.4%。结合第七次全国人口普查统计出的全国总人口数 14.4 亿可知，我国目前农村户籍人口约为 7.9 亿。根据现行农村土地制度安排，这 7.9 亿农村户籍人口，在理论上是农地产权个人化的当然受益群体。

事实上，除了 7.9 亿目前保有农村户籍的人口，还有数量庞大的已将户

---

① 刘守英、王志锋、张维凡等：《"以地谋发展模式的衰竭"——基于门槛回归模型的实证研究》，《管理世界》2020 年第 6 期。

② 郑淋议、钱文荣、洪名勇等：《中国为什么要坚持土地集体所有制——基于产权与治权的分析》，《经济学家》2020 年第 5 期。

口转移到城市的人口，因其曾经拥有农村户籍而依然享受农村土地承包权。2016 年国务院办公厅发布的《推动 1 亿非户籍人口在城市落户方案》提出，"十三五"期间要实现 1 亿非户籍人口在城镇落户，同时不得强行要求进城落户农民转让其在农村的土地承包权，或将其作为进城落户的条件。2018 年新修订的《中华人民共和国农村土地承包法》更是将"承包期内，承包方全家迁入设区的市，转为非农业户口的，应当将承包的耕地和草地交回发包方"的规定删除。因此，当前只要农业转移人口不主动退出承包地，即使转为城镇户籍，其在农村的土地权利依然可以保留。对于将户籍转到城镇的这 1 亿农业转移人口，即使其中会有一部分主动退出承包地，我们也可以断定，当前凭借农村户籍身份或曾经拥有过农村户籍身份的经历而仍然保有农村土地权利的人口数量应大大多于 7.9 亿。

不仅如此，由于国家自 20 世纪 90 年代开始实行"增人不增地、减人不减地"政策，并不断延长土地承包期，在 20 世纪 90 年代末土地二轮承包期开启后，全国绝大多数地区的农村已基本不再调整土地。从那时起，即使集体成员将农村户口转出，理论上仍然可以保留土地承包权。因此，如果算上从二轮承包期开始至今这些年里将农村户口迁入城镇并保留土地承包权的人数，当前凭借农村户籍身份或曾经拥有过农村户籍身份的经历而仍然可能享有农村土地权利的人口数量，还将在先前计算的基础上进一步增多。

2.作为一种职业的农民

农民职业可以通过就业类型来界定。《中国统计年鉴 2021》显示，2020 年从事第一产业就业的人员数量为 1.8 亿人。根据统计年鉴对就业指标的解释，只要在调查周从事 1 小时以上农业生产活动的 16 岁以上人员，就会被统计为农业就业。由于统计口径较为宽泛，1.8 亿农业就业人员可能会包含工农兼业人员，对实际农业就业人数存在高估。当然，由于农业生产经营活动并非持续发生在全年的每一时刻，可能会存在农业劳动者在调查周恰好处在农闲期，未从事 1 小时以上的农业劳动，但其生计仍然主要来源于农业，因此也存在低估的可能。

鉴于此，收入可能是一种比就业更好的界定农民职业的方法。根据农业农村部对农户类型的划分标准,可将农户按照农业经营收入占家庭收入比例的80%、50%、20%分位,划分为纯农户、一兼户、二兼户和非农户。据调查,2016年全国2.3亿农户中,纯农户、一兼户、二兼户和非农户的占比分别为2.9%、9.9%、23.2%和64.0%。[①] 也就是说,农业收入占比在80%以上的纯农户仅有667万左右,农业收入占比在50%以上的农户也仅有不到3000万,而有将近1.5亿农户的农业经营收入不到20%。总之,无论是以就业还是以收入来界定农民,其数量都远小于农村户籍人口数量,作为一种身份的农民和作为一种职业的农民在范畴上有着巨大差异。

需要强调的一点是,尽管作为身份的农民数量远大于作为职业的农民数量,但前者并不完全包含后者。随着土地经营权流转范围超越集体边界,集体外部人员乃至城市户籍人员也加入农业生产经营活动。据统计,2017年,在5.12亿亩已流转耕地中,有将近20%流入企业和农户、合作社以外的其他经营主体。[②] 农业从业人员已不局限于农村户籍人口。因此,作为一种身份的农民和作为一种职业的农民不仅范畴差异巨大,并且互不包含,那么基于农民户籍身份的产权个人化安排必然会保护到大量已经不再以农为业的"农民",同时也保护不到为数不少的力农致富的"非农民"。

(二)产权个人化对当前我国"三农"发展带来的挑战

产权个人化的目标是在保障农民利益的前提下提高土地配置效率。但是,在作为一种身份的农民和作为一种职业的农民的范畴差异扩大的背景下,以农民身份为基础实施的产权个人化不仅难以实现政策目标,而且可能反噬"三农",具体表现包括以下三个方面。

1."离乡不离土"问题

土地"三权分置"改革将承包权与经营权分开,其本意是在农业人口大量进城务工的背景下,一方面让其保留土地承包权,为潜在的城市失业风

---

① 刘同山:《城镇化进程中农村土地退出及其实现机制》,社会科学文献出版社,2020。
② 杜志雄、肖卫东:《农业规模化经营:现状、问题和政策选择》,《江淮论坛》2019年第4期。

险提供一个土地社会保障。另一方面通过鼓励其流转土地经营权，实现规模化经营。同时，支持引导农民依法自愿有偿转让土地承包权，以求改善农村人均土地资源禀赋。

但是，已获得较为完整土地产权的农民个体，并未按照土地制度设计的预期行事。一方面，经济条件较好的农业转移人口并未表现出更高的土地退出意愿。研究表明，农业转移人口通过将土地流转获得租金收入，会强化与农村土地的情感联系，反而使其更不愿意退出承包地，地租收入越高，越不愿意退出。[1] 此外，按照现行土地制度，农户的土地承包经营权只能退回村集体经济组织，或在集体成员内部转让，这大大限制了农户退出土地时可得到的补偿水平，从而进一步降低了农业转移人口的承包地退出意愿。另一方面，经济条件较差的农业转移人口往往更倾向于退出土地。研究发现，一些经济条件较差的农业转移人口会因为还债、治病、买房等生活急需而选择退出承包地，通过获得一次性的补偿以解燃眉之急。在退地农户中，多数仍依赖土地保障。[2] 承包地自愿有偿退出的本意是为了让不再依赖土地的农户把地退出来，让仍然需要土地保障的农户继续保有土地，实际结果却与政策目标不一致，这不仅使得通过土地为进城农民提供社会保障的目标落空，也不利于通过促进土地退出提高土地资源配置效率。

"离乡不离土"还可能对农业农村发展产生更为深远的影响。产权个人化使得经济条件较好的进城农民得以长期保有承包地，从而形成了新时期的"不在地主"，他们从转入土地的农业经营主体手中收取的流转租金，实质是农村财富向城市的转移。[3] 尽管法律和中央文件均已明确不得以退出土地权利作为进城农民在城镇落户的条件，但出于失地的担心，绝大多数进城农

---

① 刘同山、孔祥智：《离农会让农户更愿意退出土地承包权吗?》，《中国软科学》2020 年第 11 期。

② 王海娟：《集体所有制视野下承包地退出制度及其改革困境研究》，《经济学家》2020 年第 7 期。

③ 刘同山：《城镇化进程中农村土地退出及其实现机制》，社会科学文献出版社，2020。

业转移人口仍然保留着农村户籍，因而也就能够继续享受新农合、新农保、集体收益分红等农村社会保障和福利待遇，在当前城镇职工社会保障尚未充分覆盖农业转移人口的背景下，形成了社会保障和社会福利领域的"农村补贴城市"的现象。在当前城乡差距仍然较大的背景下，让农村的财富以租金和补贴的形式转移到城市，显然不符合工农城乡关系发展的导向，也不符合社会公平正义的要求。

2. "耕者租其地"问题

出于保障农民土地权利和提高土地利用效率的双重目的，土地制度改革的方向始终是在稳定土地承包权的基础上，鼓励经营权流转。早在 20 世纪 90 年代中期，政策上就已经开始了对土地承包经营权流转机制的探索。2008 年党的十七届三中全会提出建立健全土地承包经营权流转市场后，土地流转速度显著加快。2014 年中共中央办公厅，国务院办公厅印发了《关于引导农村土地经营权有序流转发展农业适度规模经营的意见》，进一步引导鼓励承包地流转。通过土地流转（租赁）培育新型农业经营主体，并实现规模化经营已成为土地制度改革的基点。

但是，通过"耕者租其地"的方式推进规模化经营，其效果并不十分理想。一方面，由于持有土地非但没有税费成本，反而有农业补贴，承包户将土地流转出去的积极性并不高。土地流转经历快速增长后近年来明显放缓：2008~2017 年，全国土地流转面积由 1.09 亿亩快速扩大到 5.12 亿亩，年均增加 0.45 亿亩；而 2017~2019 年，土地流转面积仅仅提高到 5.55 亿亩，年均增量下降到 0.22 亿亩。[①] 土地流转增速明显慢于农业转移人口增速。另一方面，2019 年完成的新一轮土地确权是在农地相对细碎化、难以实现抵押的情况下进行的。农地权利固化后，客观上给土地连片开发带来困难，"有人无地种、有地无人种"的情况日益增多，也难以避免农地低效利用乃至抛荒。[②] 近年来，尽管土地流入规模经营户的比例不断提高，但小农户

---

① 刘同山、张凤：《大变革背景下中国农村土地制度再审视》，《东岳论丛》2021 年第 4 期。

② 陶然：《新发展格局与城乡土地制度改革的突破》，《中央社会主义学院学报》2021 年第 3 期。

之间自发进行的流转仍然占较大比例，土地流转具有明显的"非正式、短期化"特点，许多地方农户与新型经营主体之间的土地流转协议都是一年一签。不稳定的土地租赁关系，既可能损害土地租赁双方的利益，也使得无论是土地的流入方还是流出方都缺乏开展农田水利建设投资的动力。土地的细碎化也使得地方政府缺乏开展高标准农田建设的条件，这对于提高农业生产力水平，实施"藏粮于地、藏粮于技"的粮食安全战略都有十分不利的影响。

"耕者租其地"还可能对中国农业基础竞争力产生更为深远的不利影响。近年来，随着土地流转规模的增大，土地租金上升速度也在加快。在一些平原地区，种植粮食作物的年土地流转租金已攀升到800~1000元/亩，种植经济作物的地租更高。农业是高风险行业，经营收益预期很不稳定，而土地流转租金又是固定的成本开支，一些贫困地区普遍又将土地流转费收入作为建档立卡贫困户增收的重要来源。流转费虽然可以为拥有土地承包权的农户带来一笔财产性收入，但流转费的持续上涨也会造成生产成本过高、经营风险过于集中，进而阻碍新型经营主体的成长，动摇中国农业的基础竞争力。事实上，土地租金过高已成为导致规模经营主体收益下降乃至亏损的重要原因，一些地区甚至出现经营主体付不起流转费而跑路的现象，最终损害的还是农民的利益。况且，形成"小地主+大佃农"的农村土地制度安排，恐怕也并非土地革命和改革的初心。

3. "农者无其权"问题

根据2019年底完成的农村集体资产清产核资结果，目前全国农村共有6.5万亿元集体资产和65.5亿亩集体土地，其中尚未承包到户的集体土地有15.5亿亩。在改革开放后的很长一段时间，土地和集体资产因产权模糊不清导致效率和公平双失的现象十分普遍，一些农村地区的集体利益被代理人侵占，使得集体土地所有制变成农村强人土地所有制，集体经济蜕变为"干部经济"。① 鉴于此，2016年中共中央、国务院出台的《关于稳步推进

---

① 张晓山：《我国农村集体所有制的理论探讨》，《中南大学学报》（社会科学版）2019年第1期。

农村集体产权制度改革的意见》（以下简称《意见》）提出清产核资、确权
到户，使每一个集体成员都清楚自己拥有的集体资产份额，从而避免集体经
济代理人对集体成员权利的侵犯。同时，为了保护农民集体的利益，《意
见》还规定，农村集体股份合作制改革要体现社区性，集体经营性资产的
股份转让只能在本集体经济组织内部开展。

　　但是，这种在某个具体时点，对"户口在村"的集体成员一次性静态
确权的做法，是一种典型的公平优先、兼顾效率的政策原则，其取得良好效
果的前提是集体经济组织封闭发展且成员结构保持稳定。在城乡中国时代，
城乡之间人员高度流动，发展深度融合。在这样的背景下，强化集体成员权
而淡化股东契约权，会使得农村集体组织成为一种封闭的俱乐部组织。来自
集体经济组织外部的要素贡献者在参与乡村发展的过程中，其通过智力劳动
和体力劳动形成的集体资产增益只能获得工资或利润，而无法形成股权，必
然会弱化这些外部参与者的积极性。从资产交易的视角看，如果限制产权交
易的范围，也必将不利于资产价值的保值增值，改革的红利无从释放。限制
下乡参与农事的各类外部主体通过交易获得资产股份的权利，无法唤醒农村
沉睡的资产，旨在通过限制外部主体的权利来保护集体成员的做法，反过来
限制了集体自身的发展。诚然，集体资产归农民集体所有是集体所有制的本
质要求，但根据我国宪法的规定，集体的准确概念是"劳动群众集体"，因
而为乡村振兴付出劳动的任何人员都理应有资格成为集体的一员，获得集体
经济组织成员权利。仅以"户口在村"或居住地为标准划分农民集体，会
影响政策的执行。[①]

四　有序推进农业转移人口非农民化的土地集体所有制重构

　　在城镇化深入发展的背景下，产权个人化的土地制度安排因回答不了

---

　　① 陈明：《"集体"的生成与再造：农村土地集体所有制的政治逻辑解析》，《学术月刊》2019
年第 4 期。

"谁是农民"的问题，对农业农村的发展产生了越来越多的不利影响。至此，我们已经认清农业转移人口"退地两难"的本质，并找到破解"退地两难"的方法。退地农业转移人口市民化但不"非农民化"的制度安排对城镇化的健康发展、农业现代化和粮食安全均有不利影响，鉴于当前绝大多数农业转移人口的生计在事实上已完全或在相当程度上不再依赖土地，完全可以也应该通过深化土地集体所有制改革，实施组织化的农业转移人口土地退出，在推动市民化的同时推动"非农民化"，重构符合新时代城乡关系结构特征的农民集体所有制。

（一）以组织化承包地退出实现农业转移人口"非农民化"

解决"离乡不离土"问题，应推动已实现市民化的农业转移人口将其名下的承包地退回集体经济组织。根据《土地承包法》的规定，承包地是集体经济组织无偿分配给集体成员使用的，当农民从事农业生产活动时，当然应获得承包经营权，而当农民进入城市工作并实现市民化之后，就不应再使用也无法再使用农村承包地了。不应忘记，农村土地属于集体所有是我国宪法的明确规定，即使当前农民已获得较高程度的个人化土地产权，但这些权利均是从承包经营权中衍生出来的，农户从未真正被赋予过对土地的私人所有权。集体所有制也不同于公有制，农民不能像在公有制下那样，在共有关系终止时对自己实际占有的份额提出所有权要求。[①] 因此，当农民不再种地并转变为市民后，理应退出承包地，其所得到的补偿的性质也并非对其承包土地的赎买，而应是承包期剩余时间内的经营土地的预期收入、已对土地进行的整治投资以及必要的心理补偿。从社会公平原则上讲，一个人理应只享受一种社会福利。作为农民，当然可以享受土地保障的福利，而当农民进城落户作为市民并获得城市社会保障后，退出农村土地及其相应的保障，也是情理之中的事。

---

① 王海娟：《集体所有制视野下承包地退出制度及其改革困境研究》，《经济学家》2020 年第 7 期。

在这个问题上，应扭转"农民不能失地"的固有认识误区。曾几何时，"手中有地、进退有据"是中国工业化城镇化能够顺利推进并规避经济危机冲击的一条重要经验。但在当前，土地早已无法发挥城市失业劳动力的蓄水池作用了。一方面，由于农民代际分化，农二代、农三代虽然可能还保留着农村户籍，但他们当中的多数人从未以农为业，因此即使失去城市工作，也不会返回农村务农。另一方面，土地所承载的收入和保障功能已经大大下降。对于大部分农民而言，经营几亩土地带来的收入一年不过数千元，实在难以保障基本生活，更遑论结婚、生子、医病。随着基本公共服务均等化的推进，越来越多的农业转移人口被纳入城市职工或居民养老保险体系，不再需要土地保障。① 因此，"农民不能失地"不应再成为反对承包地退出的理由。

从本质上讲，组织化承包地退出并非市场交易行为，而是作为土地所有权的农民集体根据其成员对土地依赖情况的变化而做出的土地资源再配置。承包地的退出应由集体组织化地推动，而非将退出权完全界定给个人。如前所述，在产权个人化安排下，会发生有条件退出土地的农民不愿退出，退出土地的反而是依赖土地的农民的情况。在世界范围内，赋予农民自由退地权力而导致不良后果的教训有很多。在实行土地私有制的国家中，拉美国家的农民为了短期生计而出售土地，最终沦为城市贫民，造成了严重的"城市病"；② 日韩等国的城市化虽然很成功，进城农民已不再依赖土地，却仍然占有小块土地而不退出，最终成为农业现代化的障碍。③ 作为实行土地集体所有制的中国，理应吸取教训，利用集体的土地发包方地位，推动进城农民承包地组织化退出，一方面让已经市民化的"农民"把已不该有的土地退出来，另一方面让仍然依赖土地的农民在实现市民化前，把土地继续"有"在那里。

---

① 叶兴庆、张云华、伍振军等：《农业农村改革若干重大问题研究》，中国发展出版社，2018。

② 董敏杰、梁泳梅：《"拉美模式"历史根源和不平等的长期影响》，《改革》2014 年第10 期。

③ 〔日〕关谷俊作：《日本的农地制度》，金洪云译，生活·读书·新知三联书店，2004。

从工农城乡关系演进的视角看，组织化承包地退出有利于促进作为一种身份的农民和作为一种职业的农民的统一，进而有利于同步提升土地配置的效率和公平。承包地退出实际上是让农业转移人口完成市民化之后，进一步完成"非农民化"的一个步骤，市民化和"非农民化"共同构成了完整的城乡结构变迁的全过程。这一过程的完成对于在城镇化进程中切实减少农业人口，让真正以农为业的农民获得更多的土地资源，并向职业农民的方向发展发挥决定性作用。随着农村人口流出并释放出足够多的土地资源，农村的人均资源禀赋才会真正得到优化，优质的人力资源也才会留在农村发展，进而实现人才振兴和产业振兴，并最终带来城乡差距的缩小和乡村社会的现代化转型。

（二）以组织化承包地调整实现"耕者有其权"

"耕者租其地"除了会抬高生产经营成本而削弱农业基础竞争力，还会因为规模经营的稳定性差而导致对土地的保护和投资不足，同时这种"小地主、大佃农"的农业模式也直接与以实现"耕者有其田"为目标的革命初心相违背。事实上，"耕者有其田"也是世界上很多实行土地私有制的国家为提高农业生产率而选择的农地制度安排，这些国家的农村土地利用政策，总体上是倾向于保护土地所有者兼经营者的农业从业者的。例如，在整个 20 世纪美国的农业经营者中，只经营自有土地的比例呈现明显的上升趋势，从 1935 年的 47.1% 上升到 1997 年的 60.0%，租地来种的比例显著下降。[①] 对于实施土地集体所有制的中国，理应更有条件促进土地实际经营者获得更有保障的土地权利。

作为土地所有权的拥有者，集体根据土地的实际利用情况，本着优化土地资源配置效率的目标，对承包地进行必要的调整是其当然的权利。从当前中国城乡结构变迁的形势看，对"增人不增地、减人不减地"的土地承包政策进行局部改革的时机已经成熟。20 世纪 90 年代出台这一政策的时候，

---

① 刘同山、张凤：《大变革背景下中国农村土地制度再审视》，《东岳论丛》2021 年第 4 期。

正是农村人口增长速度最快、税费负担最重的阶段，过于频繁的调地不仅容易造成土地细碎化，也容易给集体代理人侵害农民利益的机会。而在当前，随着农村人口的减少，农民对土地依赖程度的降低以及农业经营主体的多元化，再继续禁止集体调地，不仅不利于农村社会公平的实现，也会因为"有人无地种、有地无人种"现象的增多而加剧土地细碎化带来的效率损失。因此，应改变对"增人不增地、减人不减地"政策的机械执行，区分单纯由于人口变动而带来的土地调整需要，以及在规模化经营过程中希望通过获得土地承包权来稳定经营预期而带来的土地调整需要。对于后者，应予以支持。

由于从事土地规模化经营的新型农业经营主体并不局限于集体成员内部，从"耕者租其地"到"耕者有其权"，必然会带来对集体自身及其成员边界的调整需求，而这恰恰是深化集体所有制改革最为关键的一步。

（三）以成员资格开放实现集体经济组织现代化转型

集体所有制根植于传统的小农村社体制，这与土地私有制国家有很大的不同。在中国，农民以村社集体成员身份获得土地，向集体之外转移土地的行为被严格限制，因此，非村社集体成员无法拥有本村社的土地。在村社内部，集体基于土地所有权，将土地分配给成员，实现"耕者有其田、居者有其屋"，并形成了农村的基本社会关系。[1] 集体及其成员的范围通过户口或居住地予以划定。

在传统乡土社会，由于城乡互动少、人口流动范围小，农户与土地、农户与农户、农户与集体以及农村与城市之间的关系均相对稳定，这种以户口或居住地划定集体及其成员范围的小农村社体制运转良好。随着城镇化进程中城乡之间人口流动增多，农户与土地之间的稳定关系被日益频繁的经营权流转打破，农户与农户之间的稳定关系被日益分化的收入差距打破，新型经

---

① 王海娟：《集体所有制视野下承包地退出制度及其改革困境研究》，《经济学家》2020年第7期。

营主体的出现使集体与成员之间的关系呈现多样化特征，城乡融合发展时代的到来使城乡之间的产业、空间边界呈交错化。[①] 固守以户籍和居住地来划定集体及其成员边界的做法显然已经不符合新时代的发展要求。在"城乡中国"时代，集体既要通过组织化承包地退出，取消已进入城市并实现市民化的农民的集体成员资格，更要通过组织化承包地调整，赋予下乡市民和其他要素贡献者以集体成员资格，实现"农者有其权"，通过集体成员范围的动态调整，实现集体经济组织的现代化转型。

集体成员边界的变化并不改变小农村社共同体的性质，作为有着数千年小农经济发展史的社会和有着数十年集体化发展历程的乡村，熟人社会中的道德习俗和官僚体制中的行政力量对集体成员的影响力仍将长期存在。无论是传统农户还是新型经营主体，动态变化的集体成员仍然要依赖农民集体进行生产生活，并形成以集体土地利益连接为基础的村社共同体。在坚持和强化集体土地所有权的前提下开放集体及其成员的边界，一方面维系基于血缘和地缘关系而形成的村社传统秩序格局，另一方面接受城镇化进程中新农人对村社集体进行的现代化重构，将使新时代的农村土地集体所有制焕发生机。

---

① 高帆：《"集体"的概念嬗变与农地集体所有制的实现方式》，《学习与探索》2019 年第 8 期。

第五章
城镇化模式选择及其对农业
转移人口市民化的影响

农业转移人口迁移方向与迁入地人口承载能力错配是阻碍市民化的重要因素之一，形成这种错配的根源在于我国当前采取的是一种集中型城镇化模式，即通过少数大城市和特大城市完成对农业转移人口的吸纳。在城市经济理论中，对集中型城镇化和分散型城镇化模式的比较是一个永恒的议题，而对于中国应该采取鼓励大城市发展的集中型城镇化，还是限制大城市发展的分散型城镇化，始终存在较大的争论。从长期来看，城镇化模式的选择深刻影响着农业转移人口市民化的成效，它是决定推进农业转移人口市民化一系列中短期政策有效性的共同的外生变量，因此有必要专门来对城镇化模式的选择问题展开讨论。本章首先就从两种城镇化模式绩效的认识误区开始讨论。

一 集中型城镇化还是分散型城镇化

在城镇化模式选择的争论中，鼓励大城市发展的集中型城镇化道路是学术界的主流观点，即中国的城镇化应走大城市扩容为主的道路，因为城市特别是大城市，会产生明显的集聚效应，从而带来更高的规模收益、更多的就业机会、更强的科技进步动力和更大的经济扩散效应。[①][②] 这种观点指出，在计划经济时代，出于平衡地区经济发展和国家安全的考虑，中国向内陆转移了大量经济资源，包括动用行政力量来进行人口向欠发达地区的转移。为了推行重工业优先发展战略，政府通过户籍制度来限制劳动力在城乡之间和地区之间的流动。在持续的行政干预下，城市体系出现了扭曲：城镇化进程滞后于工业化进程，城镇化水平明显低于人均收入与中国大致相等的国家，在城镇化水平受到制约的同时，城市规模也受到限制，与世界其他国家相比，中国城市规模偏小，城市规模差异偏小，城市的集聚程度偏低；在追求区域间的平衡发展的目标下，行政干预要素地区间配置的方式将长期无助于地区差距的缩小；[③] 要实现城乡之间、区域之间的平衡发展，必须通过引导欠发达地区的人口向大城市集中，一方面可以拉低大城市的工资水平，另一方面可以提高欠发达地区的人均资源拥有量，并使其收入提升，从而缩小城乡区域差距，即"在集聚中走向平衡"。[④]

然而，在中国经济体制转轨背景下，城镇化进程中的一些特殊的制度安排将可能使得纯理论分析的结论出现偏差，进而形成对中国当前城镇化模式和未来城镇化模式的认识误区。综合来看，主张集中型城镇化的观点包含了以下三个认识误区。

（一）误区一：中国的城市规模过小、规模差异不足、集聚经济效益没有发挥

一个国家的城市体系中包含着数量众多、等级规模各异的城市，如何描述城市规模分布的特征是国外学者长期关注的问题。阿尔贝茨（Auerbach）发现，城市规模分布可用帕累托分布函数来拟合。即 $R = AS^{-a}$，或 $\log R =$

---

① C. Au, V. Henderson, "How Migration Restriction Limit Agglomeration and Productivity in China", *Journal of Development Economics*, 2006, 80（2）：350-388.

② 王小鲁：《中国城市化路径与城市规模的经济学分析》，《经济研究》2010 年第 10 期。

③ 陆铭：《大国大城》，上海人民出版社，2016。

④ 陆铭、陈钊：《在集聚中走向平衡：城乡和区域协调发展的"第三条道路"》，《世界经济》2008 年第 8 期。

logA-alogS。式中的 S 为某一特定的城市人口规模，R 为城市人口规模大于和等于 S 的城市个数，A 和 a 是常数，其中，a 被称作城市规模分布的帕累托指数，其大小可以用来衡量城市规模分布的均衡程度。a 越大，城市规模分布越均衡。齐普夫（Zipf）的研究进一步指出，城市规模分布的帕累托指数为 1，如此，上式变为 R=A/S。这意味着人口规模排名第二的城市其人口规模是人口规模最大城市的一半，人口规模排名第三的城市其人口规模是最大城市人口规模的 1/3，以此类推。[1]　这便是"齐普夫法则"，也称作"位序-规模法则"。

张涛等考查了中国的城市规模分布，其结果基本符合齐普夫分布，但和美国以及其他发达国家的城市规模相比，中国较大城市之间的规模差距不足，帕累托指数 a 较大。[2]　陆铭运用城市规模的基尼系数对中外城市规模差距进行国际比较发现，2010 年中国城市规模系数为 0.43，低于世界上许多国家的水平，包括巴西（0.65）、日本（0.65）、印度尼西亚（0.61）、英国（0.60）、墨西哥（0.60）、尼日利亚（0.60）、法国（0.59）、印度（0.58）、美国（0.54）和西班牙（0.52）。尽管近年来中国城市人口规模差距处在扩大的趋势中，但离世界水平还较远。并且，以人口规模度量的基尼系数指标要远小于以城市 GDP 度量的基尼系数，表明中国城市之间的经济集聚程度要远大于人口集聚程度。总之，中国城市的人口集聚程度是偏低的，规模差距不足是十分明显的。[3]

但是，基于帕累托指数、基尼系数等指标的衡量标准来对中国城市规模差距进行的判断存在着偏差。

由定义可知，帕累托指数和基尼系数都是相对数，如果国家之间的城市人口数量和总人口数量相当，其指数具有一定的可比性；而如果不同国家的城市人口和总人口相差在一个数量级以上，则这些指数将失去

① G. Zipf, *Human Behavior and the Principle of Least Effort*, Cambridge, Ma: Addison-Wesley Press, 1949.
② 张涛、李波、邓彬彬等：《中国城市规模分布的实证研究》，《西部金融》2007 年第 10 期。
③ 陆铭：《空间的力量：地理、政治与城市发展》，格致出版社，2013。

参考价值。例如，对于人口规模在 1 亿左右的国家，在首位城市人口达到千万规模以上的情况下，前几大城市基本上就能容纳全国一半以上的城市人口，人口集中程度自然会很高。而对中国来说，人口总规模超过 14 亿，城市人口数量近 8 亿，首位城市如北京、上海的常住人口规模已经超过 2000 万，与世界上一些最大城市人口规模相当，人口规模接近单个城市所能容纳的人口规模上限，城市人口集聚程度已经很高。然而，相对于全国城市人口数量，中国首位城市人口的占比依然很小，少数几个大城市的城市人口占全国人口的比例远小于那些人口规模在 1 亿左右的国家。因此，虽然中国大城市的人口集聚程度已经很高，但是按照帕累托指数、基尼系数等相对指数来衡量，仍然会得出中国城市的人口集中度较低的结论。

本书将 2020 年中国城市的首位度与欧美亚的三个代表性国家进行对比，可以发现，中国前 4 大和前 10 大城市的人口规模总量均远远超过其他国家，而城市人口在总人口中的占比却仅略高于美国，明显低于日本和德国（见表 5-1）。这显示出，中国首位城市的人口集聚程度已经很高，但从相对量上看，首位度不高，城市体系的人口集中程度较低。因此，基于相对指标而判断中国的城市规模过小、规模差异不足、集聚经济效益没有发挥，进而城镇化的人口集中程度不够的观点是一个理论上的误区。

表 5-1　各国首位城市规模和人口集中程度比较（2020 年）

单位：万人，%

国家	前 4 大城市人口数量	前 4 大城市人口数量占城市人口比例	前 4 大城市人口数量占全国人口比例	前 10 大城市人口数量	前 10 大城市人口数量占城市人口比例	前 10 大城市人口数量占全国人口比例
中国	8314	9.2	6.8	17284	19.2	12.2
美国	1775	6.6	5.4	2609	9.7	8.0
日本	2265	19.2	17.8	3417	28.9	26.9
德国	807	12.9	9.7	1173	18.8	14.1

资料来源：中国第七次全国人口普查，相关国家官方统计网站。

（二）误区二：最优城市规模是由市场力量决定的，政府不应控制大城市的人口增长

城市经济学理论认为，随着人口在城市集聚，会产生两种相反的作用力，一是由规模经济效益带来的向心力，二是由拥挤成本带来的离心力，城市的最优规模是由这两种力量的相互作用形成的。

规模经济效益的产生与先天地理条件无关。在规模报酬递增且存在运输成本的条件下，即使在一个初始区位条件完全相同的区域内，在经济的自我演进过程中仍会产生集聚。[1] 新经济地理学认为，只要人口和经济活动在城市集聚，就会存在三个方面的规模效应。一是共享，即生产者可以从更大范围获得广泛的投入品供给，对投入品的分享也使得供应商能够根据客户的需求提供高度专业化的产品与服务。二是匹配，即生产要素能够在更大范围内实现匹配，增加雇主和劳动者相互的选择范围。三是学习，即空间集聚可以加速知识的传播，方便职工和企业家之间，以及不同产业之间相互学习。具有高密度经济活动的城市，可以使企业得以充分利用由邻近其他相同或相似产品生产者（地方化经济）和邻近各类产品及服务的生产商（城市化经济）所产生的规模经济效益。

拥挤成本也是随着城市规模的增大而产生的。Black 和 Henderson 的内生城市增长模型指出，随着城市规模的增大，大量资源将会从生产和技术研发领域转向改善城市交通和拥挤环境，以维持居民的生活质量。城市规模越大，克服拥挤成本所付出的代价就越高，投资效率就越低，从而促使城市经济活动产生离心力。[2] Henderson 进一步认为，大城市往往是进行一国科技创新的实验中心，从事新技术和新产品的研发设计，如果大城市规模过小，则缺乏科学实验的环境，影响全国的技术进步；但如果大城市规模过大，人

---

[1] P. Krugman, "Increasing Returns and Economic Geography", *Journal of Political Economy*, 1991, 99 (3): 483-499.

[2] D. Black, J. Henderson, "A Theory of Urban Growth", *Journal of Political Economy*, 1999, 107 (2): 252-284.

们不得不在通勤等活动方面花费过多的时间，这必然会阻碍创新和技术进步。劳动力人均上下班通勤时间过长，这不仅减少了实际有效工作时间，而且由于早起晚归，承受上下班路上的奔波，压缩休息娱乐时间，劳动者需要在工作时间恢复体力和精力，必然会降低工作效率。[1] 陈利锋等也指出，一国生产和人口过度集中，必然造成该国平均房价上升，人均住房面积下降，尤其是技术创新的发源地——大城市的居民，面临更高的房价、更狭小的住房、更拥挤的居住环境、更少的户外娱乐休闲时间、更紧张的生活节奏和更大的生活压力（如为了按时偿还房贷，按揭购房者甚至不敢更换工作单位，以减少可能无法还贷的风险），这必然减少人们的冒险行为和抗风险能力。而创新性活动是高风险活动，过度集中带来的更高的生活压力降低了人们的抗风险能力，减少了冒险行为，由此可能会降低人们的创新性活动。为了脱离高房价和拥挤的生活环境，生产和人口倾向于远离城市。[2]

规模收益和拥挤成本是伴随着城市规模的增大而变化的，两者的相互作用共同决定了一个城市的实际规模，进而决定了一个经济体的城市规模体系，而最优城市规模则形成于两种作用力的相互作用。对于最优城市规模的具体定义，不同的学者有着不同的认识。Arnott 认为，最优城市规模应是指实现总社会福利或人均社会福利最大化的人口规模，他提出了最优城市规模的一个必要条件，即在一个城市的最优规模上，边际地租等于对萨缪尔森公共物品（Samuelson Public Goods）的支出。[3] Gupta 和 Hutton 认为，最优城市规模是使公共服务的平均成本最小的人口规模。[4] Dixit 认为，最优城市规

---

① V. Henderson, "The Urbanization Process and Economic Growth: The So-what Question", *Journal of Economic Growth*, 2003, 8 (1): 47-71.

② 陈利锋、范红忠、李伊涵:《生产与人口的集中促进了经济增长吗? ——来自日本的经验和教训》,《人口与经济》2012 年第 6 期。

③ R. Arnott, "Optimal City Size in a Spatial Economy", *Journal of Urban Economics*, 1979, 6 (1): 65-89.

④ S. Gupta, J. Hutton, "Economies of Scale in Local Government Services", *Royal Commission on Local Government in England Study*, 1968.

模由交通的拥挤程度和生产上的规模经济决定。[1] Mills 则提出下面的研究结果：他假定城市贸易品的生产发生在中央商务区（CBD）。除贸易品外，住房在这个城市中建造，工人从周围的居住地来 CBD 上班。随着城市规模的扩大和城市区域在空间上的扩展，工人必要通勤的平均距离以及拥挤程度都在增加。也就是说，每人的平均通勤成本随城市规模的扩大而上升，如果不断增加的人均资源成本恰好抵消掉贸易品生产中的规模经济所导致的资源节约，这时的城市规模就是最优的。[2] Alonso 从成本和收益的角度分析了最优城市规模，他假设城市成本和收益的变化是城市规模的函数，当人口增加的边际成本等于边际收益时，城市规模为理论上的最优规模。考虑到现实中个人是依据平均成本和平均收益进行迁移决策的，且边际成本和边际收益难以衡量，所以，当平均成本等于平均收益时，城市规模达到实际的最优规模。[3]

尽管不同学者对最优城市规模下的定义不同，提出的影响因素也有不同，但一个共同的逻辑内核是清晰的，即最优城市规模是利于城市规模扩大的因素和限制城市规模扩大的因素相互作用达到平衡的结果。如果以规模收益作为利于城市规模扩大的因素，以拥挤成本作为限制城市规模扩大的因素，则城市的最优规模可以看成规模收益与拥挤成本的差值达到最大时的城市规模（见图 5-1）。由于规模收益以递减的趋势上升，拥挤成本以递增的趋势上升，因此，当城市的边际规模收益和边际拥挤成本相等时，也就是规模净收益最大时，达到城市的最优规模。王小鲁和夏小林计量了 1989~1996 年中国 666 个城市的相对规模收益（城市规模收益占 GDP 的比例）和相对外部成本函数，并以此得出结论：城市规模在 10 万~1000 万人时有正净规模收益，在 100 万~400 万人时城市的净收益最大，即城市的最优规模。[4]

[1]　A. Dixit, "The Optimum Factory Town", *Bell Journal of Economics*, 1973, 4（2）: 637-654.

[2]　E. Mills, "An Aggregative Model of Resource Allocationin a Metropolitan Area", *American Economic Review*, 1967, 57（2）: 197-210.

[3]　W. Alonso, "The Economics of Urban Size", *Papers in Regional Science*, 1971, 26（1）: 67-83.

[4]　王小鲁、夏小林：《优化城市规模 推动经济增长》，《经济研究》1999 年第 9 期。

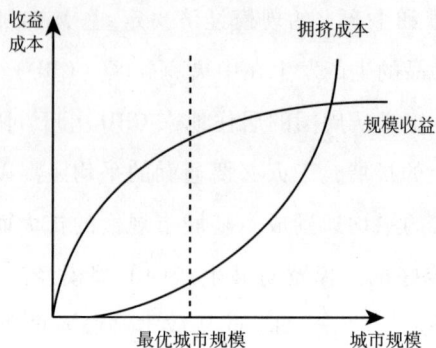

图 5-1　最优城市规模

　　根据最优城市规模理论，在市场机制的作用下，城市的最优规模点即边际规模收益与边际拥挤成本相等的点将自发达到，此时城市的规模净收益最大化。如果任何扰动使城市实际规模偏离了最优规模，将会产生向最优规模水平返回的力量。因此，城市人口的增长一定意味着其规模净收益最大化的点还未达到，政府旨在控制部分大城市人口规模的政策会带来效率的损失。从另一个角度讲，阻碍人口流动的户籍制度，是导致中国城市规模过小、集聚经济效益发挥不足的重要原因。必须通过户籍制度改革，破除人口流动的障碍，使人口能够充分自由流动，从而促进城市获得更大的规模净收益。[①]

　　但是，认为最优城市规模可以在市场机制下自发达到，政府不应控制大城市人口，而应通过改革户籍制度使人口能够自由流动，进而使城市的集中程度提高的观点是值得商榷的。

　　首先，户籍制度限制人口乡城迁移的功能早已消失，通过户籍改革促进人口流动的机制实际上并不存在。众所周知，改革开放后，城乡分割的大门逐渐打开。从最初农民自理口粮进城，到后来就业市场化改革后兴起的民工潮，人口在城乡之间的自由流动基本上已经充分实现了。户籍制度唯一发挥

————————

① 陆铭、向宽虎：《破解效率与平衡的冲突——论中国的区域发展战略》，《经济社会体制比较》2014 年第 4 期。

的作用仅限于对城市中的部分公共服务进行差异性分配，即农民工进城后无法和市民享受同等的福利待遇。在农民工的保留效用很低的情况下，即使没有城市户籍所对应的各项福利，也不会放弃到城市打工的机会。因此，放开户籍管制实际上并不会对农村劳动力向城市转移起到明显的促进作用，换句话说，即使存在城市人口规模小于最优水平，也不应归因于户籍制度的作用。

其次，体制转轨阶段的中国经济存在众多非市场因素，而非市场因素可能会使部分大城市的实际规模大于理论上的最优规模。一方面，城市的行政等级体制会给级别较高的大城市带来额外的规模经济收益。高行政级别的城市具有更强的资源再分配能力，可以将优质的社会资源向自身集中，从而形成超出市场机制下规模经济效益对转移人口的吸引。一些转移人口可能并非出于经济收益的考虑，而仅仅是为了追逐行政级别较高的大城市通过再分配得到的优质社会资源，如因高校集中而形成的低高考录取分数线。这些非市场因素所带来的额外的规模经济效益具有提高城市最优人口规模，从而增大城市规模潜力的作用。研究表明，城市行政等级越高，越容易吸引外来常住人口的进入，人口规模扩张的速度也就越快。由于大量优质的社会资源配置在行政级别较高的大城市，在这种失衡的资源配置模式下，大城市人口规模必将不断突破限制而超额增长。[①] 另一方面，城市各种显性和隐性的补贴政策会削弱大城市的拥挤效应。现实中存在很多显性和隐性的补贴，对大城市尤其是行政级别较高的大城市拥挤成本的提高起到抑制作用。例如，公交地铁票价的最高限价、福利分房、限价住房、水电气等公共资源在全国范围内的低价调配，等等。这些非市场因素所带来的对拥挤效应的削弱同样具有提高城市最优人口规模，从而增大城市规模潜力的作用。上述这两方面的非市场因素，在当今中国的大城市中是普遍存在的，在这些因素的作用下，大城市的实际规模很有可能会大于由纯粹市场机制作用而形成的理论上的最优人

---

① 年猛、王垚：《行政等级与大城市拥挤之困——冲破户籍限制的城市人口增长》，《财贸经济》2016 年第 11 期。

口规模。

最后，对于特大城市和部分大城市，可能会形成一个户籍管制与城市人口规模增大的循环累积因果机制。循环累积因果原理是由瑞典经济学家 Myrdal 提出的，他认为最初某一社会经济因素的变动会引起具有强化作用的另一社会经济因素的变动，而这一级的变动会使社会经济过程依最初变动因素做进一步的发展。[①] 此后，美国学者布莱恩·阿瑟（Brian Arthur）又提出了一个与循环累积因果原理类似的"自增强理论"。该理论指出，在边际报酬递增假设下，经济系统中能够产生一种局部正反馈的自增强机制。经济系统可能存在两个以上截然不同的均衡解，如果一项技术先天地好于另一项，但由于坏运气而未被采用，那么最后的结果也许就不是最大可能收益，而系统一旦达到某个均衡解，便难以退出，惯性的力量将使这个选择不断自我强化。[②] 与循环累积因果机制相似，自增强机制同样认为经济中存在着一些局部正反馈的机制，使经济系统无法达到纯粹市场机制作用下的最优均衡状态。事实上，户籍制度很可能就在发挥着与特大城市人口规模增大共同构成循环累积因果机制的作用。有研究表明，由于户籍制度可以通过控制排他性公共服务的供给人群范围，进而减少地方政府的财政开支，这无形之中降低了公共服务的拥挤成本，使城市的最优规模增大，外来人口增多，并倒逼地方政府加强户籍管制，进而形成了特大城市户籍管制的自增强机制。[③] 这从另外一个角度说明了户籍制度不仅没有通过限制人口流动阻碍城市规模的提升，反而通过户籍管制的自增强机制促进了特大城市人口规模的持续增大。

（三）误区三：人口向大城市集中可以通过抑高提低的方式缩小区域差距，即"在集聚中走向平衡"

根据边际收益递减理论，劳动力要素向大城市集聚将会拉低其边际产

---

① G. Myrdal, "Rich Lands and Poor: the Road to World Prosperity", *Harper & Borther*, 1957, 11 (1): 146-147.

② 〔美〕布雷恩·阿瑟：《经济学中的自增强机制》，《经济社会体制比较》1995 年第 5 期。

③ 邹一南：《特大城市户籍管制的自增强机制研究》，《人口与经济》2017 年第 2 期。

出，从而抑制工资上升；劳动力流出的地区会提高发生劳动边际产出增加，从而收入水平上升。因此，区域经济差距将伴随劳动力要素的流动而下降。

　　不少研究支持了上述理论。尚柯等认为，劳动力合理流动有利于充分发挥城市经济发展的规模效应，同时也有利于提高相对落后地区和农村地区的人均资源占有量，这对缩小城乡间收入差距也有积极作用。根据世界银行的研究，在美国、智利和巴基斯坦，地区间的收入收敛都是由于更充分的要素流动性，而不是地区的特殊政策。[1]　陈钊和陆铭指出，如果集聚效应与拥挤效应是相伴随的，那么在经济集聚地区和相对落后地区之间，生活质量的差异将远远小于经济发展的差异，在人口可自由流动的条件下，不同偏好的人可以选择适宜自己居住的地区。通俗来说，希望收入高的人，就需要牺牲其他方面的生活质量；要提高生活质量的人，就需要牺牲收入。[2]　陆铭和陈钊的研究发现，旨在促进落后地区经济增长的中央转移支付并没有带来落后地区经济效率的提高，并且获得越多财政转移支付的省份经济增长速度越慢，至少在短期内，中央财政转移支付仅仅起到了收入再分配的作用，而在长期内，中央财政转移支付的份额和经济增长之间存在负相关关系。这至少说明，没有证据表明中央财政转移支付能够起到平衡发展的作用。[3]　蔡昉的研究发现，农民工进城打工的收入绝大部分被用于反哺农村家庭，农民工工资总额约占全国 GDP 的 7% 左右，其中大部分以各种形式返回农村和中西部地区。[4]　陆铭和陈钊的研究也发现，农村劳动力返乡后，会带来在城市先进部门所积累的资金、技术、管理等，这些农村稀缺的资源能够有力地促进农村的发展，在一定程度上可以缩小城乡差距。[5]

---

[1]　尚柯、沙安文：《缩小经济差距——缩小地区收入差异的政策表现的"积分卡"》，载沙安文、沈春丽、邹恒甫主编《中国地区差异的经济分析》，人民出版社，2006。

[2]　陈钊、陆铭：《在集聚中走向平衡：中国城乡和区域经济协调发展的实证研究》，北京大学出版社，2009。

[3]　陈钊、陆铭：《从分割到融合：城乡经济增长与社会和谐的政治经济学》，《经济研究》2008 年第 1 期。

[4]　蔡昉：《2007 年人口与劳动绿皮书》，社会科学文献出版社，2007。

[5]　陆铭、陈钊：《城市化、城市倾向的经济政策与城乡收入差距》，《经济研究》2004 年第 6 期。

但是，认为人口向城市尤其是大城市集聚一定可以缩小城乡区域差距的观点，忽略了一些重要的经济事实，得出的结论并不符合实际。

一方面，在城镇化进程中，能够流动的人口往往是人力资本禀赋较高的青壮年劳动力，而留在农村和外出务工若干年后返回农村的，是人力资本禀赋较低的中老年劳动力。长此以往，将会形成人口红利向城市尤其是大城市集中，人口负债向农村和中小城市集中的现象，造成城乡和区域差距的扩大。邢春冰的研究表明，农村居民不是同质的，他们自我选择迁移与否，迁移行为存在着基于人力资本禀赋的自选择效应。随着受过更多教育的农村居民的离开，农村地区面临着人才流失的问题。那些人力资本水平较低以及那些更需要帮助的人留在了农村。那些成功地改变了户籍身份的永久移民与没能改变户籍身份的临时移民之间有着显著的差异。利用中国家庭收入调查（CHIP）数据发现，永久移民的"正选择"效应非常明显，它使得农村地区教育水平较高、处于收入分布较高位置的样本减少。这导致农村的收入水平和农村内部的不平等程度降低，进而阻碍了城乡差距的降低。[①] 盛来运等的研究也表明，从未外出的农村劳动力年龄最大，明显大于仍在外务工的农民工和返乡农民工，农村劳动力在年龄结构上的自选择现象非常明显。[②] 因此，如果考虑劳动力的异质性，迁移到城市的是生产率较高的年轻人，留在农村的是生产率较低的中老年人，则农村人口向城市尤其是大城市的集聚，将不会使城乡区域差距缩小，反而很有可能扩大差距。

另一方面，转移到城市的农村劳动力并未真正融入城市，在收入水平、福利待遇、公共服务等方面与城市原住居民存在着较大差距，在城市内部形成了基于不同户籍身份的新城乡二元结构。随着人口的城镇化，原先城乡之间的收入差距也随之转移到城市内部，尤其是在户籍管制较为严格的大城市，这种基于户籍身份的收入歧视显得牢不可破。万广华的研究发现，近年

---

① 邢春冰：《迁移、自选择与收入分配——来自中国城乡的证据》，《经济学（季刊）》2010年第2期。

② 盛来运、王冉、阎芳：《国际金融危机对农民工流动就业的影响》，《中国农村经济》2009年第9期。

来我国城乡之间的收入差距在缩小，而城市内部的收入差距在扩大，并正在成为造成新的城乡区域差距的主要原因之一。范红忠等的研究发现，城市规模的提高，借助推高房价，对城市居民的收入差距有重要的推高效应。越大的城市，居民收入差距越大，因此在我国的新型城镇化建设进程中，限制北京、上海等特大型城市过度扩张，发展中小城市，是降低我国城市居民收入差距的有效途径。很多学者发现，在城镇劳动力市场上，农民工与城镇职工的工资收入存在较大差异，而这种差异的一小部分是由人力资本禀赋的差异造成的，超过50%的部分仍然是由歧视因素造成的。[1][2][3]　由此可见，人口向城市尤其是大城市集聚不仅没有缩小城乡差距，反而使差距在城市内部以更直观的方式显现出来，并由此可能带来一些冲突。

　　总之，鼓励大城市发展的集中型城镇化模式，不仅不会优化城市规模体系，也不会缩小城乡收入差距，同时这种集中化还在很大程度上是由非市场因素导致的，更重要的是，这种集中型城镇化造成了不同类型城市之间发展水平的严重失衡。在户籍制度改革进程中，由于忽略了城市之间发展水平失衡的重要性，将改革的重点放在城市内部福利分配的失衡上，将户籍制度改革的具体实施交由各城市自己分别推进，这种各城市单兵突进型的户籍改革路径，不可避免地会受到城市之间发展水平失衡的重要影响，使得单纯的户籍制度改革无法解决农民工非永久性迁移问题、个体迁移问题、低质量就业问题，从而形成了与改革的目标——农业转移人口市民化之间的冲突。

二　改革开放以来城镇化模式的演变

　　改革开放以来，我国的城镇化模式大致经历了由分散型城镇化到集中型

---

①　J. Knight, L. Song, H. Jia, "Chinese Rural Migrants in Urban Enterprises: Three Perspectives", *Journal of Development Studies*, 1999, 35 (3): 73-104.

②　邓曲恒：《城镇居民与流动人口的收入差异——基于 Oaxaca-Blinder 和 Quantile 方法的分解》，《中国人口科学》2007 年第 2 期。

③　章莉、吴彬彬、李实等：《部门进入的户籍壁垒对收入户籍歧视的影响——基于微观模拟方法的收入差距分解》，《中国农村经济》2016 年第 2 期。

城镇化模式转变的过程，这与不同时期工业化发展特征对城镇化的内生决定性有关。

（一）20世纪八九十年代：重点发展小城镇、严格限制大城市

改革开放后，伴随着农村乡镇企业的迅速发展，农民自发地走出了一条"离土不离乡，进厂不进城"的分散式城镇化道路，而小城镇迅速成为农村人口和资源的主要载体，农村经济社会的落后面貌开始改变。1984年，国家调整了设镇的标准，建制镇的主体由此前的工矿镇转变为实行镇管村体制的"乡改镇"，建制镇数量从1983年的2786个发展到1990年的11733个和1999年的19344个。到2002年，中国建制镇数量达到20374个，首次超过了乡，镇与乡的比例从改革开放之初的1∶24一跃变为1∶1。[①] 相应地，乡的数量则由于镇建制的增加逐步减少，从1983年的41273个减少到1990年的36537个和1999年的不到30000个。

这一时期的城镇化模式采取了典型的分散型战略。早在1978年召开的第三次全国城市工作会议上所形成的《关于加强城市建设工作的意见》就提出了"控制大城市规模，多搞小城镇"的方针。1980年的全国城市规划工作会议正式把"控制大城市规模，合理发展中等城市，积极发展小城市"作为国家的城市发展总方针。1984年，费孝通发表了"小城镇、大问题"的调研文章，进一步论证了小城镇发展应当是中国式城市化的主要方向。1989年《中华人民共和国城市规划法》（2008年1月1日废止）出台，明确规定"国家实行严格控制大城市规模、合理发展中等城市和小城市的方针，促进生产力和人口的合理布局"。到了1998年，中国经济面临巨大的紧缩压力，迫切需要扩大市场规模和消费需求，"城镇化"被提上了议程，并被赋予与"城市化"不同的含义。1998年召开的党的十五届三中全会通过的《中共中央关于农业和农村工作若干重大问题的决定》中指出，"发展小城镇，是带动农村经济和

---

① 赵新平、周一星、曹广忠：《小城镇重点战略的困境与实践误区》，《城市规划》2002年第10期。

社会发展的一个大战略，有利于乡镇企业相对集中，更大规模地转移农业富余劳动力，避免向大城市盲目流动，有利于提高农民素质，改善生活质量，也有利于扩大内需，推动国民经济更快增长"。同时，发展小城镇作为政府的重点工作之一，写入了同年的政府工作报告。随后，中共中央、国务院下发《关于促进小城镇健康发展的若干意见》，更是将小城镇发展作为实现我国农村现代化的必由之路。①

20世纪八九十年代的小城镇发展，对改革开放初期的城乡经济发展和区域经济协调起到了积极作用。小城镇的发展繁荣了农村与城市之间的商品交换，为农村工业化和农业现代化提供了重要载体，促进了农村剩余劳动力的转移，也成了城市待业劳动力的蓄水池。但是，20世纪90年代末之后，小城镇的发展开始遇到越来越大的挑战。其一，支撑小城镇发展的乡镇企业原有的市场机遇不复存在。工业发展本身引发了总供求关系的逆转，适于乡镇发展的工业产品都出现了过剩，来自城市经济的竞争压力也在增大，而东南亚金融危机的发生使人民币相较于其他货币的升值，进一步造成乡镇工业产品的竞争力降低。其二，乡镇工业大发展的创业环境不复存在。计划经济时期我国偏重的工业结构给20世纪八九十年代的乡镇企业发展轻工业提供了巨大的发展空间，而加入WTO之后，境外资本和外国商品的进入加大了国内经济的竞争强度，农民通过简单工业产品进行创业的空间大为缩小。其三，农村宽松的财政金融环境不复存在。在20世纪90年代经济"软着陆"和亚洲金融危机的背景下，乡镇财政越发捉襟见肘，农民自身的收入水平也大幅下降，农村金融形势也日益恶化，贷款难、融资难成为制约农村经济发展的"卡脖子"问题，乡镇企业创业所需资金的来源渠道大都被堵死。其四，小城镇分散布局的形式不可持续。20世纪90年代之后，小城镇的发展停留在了数量和面的扩张上，以致出现"村村像城镇，镇镇似农村"的"泛小城镇化"现象。同时，"村村点火，处处冒烟"的乡镇企业及沿公路线的城镇工业由于缺乏公共排污设施，导致农村的生态环境受到极大破坏，且这些小城镇和乡镇企业布局凌乱、分散，占用

---

① 何兴华、张立：《小城镇发展战略的由来及实际效果》，《小城镇建设》2017年第4期。

大量耕地，造成土地资源的浪费。小城镇的分散布局还造成投资分散、企业规模有限、抵御外部不利因素能力弱等一系列问题，从而难以产生规模经济效益和集聚效益，客观上限制了乡镇企业上规模、上水平的深化发展。其五，小城镇的基础设施建设水平低。由于新的小城镇数量增加很快，并大多在各自行政区域范围内组织基础设施，普遍存在服务半径和人口规模过小的问题，使得各小城镇基础设施服务项目的缺省和规模偏小，不但导致经济发展的自我成长受限制，而且面对大城市的经济扩散也缺乏接纳能力。[①] 总之，随着世纪之交乡镇企业和小城镇的发展遭遇困境，"重点发展小城镇、严格限制大城市"的城镇化模式逐渐被放弃。

（二）进入21世纪之后：大城市地位的快速提升

进入 21 世纪之后，城镇化上升为国家战略，连续多个五年规划都提出积极稳妥地推进城镇化。尽管一再提出要坚持大、中、小城市和小城镇协调发展，分类引导人口城镇化，形成合理的城镇化空间格局，并且没有文件或规划正式提出发展大城市和大都市，但总体来看，大城市的地位不断上升，成为人口流动的主要目标，重要城市尤其是大都市作为增长极的作用得到了重点强调。与此同时，小城镇的建设因投资不足而陷入发展困境，中小城市地位下降，城市发展的不平衡现象日益突出。

一方面，规模越大的城市人口增长速度越快。根据 2000 年"五普"、2010 年"六普"和 2020 年"七普"数据，人口规模排名在前 100 名的城市中，城市规模位序越靠前的城市，两次普查间隔的 10 年期间的人口增速越快，从城市人口增长率与城市规模位序的变化趋势来看，两者呈现明显的负相关趋势（见图 5-2 和图 5-3）。这与欧美国家城市人口增长与城市现有规模没有直接关系的情况相差巨大，后者决定城市人口增长速度的是城市规模以外的因素。[②] 特大城市在吸引人口迁入方面优势明显。根据第六次全国人

---

① 李澜、廖赤眉、卢彩调：《中国乡村城镇化与小城镇发展战略研究》，《广西师范学院学报》（哲学社会科学版）2003 年第 1 期。

② 邹一南：《户籍制度改革：路径冲突与政策选择》，人民出版社，2019。

口普查，2010 年我国常住人口在 500 万以上的特大城市共有 18 个，这 18 个特大城市所容纳的跨省迁入人口共 4514 万人，省内跨县（市）迁入人口共 2825 万人，两者之和即异地迁移流动人口 7339 万人，平均每个城市 408 万人，远高于全国 283 个地级城市平均的 50 万人，异地迁移人口在全国总异地迁移人口中占 43.4%。此外，特大城市在吸纳本地转移农村劳动力数量上也要多于全国平均水平，18 个特大城市平均每个城市吸纳的本地农业转移人口为 78 万人，而全国 283 个地级城市吸纳的本地转移人口平均仅为 26 万人。可见，无论是异地迁移还是本地迁移，特大城市所容纳的流动人口数量均远超全国平均水平，人口迁移的集中化态势十分明显。

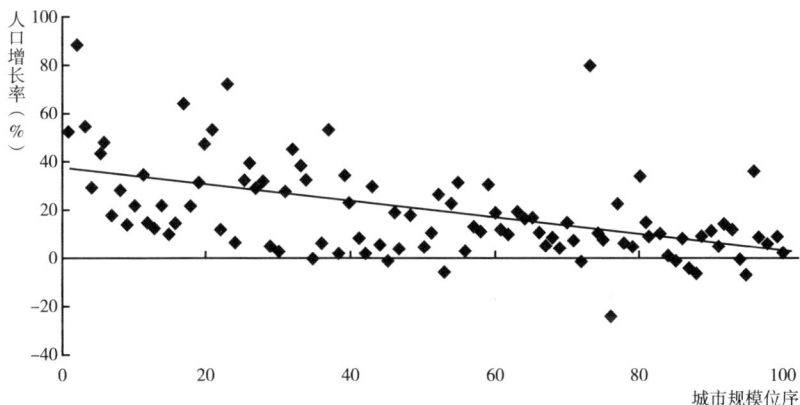

图 5-2　2010 年中国人口规模前 100 位城市在 2000~2010 年的人口增长率

另一方面，行政级别越高的城市人口增长速度越快。从"五普"到"六普"的 10 年间，我国行政级别最高的 4 个直辖市常住人口总量增长了 2569 万人，增长率接近 60%；31 个省会和计划单列城市的常住人口规模增长了 2856 万人，增长率为 28.3%；236 个地级市常住人口规模增长了 2983 万人，增长率为 13.0%；359 个县级市常住人口规模增长了 1382 万人，增长率为 6.1%。从"六普"到"七普"的 10 年间，4 个直辖市常住人口增长了 831 万人，增长率为 9.8%；31 个省会和计划单列城市的常住人口增长了 6697 万人，增长率高达 33.0%；地级以下城市总体为负增长。高行政级

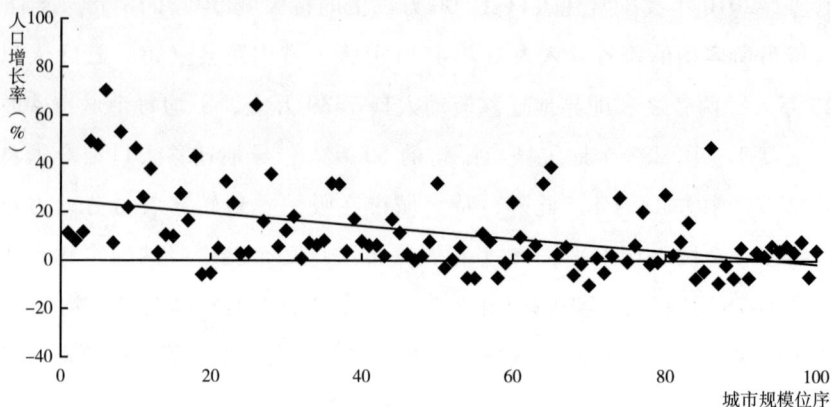

图 5-3　2020 年中国人口规模前 100 位城市在 2010～2020 年的人口增长率

别的城市集中了更多的社会优质资源，如重点院校、三甲医院和企业总部等，并且依靠行政力量可以获得更强的资源再分配能力，在城市之间的人口竞争中占据了显著的优势地位。

三　集中型城镇化模式下城市福利的结构性差异

集中型城镇化的形成并非行政力量使然，而是有着更深层次的体制机制原因。事实上，特大城市人口过度膨胀所带来的弊端是显而易见的，针对这一问题，国家在战略层面已明确提出要构建大、中、小城市和小城镇协调发展的城镇格局，一些特大城市也采取了严格控制户籍的政策，希望通过设置较高的落户门槛来控制人口规模。作为理性决策者，农业转移人口的迁移行为遵循利益最大化原则。无论是大城市还是小城市，只要能够提供更高水平的城市福利，农业转移人口就会选择迁入。因此，对农业转移人口来说，即使在大城市无法落户，不能享受与户籍挂钩的各项福利，如果非户籍福利水平足够高，他们仍然会选择大城市作为迁入地。那么，大城市和小城市的福利水平差距有多大？大城市非户籍福利水平是否足够高，以致可以吸引农业转移人口在无法享受城市户籍福利的情况下依然选择迁入？对这两个问题的回答，是深入理解人口迁移规律并制定合理的人口迁移政策的关键，而对不同规模城市的福利水平的结构性差异进行定量化测算，是准确把握这一问题的关键。

（一）城市福利水平评价指标体系的建立

1. 城市福利的划分

以福利的获得是否依赖户籍身份为标准，可以将城市福利分为两种类型，即户籍福利和非户籍福利（见表5-2）。其中，户籍福利是指与城市本地户籍身份直接挂钩的城市福利，居民能否享受这种福利取决于是否拥有城市户籍身份，具有较强的排他性；非户籍福利是指与城市本地户籍身份无关的城市福利，居民能否享受这种福利取决于居民是否生活在该城市，无论是户籍居民还是非户籍居民均可以享受该福利，其排他性较弱。

表5-2　户籍福利和非户籍福利的划分

福利类型	决定因素	性质	福利内容
户籍福利	是否拥有城市户籍	排他性较强	教育、医疗卫生、社会保障等基本公共服务
非户籍福利	是否生活在该城市	排他性较弱	收入、环境、秩序、信息、文化氛围、基础设施等

划分户籍福利和非户籍福利可以更有效地体现城市之间福利水平的结构性差异，也有助于我们把握农业转移人口迁移行为的规律。从理论上讲，如果大城市的非户籍福利水平高于小城市户籍福利和非户籍福利总和，那么对农业转移人口来说，即使无法在大城市落户，也会向大城市迁移。在城市福利水平结构性差异的影响下，他们宁愿迁入大城市做非户籍居民，也不愿意迁入小城市做户籍居民，从而使大城市通过户籍管制控制人口的政策失效。要验证这个理论假设，需要构建一个可以量化测度城市户籍福利和非户籍福利的指标体系。

2. 指标选取

为了充分、全面地体现城市福利水平的结构性差异及其对人口迁移的影响，本书设置三个层级的指标来测度城市福利水平。根据研究目标，将一级指标设为户籍福利和非户籍福利，在这两个一级指标之下，再分别设立教育水平、医疗卫生、社会保障和经济收入、市政设施、文化生活等二级指标，在每个二级指标下再设立若干三级指标。

教育水平二级指标下分设高考本科录取率、人均教育财政支出、中小学师生比三个三级指标。其中，高考本科录取率代表该城市居民接受优质高等教育的机会；人均教育财政支出代表该市对基础教育的投入程度；中小学师生比代表在义务教育和高中教育阶段公立学校的师资力量，也从一个侧面表现了教育资源的丰裕程度。

医疗卫生二级指标下分设每万人医院床位数、每万人拥有医院医生数两个三级指标。其中，每万人医院床位数代表该市的硬件医疗资源水平；每万人拥有医院医生数则代表了该市软件医疗资源水平的高低程度。

社会保障二级指标下分设城镇最低生活保障、城镇职工养老保险参保率、城镇居民基本医疗保险参保率三个三级指标。其中，城镇最低生活保障代表作为收入兜底机制的低保标准高低；城镇职工养老保险参保率和城镇居民基本医疗保险参保率则体现了该城市基本社会保险的覆盖面大小，反映了该市提供居民社会保障能力的强弱。

经济收入二级指标下分设人均GDP、城镇职工平均工资、人均城镇固定资产投资、人均外商直接投资、第三产业增加值比例五个三级指标。其中，人均GDP体现当地的经济发展总体水平；城镇职工平均工资代表当地的收入水平；人均城镇固定资产投资代表了劳动者获得就业和收入的机会；人均外商直接投资代表了该城市的开放程度以及获得体制外就业的机会；第三产业增加值比例代表着该城市产业结构的演进高度，体现了为劳动者提供高端就业岗位的机会。

市政设施二级指标下分设人均道路面积、人均城市建设维护支出、人均公园绿地面积、人均居民生活用水量、人均居民生活用电量、每万人拥有出租车数、每万人拥有公共汽车数、生活垃圾无害化处理率、人均宽带互联网接入户数等三级指标。其中，人均道路面积代表该城市的交通基础设施建设水平；人均城市建设维护支出代表该城市的基本建设设施的齐备程度；

人均公园绿地面积代表该市的生态建设水平；人均居民生活用水量和人均居民生活用电量代表该城市居民基本日常生活的质量；每万人拥有出租车数和公共汽车数代表该城市的市政交通发达程度；生活垃圾无害化处理率代表该城市的环保水平；人均宽带互联网接入户数代表该城市的信息传播便捷程度。

文化生活二级指标下分设每万人影剧院数、每百人公共图书馆藏书量、每万人在校大学生数、人均社会消费品零售额四个三级指标。其中，每万人影剧院数代表该城市文化生活的丰富程度；每百人公共图书馆藏书量代表该市的文化氛围和底蕴深厚程度；每万人在校大学生数代表该市的科学与人文精神浓郁程度；人均社会消费品零售额代表该市的日常消费水平。

3.赋权方法

城市福利水平评价指标体系所采用的赋权方法是熵值法，该方法是用熵值的思想来确定各子系统及构成要素指标的权重，以期在一定程度上避免主观赋值法缺陷的一种客观赋权方法。对于某项指标，信息熵值越大，指标值的变异程度越大，则该指标在综合评价中所起的作用越大。熵值法的计算步骤为：

（1）标准化：在进行赋权前需要对变量进行无量纲化处理，本书采用最大最小法，即通过对原始数据的线性变换将原始值最大最小值标准化映射在区间［0，1］上。

$$正向指标：X_{ij} = \frac{x_{ii} - \min\{x_{ij}\}}{\max\{x_{ij}\} - \min\{x_{ij}\}}, \ (i = 1, 2\cdots m)$$

$$负向指标：X_{ij} = \frac{\max\{x_{ij}\} - x_{ii}}{\max\{x_{ij}\} - \min\{x_{ij}\}}, \ (i = 1, 2\cdots m)$$

（2）将各指标同度量化：在有 m 个年份、n 项指标的情形下，原始指标矩阵为 X_{mn}，计算第 i 年份第 j 项指标值的比例：$Y_{ij} = \dfrac{X_{ij}}{\sum\limits_{i=1}^{m} X_{ij}}$

（3）计算第 j 项指标熵值：$e_j = -k \times \sum\limits_{i=1}^{m} Y_{ij} \times ln\, Y_{ij}$，其中 $k = 1/lnm$

（4）计算第 j 项指标的差异系数：$d_j = 1 - e_j$

（5）对差异系数进行归一化，计算第 j 项指标的权重：$w_j = \dfrac{d_j}{\sum_{j=1}^{n} d_j}$

基于上述原则所设立的指标体系，以及根据熵值法所得到的各指标权重列在表 5-3 中。

表 5-3　城市福利水平评价指标体系

一级指标	二级指标	三级指标	熵值法权重
户籍福利	教育水平	高考本科录取率	0.0452
		人均教育财政支出	0.0265
		中小学师生比	0.0044
	医疗卫生	每万人医院床位数	0.0168
		每万人拥有医院医生数	0.0252
	社会保障	城镇最低生活保障	0.0422
		城镇职工养老保险参保率	0.0366
		城镇居民基本医疗保险参保率	0.0364
非户籍福利	经济收入	人均 GDP	0.0291
		城镇职工平均工资	0.0048
		人均城镇固定资产投资额	0.0267
		人均外商直接投资额	0.1373
		第三产业增加值比例	0.0083
	市政设施	人均道路面积	0.0362
		人均城市建设维护支出	0.0917
		人均公园绿地面积	0.0199
		人均居民生活用水量	0.0334
		人均居民生活用电量	0.0155
		每万人拥有出租车数	0.0520
		每万人拥有公共汽车数	0.0525
		生活垃圾无害化处理率	0.0020
		人均宽带互联网接入户数	0.0508
	文化生活	每万人影剧院数	0.0474
		每百人公共图书馆藏书量	0.0741
		每万人在校大学生数	0.0627
		人均社会消费品零售额	0.0222

（二）城市福利水平评价指数测算结果及分析

依据上述指标构建原则和赋权方法，利用 2017 年中国城市统计年鉴数据，计算出全国 288 个地级以上城市的福利水平。由于指标维度和城市数量过多，本书仅列出市辖区人口规模前 10 名城市和后 10 名城市的一级指标和二级指标的测算结果（见表 5-4）。通过观察可以发现，前者中的绝大多数城市，其非户籍福利水平都要高于后者中绝大多数城市的总福利水平。例如，人口 2161 万的北京，其非户籍福利水平为 14.94，而人口规模仅为 38 万人的甘肃省庆阳市，总福利水平为 6.73，前者远高于后者。

表 5-4　城市福利水平评价指标测算结果（2017 年）

城市	城市规模（万人）	总指数 总福利	一级指标		二级指标					
			户籍福利	非户籍福利	教育水平	医疗卫生	社会保障	经济收入	市政设施	文化生活
1. 上海	2351	25.05	13.53	11.52	4.85	1.14	7.54	4.57	3.63	3.32
2. 北京	2161	30.64	15.69	14.94	6.42	1.72	7.56	4.26	7.64	3.04
3. 重庆	2121	12.60	4.97	7.62	1.43	0.67	2.87	3.38	3.05	1.20
4. 天津	1532	24.34	13.50	14.84	4.38	0.94	6.19	4.99	5.24	2.61
5. 广州	1329	21.03	7.70	13.33	1.55	1.40	4.75	3.58	5.98	3.77
6. 深圳	1108	30.14	10.77	19.37	2.12	2.37	6.28	4.85	8.61	5.91
7. 成都	920	14.15	4.41	9.74	1.22	1.62	1.58	1.85	5.66	2.23
8. 东莞	830	24.66	10.12	14.54	1.72	2.68	5.72	3.65	7.36	3.53
9. 南京	823	19.74	7.68	12.07	2.03	0.95	4.70	3.65	5.45	2.97
10. 武汉	754	21.88	8.38	13.51	1.95	1.67	4.76	5.17	5.50	2.83
……	……	……	……	……	……	……	……	……	……	……
279. 庆阳	38	6.73	2.30	4.43	0.79	0.84	0.67	1.52	2.09	0.82
280. 河池	34	7.34	3.00	4.33	1.13	0.73	1.14	2.08	1.75	0.51
281. 崇左	33	6.80	2.54	4.26	1.26	0.59	0.69	1.61	2.17	0.48
282. 临沧	33	6.82	2.95	3.87	0.96	1.04	0.95	1.03	1.98	0.86
283. 吕梁	33	8.17	2.53	5.65	1.12	0.58	0.83	2.01	1.87	1.77
284. 普洱	31	7.80	3.78	4.01	1.20	1.53	1.05	2.03	1.24	0.74
285. 嘉峪关	24	10.77	4.13	6.63	1.18	0.85	2.10	2.56	3.29	0.78
286. 丽江	24	10.89	3.88	7.01	1.35	1.19	1.34	2.58	3.13	1.30
287. 金昌	23	9.98	3.13	6.85	0.95	0.59	1.59	2.35	3.13	1.37
288. 海东	16	8.64	2.74	5.90	1.09	0.50	1.15	1.69	2.04	2.17

注：总福利 = 户籍福利 + 非户籍福利；户籍福利 = 教育水平 + 医疗卫生 + 社会保障；非户籍福利 = 经济收入 + 市政设施 + 文化生活。

为了更好地观察城市福利水平随城市人口规模的变化规律，比较不同城市之间福利水平的结构性差异，本书将 288 个地级以上城市的非户籍福利水平和总福利水平的轨迹点画在图 5-4 中，并分别做出两者的趋势线。图 5-4 的纵轴为城市福利水平，横轴为将 288 个地级以上城市常住人口规模名次由低到高的等距排序。从轨迹点拟合出来的两条趋势线的位置可以看出，城市规模与城市福利水平总体呈正相关关系，规模越大的城市，其福利水平越高。总福利水平和非户籍福利水平变化趋势基本相同，均随城市规模的增大而增大。

进一步观察图 5-4 可以发现，总福利和非户籍福利的轨迹点在城市规模由低到高排序中，在位于前 20~30 名的位置有一个明显的提升，类似于一个逆时针旋转 90 度的字母"L"。从中国城市规模体系看，排名前 20~30 名的城市人口规模约为 500 万，正好是特大城市的人口门槛值。这些城市是吸纳农业转移人口的主力军，也是户籍管制最为严格的城市。图 5-4 显示，这些特大城市的非户籍福利水平普遍要高于其他城市的总福利水平，这种城市福利的结构性差异将对农业转移人口迁移和市民化产生重要影响。

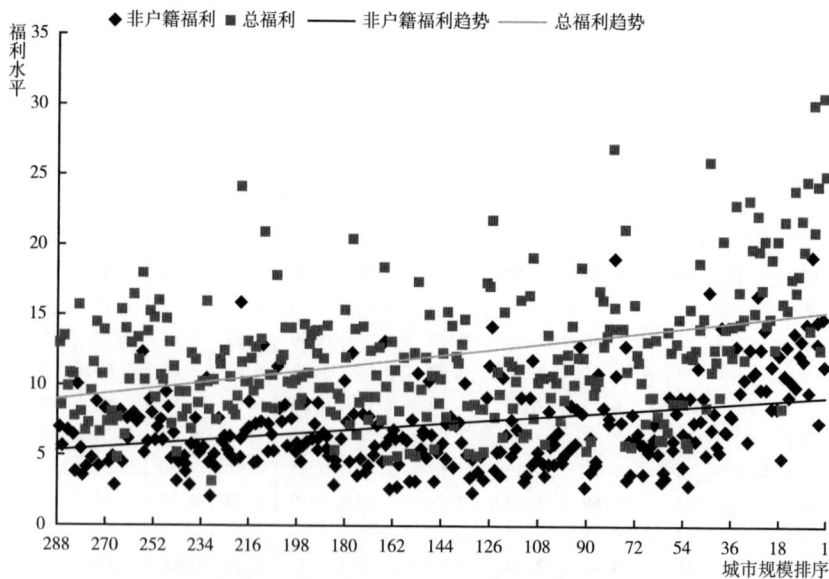

图 5-4　地级以上城市非户籍福利水平和总福利水平分布

四 城市福利结构性差异对农业转移人口市民化的影响

对于一个典型的农业转移人口来说，在选择迁入城市的时候，将会面临城市在两个层面上的结构性福利差异。其一，是所在不同城市的福利水平差异，规模较大的城市普遍比规模较小的城市能够提供更高水平的福利。其二，是作为非户籍居民与户籍居民在部分城市福利待遇上的差异，户籍居民可以享受全部的城市公共服务，而非户籍居民无法享受与户籍挂钩的排他性公共服务。通过将图5-4的趋势线抽象出来，可以更加清晰地体现农业转移人口所面临的城市福利的结构性差异（见图5-5）。

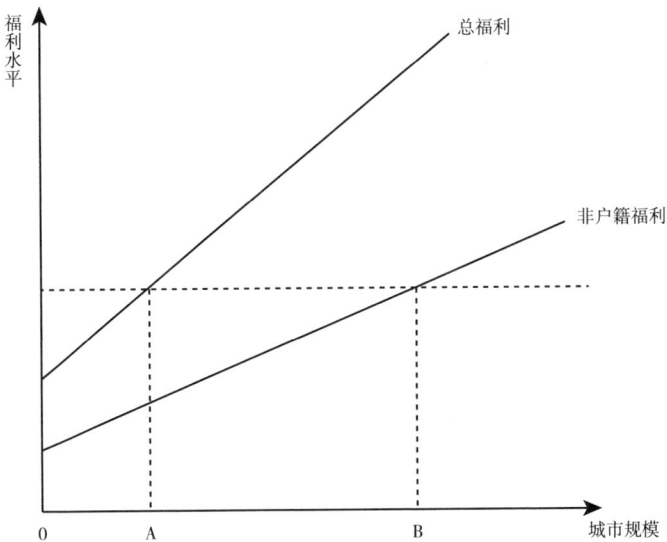

图 5-5 城市福利的结构性差异

首先，两条福利线的斜率体现了在城市之间发展水平失衡条件下不同规模城市之间的福利差异。由于规模较大的城市发展水平高于规模较小的城市，大城市居民的福利水平要高于小城市居民的福利水平，这一方面表现为规模较大城市的户籍福利要高于规模较小城市的户籍福利，另一方面还表现为规模较大城市的居民能享受到的不依赖于户籍身份的非户籍福利水平也要高于小城市。因此，无论是户籍居民的福利线还是非户籍居民的福利线，都呈现向右上方倾斜，即福利水平随城市规模增大而上升。

其次，两条福利线之间的垂直距离体现出在城市内部福利分配失衡条件下，户籍居民和非户籍居民享受城市福利的差异。由于存在户籍身份的差异，户籍居民不仅可以和非户籍居民一样享受不依赖于户籍身份的非排他性福利，还可以享受由户籍身份带来的排他性城市福利。因此，在任何规模的城市里，户籍居民的福利水平都要高于非户籍居民，总福利水平高于非户籍福利水平。并且由于大城市户籍的福利含金量高于小城市户籍的福利含金量，大城市的总福利和非户籍福利的差距要大于小城市总福利和非户籍福利的差距，这表现为两条福利线的垂直距离差距随城市规模的增大而增大，或者总福利线的斜率高于非户籍福利线的斜率。

问题的关键就在于，随着城市经济的发展和剥离式户籍制度改革效果的发挥，城市里有了越来越多的不依赖于户籍身份的福利。对于直辖市、省会和计划单列市等大城市，其经济和社会发展水平较高，因而不仅能为本地户籍居民提供更好的教育、医疗、住房、社保等户籍福利，也能为外来非户籍居民提供相对较好的基础设施、环境、秩序、非正式就业机会和市场化的公共服务等非户籍福利，并且这种非户籍福利的重要性正在日益凸显。例如，近年来方兴未艾的共享经济，借助大城市的规模效应，能够创造出更大的经济效益和社会福利。当不同规模城市的发展差距拉大到一定程度时，非户籍福利的差距也随之拉大，直到形成大城市中的非户籍福利水平超过中小城市户籍福利和非户籍福利之和的局面。此时，在规模较大的城市中，即使是非户籍居民所享受的福利水平也将高于中小城市户籍居民所享受的总福利水平。因此，即使大城市严格地控制户籍门槛，小城市不断降低落户门槛，流动人口仍然源源不断地向大城市涌入，宁愿成为大城市的非户籍居民也不愿到小城市做户籍居民。

在图5-5中，如果两条福利线的斜率足够大，也就是不同规模城市发展水平的差距足够大，则可能会出现大城市非户籍居民所享受到的城市福利水平高于中小城市户籍居民所享受到的福利水平的情形。此时，B 点所对应的大城市的非户籍居民的福利水平将会高于所有城市规模小于 A 点的中小城市户籍居民的福利水平。因此，流动人口在进行迁入城市选择时，将会选择 B 点以右所对应的大城市非户籍迁入，而非 A 点以左所对应的中小城市户籍迁入。

表 5-5 显示了根据以上计算的城市福利水平评价指数得分。可以看出，特大城市和部分大城市的福利优势，相当多的人口 500 万以上的特大城市和人口 300 万~500 万的大城市其非户籍福利水平要高于一半以上地级以上城市的总福利。如果考虑还有 1700 多个县城和数万个小城镇，总福利低于特大城市和部分大城市非户籍福利的城市数量还要多很多。如果农业转移人口以获得福利最大化为目标，则这些非户籍福利水平高于大多数中小城市总福利将是首选。换句话说，在不考虑迁移成本、地域文化等其他因素的情况下，总福利显著低于大城市非户籍福利的中小城市即使放开落户门槛，也无法吸引农业转移人口落户；反之，特大城市和部分大城市即使严控户籍，也仍然会有大量农业转移人口迁入，借助户籍来控制人口规模的政策目标将难以实现。

表 5-5　特大城市和部分大城市的福利优势

城市	非户籍福利水平值	总福利低于该城市非户籍福利的地级以上城市占比（%）	城市	非户籍福利水平值	总福利低于该城市非户籍福利的地级以上城市占比（%）	城市	非户籍福利水平值	总福利低于该城市非户籍福利的地级以上城市占比（%）
人口 500 万以上的特大城市								
1. 上海	11.5	48.3	7. 东莞	14.5	76.7	13. 西安	12.2	57.3
2. 北京	14.9	79.2	8. 成都	9.7	32.3	14. 沈阳	10.5	40.3
3. 重庆	7.6	13.9	9. 南京	12.1	55.6	15. 苏州	12.4	59.9
4. 天津	14.8	75.3	10. 佛山	10.1	35.4	16. 哈尔滨	13.2	65.3
5. 广州	13.3	66.7	11. 杭州	13.9	69.1	17. 郑州	10.8	44.4
6. 深圳	19.4	91.3	12. 武汉	13.5	67.4	18. 汕头	8.8	24.2

续表

城市	非户籍福利水平值	总福利低于该城市非户籍福利的地级以上城市占比（%）	城市	非户籍福利水平值	总福利低于该城市非户籍福利的地级以上城市占比（%）	城市	非户籍福利水平值	总福利低于该城市非户籍福利的地级以上城市占比（%）
人口 300 万~500 万的大城市								
19. 青岛	12.3	58.7	27. 长沙	14.2	72.6	35. 唐山	6.3	6.6
20. 石家庄	8.5	22.2	28. 南宁	11.2	46.9	36. 温州	13.1	68.4
21. 济南	11.5	47.9	29. 无锡	11.0	45.8	37. 贵阳	8.1	17.7
22. 长春	8.6	23.3	30. 宁波	13.0	63.5	38. 徐州	8.1	17.7
23. 合肥	16.5	85.4	31. 太原	10.7	42.7	39. 淄博	6.9	9.4
24. 大连	16.9	86.8	32. 南昌	9.7	33.0	40. 中山	9.6	32.2
25. 昆明	9.9	33.7	33. 乌市	12.3	59.0	41. 福州	14.3	75.0
26. 厦门	12.8	53.5	34. 常州	9.9	33.7			

在城市之间发展水平失衡的条件下，非户籍福利水平较高的特大城市和规模较大的大城市已经成为非户籍人口主要的集中地。例如，北京市市辖区约 2200 万常住人口中，约有 800 万外来非户籍人口；上海约 2400 万市辖区常住人口中，约有 1000 万外来非户籍人口；深圳市 1700 多万常住人口中，约有 1200 万外来非户籍人口。在这些外来非户籍人口中，绝大多数是农业转移人口。由于没有城市户籍，其融入城市实现市民化的身份障碍无法消除。然而，大城市所能提供的非户籍福利使他们的这种不转移户籍身份的迁移模式成为一种可以接受的人生规划：农业转移人口在年轻时由于自身健康状况良好、家庭负担较轻，可以接受没有户籍福利的现实，他们并不寻求融入城市成为市民，而只是想趁自己年轻时，到大城市利用更多的就业机会和更高的工资尽快完成积累，待日后因年纪增长而无法承受没有城市户籍福利的生活工作条件时，能够返回农村或家乡附近的小城镇盖房或置业。

应该看到，农业转移人口的这种迁移模式的形成是与城市之间发展水平的失衡密切相关的，他们本可以在均衡型城镇化模式下有序、逐渐地向中小城市转移，并通过在当地工作生活一段时间后满足落户条件而转移户口并成为市民，但大城市与中小城市经济社会发展水平的差距使得这种有序、逐渐的转移难以实现。大城市的非户籍福利是如此之高，以致农业转移人口愿意暂时地获取，中小城市的户籍福利是如此之低，以致放开获取限制也无人问津。农业转移人口的这种向大城市非户籍迁移，是一种短期的比较利益驱动的行为，若无法享受城市户籍福利，则其最终难以在城市定居、融入并成为市民。而城市福利双重差异条件下所引发的农业转移人口向大城市的过度集中，使农业转移人口群体在总体上实现市民化的比例很低，长期持续必然会损害城镇化的质量。

对于大城市的地方政府来说，当仅仅是城市非户籍福利水平也足以吸引人口迁入时，自然没有必要为农业转移人口提供户籍福利待遇，尤其是在当前以 GDP 增长为中心的政绩考核体制下，最大限度地招商引资拉动经济增长是地方政府工作的第一要务，把本应给农业转移人口提供户籍福利的财政资金转而用于提供更好的基础设施、营商环境、社会秩序等公共服务，既能吸引外部企业投资，又不影响人口迁入（这些公共服务本身属于非户籍福利范畴），地方政府当然乐于为之。因此，在这些城市面对大量外来人口涌入的时候，城市政府的理性选择必然是加强户籍管制。由此，我们不仅可以看清城市福利双重失衡之间的逻辑关系：城市之间发展水平的失衡导致了人口向大城市过度集中，大城市地方政府从自身利益出发倾向于严控户籍，造成大城市内部基于户籍身份的福利分配失衡。或简言之，城市之间的失衡导致了城市内部的失衡，还可以发现，对于特大城市，其户籍管制存在一个自我强化机制。

五　特大城市户籍管制自增强机制的实证分析

经济学中的自增强理论最早是由美国学者布莱恩·阿瑟（Brian Arthur）在《经济学中的自增强机制》一文中提出的。该理论指出，经济系统中能够产生一种局部正反馈的自增强机制，它的形成有四个阶段：第一阶段，多态均衡。经济系统可能存在两个以上截然不同的均衡解，结果是不确定的。第二阶段，可能无效率。如果一项技术先天地好于另一项，但由于坏运气而未被采用，那么最后的结果也许就不是最大可能收益。第三阶段，锁定。系统一旦达到某个均衡解，便难以退出。第四阶段，路径依赖。前期历史能够决定哪个解优先而被选择，惯性的力量将使这个选择不断自我强化。[①] 这一理论虽然不是经济学主流，却对一些经济现象有很强的解释力。

（一）特大城市户籍管制自增强机制的形成

1. 非效率均衡：户籍管制下的乡城迁移

中国大规模的农业人口乡城迁移始于 20 世纪 80 年代。从自增强理论的角度，人口的城镇化存在两个可能的"均衡解"：一是农业转移人口获得与市民同样的户籍身份，得到相同的公共品供给待遇；二是成为非户籍人口，不能获得排他性公共品供给待遇。显然，现实走向选择了第二个"均衡解"。多年来，户籍管制下的乡城迁移造成了严重的留守妇女儿童、民工权益缺失等社会问题，这一均衡背后实际上蕴含着巨大的社会成本，因此是非效率的。

这种非效率均衡被选择并非因为坏运气，而是有着深刻的时代背景。中国城市地方政府和发达国家最大的区别在于，其财政收入的来源主要是企业所缴纳的增值税，而非对个人征收的财产税和所得税。因此，城市提供公共品的对象自然会倾向于企业，对居民个人提供更高水平公共品的动力不足。地方政府由于具备招商引资的内在动力，因而热衷于产业园区、道路交通、社会治安、营商环境等城市建设，而对城市居民尤其是农业转移人口的教育、医疗、社会保障和住房保障等民生领域的建设相对轻视，而后者正是户籍所包含的福利，也就是说，地方政府并没有为外来人口提供城市户籍的动力。地方政府这一政策倾向的形成不仅是因为居民"用手投票"的权利保

---

① 〔美〕布莱恩·阿瑟：《经济学中的自增强机制》，李绍光、王晓明译，《经济研究参考》1996 年第 17 期。

障不足，更是因为缺乏"用脚投票"的机制。由于保留效用很低，农民工虽然在城市福利分配上面临差别对待，但对这种情况具有非敏感性，他们真正看重的是流入地城市的就业机会和环境。因此，哪个城市能够吸引企业入驻，自然就能引致大量外来农业转移人口。由于农业转移人口并不在意没有户籍所导致的福利缺失，地方政府自然也就更加没有动力向外来农业转移人口提供与户籍相关的公共品，只要能够吸引足够多的企业，自然会有人口流入。

这样一来，地方政府与外来农业转移人口之间形成了一个双方都可以接受的合意均衡，即非户籍迁移。一方面，地方政府通过户籍管制，减少对城市排他性公共品消费群体的规模，并得以将节省下来的开支用于更好地招商引资，而这并不会妨碍甚至反而会促进外来人口流入，因此对地方政府来说户籍管制是合意的。另一方面，农业转移人口并不在意城市户籍管制下各种福利的缺失，只在意城市能否提供就业机会，而在较低的保留效用下，非正规就业岗位也是可以满足的，因此对外来人口来说也是合意的。

2. 特大城市户籍管制的锁定

根据城市最优规模理论，人口增多会给城市带来规模经济收益和公共品的拥挤成本。通常情况下，这两者都随着城市人口规模的增大而增大，但前者是边际递减的，后者是边际递增的，当边际规模收益与边际拥挤成本相等时，城市的净收益达到最大，此时城市的人口规模达到理论上的最优值。

对特大城市的政府来说，实行户籍管制的实际效果是，通过将占全部城市人口相当大比例的非户籍人口排除在排他性公共品的供给范围之外，只负担他们的非排他性公共品供给，从而节省了一部分公共支出，使得城市人口规模增大的总拥挤效应降低。由于外来人口的保留效用很低，吸引其向城市流动的是非排他性公共品，他们往往并不会因为缺乏户籍所对应的排他性公共品而"用脚投票"，而是仍会留在城市务工，并为城市带来规模收益和税收贡献。这样一来，在户籍管制条件下，人口增长所产生的规模收益不变，而公共品拥挤成本下降，这将使得边际规模收益和边际拥挤成本相等的点所对应的最优人口规模理论值比没有户籍管制时大，即由图 5-6 中的 AB 线移到 CD 线。

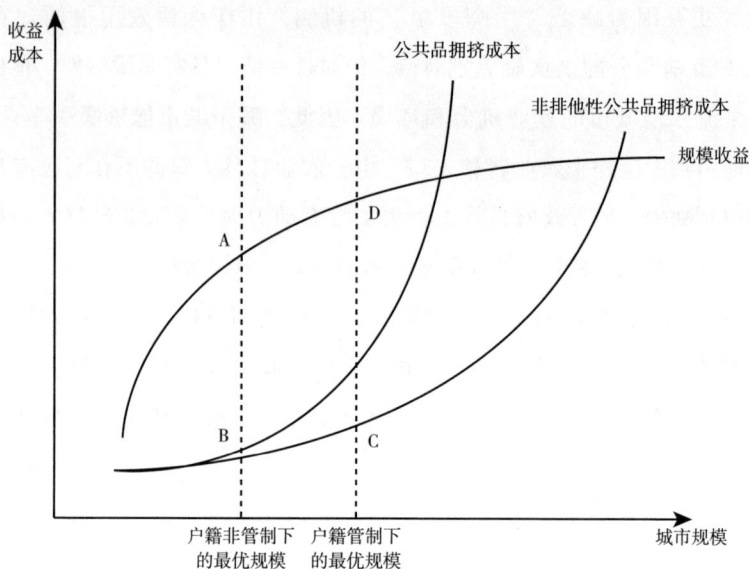

图 5-6　户籍管制提高城市最优人口规模理论值

　　特大城市的户籍管制提高了城市最优人口规模的理论值，其吸纳外来人口的潜力增大。在政绩目标的驱动下，城市的政府倾向于将未向外来人口支付的排他性公共品而节省下来的财政开支用于提供更好的非排他性公共品，这将促使不以户籍为目标的农业转移人口进一步向特大城市流动。面对新增的农业转移人口，城市的政府必然将会通过加强户籍管制以严控公共开支，将新增农业转移人口排除在排他性公共品的使用者范围之外，使对应于一定规模收益的拥挤成本进一步下降，城市人口规模上限的理论值进一步增大。以此类推，农业转移人口较多的特大城市就被锁定在了一个户籍管制加强—拥挤效应降低—最优规模增大—人口流入—户籍管制加强的自我循环强化机制当中。

　　对于中小城市，由于农业转移人口较少，即使严格地控制户籍，也不会显著地降低排他性公共品的开支和拥挤成本，从而不会明显地提高最优人口规模理论值，也就不会形成农业转移人口持续大量流入的局面。因此，中小城市的政府的理性选择将是把原本就没有多少含金量的户籍彻底放开，一方面放开落户并不会造成公共开支的大幅增加，另一方面还能够在一定程度上提高对农业转移人口的吸引力。

在户籍管制的自我循环强化下，特大城市进入一个城市发展的路径依赖，即在保有大量非户籍人口条件下的经济发展。非户籍人口不能享受户籍福利，却与户籍人口同样为城市经济和地方税收做贡献，实际上使特大城市政府获得了以支付低于部分劳动者贡献的代价实现发展的条件。随着特大城市非户籍人口的持续增多，城市发展对这些非户籍人口的依赖性就越强，甚至一个城市拥有更多的非户籍人口成了这个城市的一个优势。为了巩固这个优势，特大城市的政府一方面倾向于加大对非排他性公共品的投入，以吸引非户籍人口持续流入，另一方面倾向于进一步加强户籍管制，严控落户人数。

（二）特大城市户籍管制自增强机制的实证检验

1. 模型和数据

验证特大城市户籍管制的自增强机制，关键是要证明特大城市比其他城市更有加强户籍管制的倾向，同时加强户籍管制能够使城市的最优人口规模增大从而吸引人口迁入。根据最优城市规模理论，人口规模增大给城市经济带来的规模经济收益和公共品拥挤成本分别以递减和递增的趋势增加，而两方面影响的净效益随人口规模增加而先增大、再减小，当边际规模收益与边际拥挤成本相等时达到净效益的最大值，也就是最优城市规模的理论值。本书采用 Au 和 Henderson 的做法，用城市人均产出作为衡量净效益的指标，则城市的人均产出和人口规模在理论上应存在倒 U 型曲线关系。因此，对特大城市户籍管制自增强机制的验证就转化为验证：①城市规模越大，加强户籍管制对城市人均产出的正面影响越大；②加强户籍管制能够使倒 U 型曲线的上升区间延长，即顶点所在的位置右移。为此，我们将人均产出作为回归模型的被解释变量，在解释变量中引入城市人口规模 L_i 的一次项、二次项、衡量城市政府户籍管制程度的变量 R_i 以及 R_i 与 L_i 的交互项。回归模型设定如下：

$$Ln(Y_i / L_i) = \alpha Ln(K_i / L_i) + \beta_1 L_i + \beta_2 L_i^2 + \beta_3 R_i + \beta_4 L_i R_i + X_i \varnothing + \mu_i \qquad (5.1)$$

其中，Y_i 是 i 城市的产出或收入，L_i 代表 i 城市的人口规模。R_i 是 i 城市的户籍管制程度指标，是回归模型的核心解释变量，本书用城市市辖区户籍人口与常住人口数量之比来衡量。当 R_i 小于 1 时，表明城市常住人口中有一部分人未能获得户籍，这种情况一般发生在有一定落户门槛的城市，R_i 越小，表示常住人口中获得户籍的人口越少，户籍管制越严格，特大城市的 R_i 必然明显小于 1；反之，当 R_i 大于 1 时，说明城市的常住人口少于户籍人口，这种情况往往发生在人口流失较为严重的城市，而这些城市的户籍门槛基本已经放开，R_i 越大，表示城市户籍管制程度越弱。向量 X_i 为一系列与城市规模相关并可能影响城市人均产出的城市控制变量。回归模型（5.1）式中各变量的数据都来源于 2015 年《中国城市统计年鉴》。

对于控制变量，本书使用人均资本的对数值 $Ln(K_i / L_i)$ 控制城市投资水平；使用人均道路面积 $RoadPC_i$ 控制基础设施建设水平；使用每万人中在校大学生数 $UnivPC_i$ 控制城市人力资本水平；使用城市等级哑变量 $Rank_i$ 控制城市行政级别，对于所有直辖市、计划单列市和省会，$Rank_i$ 取 1，其余城市取 0；使用东部地区哑变量 $East_i$ 控制区位因素，对于东部 10 省的城市，$East_i$ 取 1，其余中西部城市取 0；使用城市第二、第三产业增加值比 MS_i 控制产业结构。引入这些变量可以控制与户籍管制强度相关且同时影响城市人均产出的因素，以避免遗漏变量造成的偏误。

2.实证结果及分析

（1）加强户籍管制不利于中小城市收入提高，有利于大城市和特大城市收入提高。

首先，表 5-6 显示了户籍管制政策效应的回归结果。模型一列出了主要解释变量的 OLS 结果，城市人口规模 L 的一次项为正，二次项为负，表明城市人均收入水平与城市规模存在倒 U 型曲线关系；户籍管制程度 R 的系数为正，但不显著；$L * R$ 的系数显著为负。模型二和模型三分别显示了包含控制变量的 OLS 和 WLS 结果。户籍管制程度指标 R 的系数显著为正，

但是 $L*R$ 的系数显著为负，表明在考虑户籍管制程度与城市人口规模的交互作用下，加强户籍管制（R 减小）对城市人均收入水平的影响取决于城市规模。当城市规模较小时，加强户籍管制对城市人均收入有负面影响，随着城市规模的增大，正面影响开始增大。由负转正的临界点为 R 和 $L*R$ 的系数之比。根据模型三的回归结果，临界点为 $L=216$。这表明，当城市人口规模小于 216 万时，加强户籍管制对人均收入的影响为负；当人口规模大于 216 万时，影响为正。按照最新的城市分类标准，人口规模为 216 万的城市属于规模较小的大城市，因此这意味着中小城市加强户籍管制不利于人均收入提高，而大城市和特大城市加强户籍管制有利于人均收入提高。

这一结果是易于理解的。中小城市的户籍含金量低，加强户籍管制不会明显减少公共品支出，却会显著影响人口迁入的规模效应，因此对收入影响效应为负。大城市和特大城市的户籍含金量相对较高，加强户籍管制可明显降低公共品支出，并且不会减少外来农业转移人口数量，从而不会削弱规模经济性，因此影响效应为正。这验证了户籍管制自增强机制的第一个方面，即规模越大的城市越倾向于加强户籍管制。

从控制变量的回归结果来看，人均道路面积、每万人拥有大学生数、东部地区以及第二、第三产业增加值比都显著为正，符合预期。城市行政级别指标虽然为正，但是并不显著，说明区域因素相较于行政级别因素对城市的人均收入影响更大，同时两个哑变量之间存在共线性问题，也可能造成显著性水平不高。

表 5-6　户籍管制政策效应的回归结果

变量	模型一	模型二	模型三	模型四	模型五
	OLS	OLS	WLS	WLS	WLS
L	0.0026 ***	0.0023 ***	0.0042 ***	0.0007 ***	0.0009 ***
	（0.0005）	（0.0005）	（0.0005）	（0.0002）	（0.0002）
L^2	−4.87E-7 ***	−3.91E-7 ***	−5.59E-7 ***	−2.47E-7 **	−3.23E-7 **
	（1.40E-7）	（1.28E-7）	（1.46E-7）	（1.14E-7）	（1.34E-7）
R	0.0188	0.2633 **	0.8336 ***	−0.0163	−0.3071 **
	（0.1510）	（0.1271）	（0.0433）	（0.1070）	（0.1280）

续表

变量	模型一	模型二	模型三	模型四	模型五
	OLS	OLS	WLS	WLS	WLS
$L \cdot R$	-0.0019***	-0.0018***	-0.0039***		
	(0.0006)	(0.0005)	(0.0004)		
$ln(\frac{K}{L})$	0.7377***	0.5359***	0.5602***	0.5221***	0.7314***
	(0.0371)	(0.0372)	(0.0442)	(0.0379)	(0.0378)
$RoadPC$		0.0138***	0.0084**	0.0156***	
		(0.0030)	(0.0030)	(0.0030)	
$UnivPC$		1.80E-4***	5.02E-4***	1.25E-4**	
		(6.34E-5)	(6.20E-5)	(6.31E-5)	
$Rank$		0.0894	0.1196	0.1370*	
		(0.0909)	(0.0815)	(0.0816)	
$East$		0.2569***	0.2840***	0.2503***	
		(0.0427)	(0.0392)	(0.0441)	
MS		0.1974***	0.3878***	0.1908***	
		(0.0212)	(0.0255)	(0.0215)	
样本数	286	286	286	286	286

注：括号内数字为标准误。*、**、*** 分别表示在 10%、5%、1% 水平上显著。

其次，加强户籍管制总体上有利于城市人均收入提高。模型四显示了去掉交互项 $L \cdot R$ 之后的回归结果，此时户籍管制程度指标 R 的系数为负，但系数值很小且不显著，这说明在不考虑户籍管制程度与城市规模的交互影响下，难以明确判断加强户籍管制的影响。如果去掉交互项和所有的控制变量再进行回归，R 的系数则显著为负（模型五），表明加强户籍管制对城市人均收入的影响在总体上为正。这一结果也解释了为何地方政府普遍不愿意放开落户。

（2）加强户籍管制提升了城市最优规模水平。

根据模型（5.1）式可以写出城市最优规模 L^*（人均收入与城市规模关系的倒 U 型曲线顶点横坐标）的表达式为：

$$L^* = (\beta_1 + \beta_4 R_i) / -2\beta_2$$

根据模型三的回归结果，$L \cdot R$ 的系数 β_4 为负，且 L 的系数 β_1 为正，L^2 的系数 β_2 为负，因此城市最优规模 L^* 随 R_i 的减少而增大。这验证了户籍管制自增强机制的第二个方面，即城市的户籍管制程度越高，城市的最优规模点越大，户籍管制提升了城市的最优规模水平。随着城市规模潜力的提升，人口倾向于进一步向该城市流入。

（3）特大城市存在户籍管制的自增强机制。

结合前面的分析，对于非户籍人口较多的特大城市，户籍管制提高了最优人口规模，并且户籍管制越强的城市（即表5-6中 R 值越小），最优人口规模提高的幅度越大，特大城市人口倾向于进一步增多。同时，人口规模较大的特大城市，倾向于通过加强户籍管制提高人均收入水平。因此，在特大城市存在着一个户籍管制增强—人口规模增大—户籍管制进一步增强的自增强机制。

特大城市户籍管制的自增强机制表明，当前旨在通过户籍管制来严控特大城市人口规模的政策是无效的。由于户籍管制无法阻止农业转移人口进入城市，只能阻止其获得排他性公共品供给，因而这样做的效果是使特大城市节约了一部分公共品支出，降低了对应一定规模经济效益的公共品拥挤成本，提高了最优人口规模的理论值。若放开落户，规模经济效益不变，而排他性公共品供给的增加将使拥挤效应上升，使城市最优人口规模回落到正常水平。因此，特大城市要实现人口控制，恰恰应该放开户籍管制，大幅降低落户门槛，使更多的农业转移人口获得本地户籍。虽然在短时间内，特大城市放开落户将对人均收入造成一定负面影响，但这是退出户籍管制自增强机制需付出的必要代价。

六　破解特大城市户籍管制自增强机制的城镇化模式转型

在特大城市户籍管制的自增强机制下，以特大城市为主要迁入地的农业转移人口的市民化必然进展缓慢，其根本原因在于改革的落脚点被放在了城市内部，旨在实现农业转移人口的市民化或非户籍人口户籍化的户籍制度改革是由各城市分别推动，而城市之间发展水平的失衡则被忽视。然而，在城市福利的结构性差异下，城市之间发展水平的失衡决定了城市内部福利分配的失衡，仅仅着眼于城市内部失衡的户籍改革未能抓住问题的"牛鼻子"，在改革实施过程中，必然会出现路径与目标的持续冲突，最终难以实现农业转移人口市民化这一户籍制度改革的主要任务。因此，有效推动农业转移人口市民化，需要从战略上转变集中型城镇化模式，以城市之间经济社会发展水平的均等化实现，来促进城市内部不同户籍身份居民福利分配的均等化实现。

（一）城镇化模式由集中型向分散型转变

首先，中国的城市体系表现为集中过度而非集中不足。如果仅从帕累托指数、基尼系数等相对指标来看，将会得出中国城市的规模差距过小、城市体系的集中程度不足的结论。但是，中国巨大的人口总量使得这些只在相同人口总量规模条件下才能进行对比的指标部分失去了参考价值。事实上，中国首位城市的人口规模已经与世界上一些最大城市的人口规模相当，并接近单个城市人口规模的上限，规模经济已经发挥到很高水平，只是相对于全国14亿多人口来说，中国首位城市的人口占比较小、首位度不足。从跨区迁移的人口数量来看，18个特大城市所容纳的跨省转移人口占全国跨省转移人口总量约60%，集中化趋势十分明显。这种集中化是特大城市与中小城市发展水平的巨大差距导致的，而这一差距也是导致广大中小城市规模不足的原因。因此，中国的城镇化是一种高度集中型城镇化，形成这个判断是探讨城镇化应如何转型这一问题的前提。

其次，集中型城镇化的形成源于转轨阶段的诸多非经济因素。在纯市场经济条件下，城市人口的增多将会同时产生规模收益和拥挤成本，两者分别以递减和递增的速度增加。而随着城市的人口达到一定规模，较大的拥挤成本将阻止城市规模进一步增大，城市规模最终将达到边际规模收益和边际拥挤成本相等时所决定的规模。但是，转轨阶段很多传统体制下的制度遗留将使得市场规律难以充分发挥作用。一方面，户籍制度的存在使得城市政府得以减少对非户籍人口公共服务的支出，从而在一定程度上降低了公共品的拥挤成本，使得由边际规模收益和边际拥挤成本相等的点所决定的最优规模理论值增大，城市人口倾向于持续增多，以致远超在纯市场条件下城市的最优规模值。另一方面，由于规模较大的城市往往是行政级别较高的城市，这些城市利用高行政级别所带来的在资源配置中的优势地位，集中了一国或一省范围内的优质社会资源，并且建立起汲取周边区域人、财、物资源的体制，形成了对自身发展成本人为压低的各种隐性补贴。这在无形之中延长了大城市的规模经济区间，使得城市的最优规模比在纯市场条件下更大。因此，改变集中型城镇化模式，应从消除非经济因素对城市最优规模点的干扰入手。

最后，分散型城镇化是未来中国城镇化发展模式的目标和出路。得出这样的结论是基于中国是一个发展中的人口大国的现实判断。由于中国有 14 亿多人口，在基本实现城镇化后，将有 10 亿以上的人口生活在城市中，仅靠少数几个特大城市或城市群，是无法吸纳全部农业转移人口的。有人喜欢拿日本和韩国的城镇化模式与中国进行对比，认为同样作为人口稠密且土地资源不足的国家，中国应该借鉴日韩两国集中型城镇化的发展模式。但是，这种观点忽略了日本、韩国的人口规模与中国不在一个数量级上的事实。日本、韩国的首位城市的人口可以达到其全国人口总量的 1/5 甚至 1/3，一个大都市圈就基本可以完成国家的城镇化任务，这种情况在中国显然是无法实现的。此外，中国的国土面积广大，中西部地区的很多人口是没有迁移能力的，一方面出于经济方面的原因，无法支付长距离迁移的成本；另一方面出于文化方面的原因，难以脱离家乡的风土人情。而能够跨区域迁移来到东部发达地区和特大城市工作生活的，往往是年轻力壮的群体，这些人的转移不但无法实现"由集聚走向平衡"，反而会使落后地区因丧失了人口红利而更加落后，与发达地区的发展差距进一步加大。因此，要实现城镇化的健康发展，必须发挥中小城市尤其是广大中西部地区的普通地级市、县城和中心镇在拉动人口城镇化进程中的重要作用，走一条分散型城镇化的道路。

（二）城市居民福利分配由不均等向均等化转变

首先，放开落户不能仅在中小城市推进，必须同时在规模较大的城市实施。当前，中小城市的户籍管制已经完全放开，这是户籍改革进程中的一个阶段性成果。这一改革成果在当前和今后都有很重要的意义，因为在实现了城镇化由集中型向分散型转变之后，中小城市将吸纳远多于当前的农业转移人口，继续保持这些城市无门槛落户是户籍制度改革成功的保证。但是，仅仅放开中小城市的落户门槛是远远不够的。一方面，当前大多数农业转移人口仍以大城市为目的地，大城市是户籍制度改革真正的战场。东部发达地区的大城市和其他地区的省会城市已经聚集了大量没有本地户籍的外来人口，一些地方的外来人口数量甚至超过了本地户籍人口。如果不加快大城市的户籍改革，这些非本地户籍的农业转移人口将无法融入城市，未来他们将面临严重的家庭分居和文化冲突，可能会给社会带来矛盾。可以说，没有大城市户籍门槛的实质性降低，户籍制度改革也就不会有实质性成果。另一方面，不推动特大城市实质性的户籍改革，就无法使特大城市退出户籍管制的自增强机制。在户籍管制的自增强机制下，特大城市加强户籍管制会降低对应于一定规模经济效应的公共品拥挤效应，从而提高城市的最优人口规模水平，促使人口进一步向特大城市集中，使得分散型城镇化无法实现，长期来看不利于户籍制度改革。而放松户籍管制则可以使公共品拥挤效应上升到与人口规模经济效应相对称的水平，并降低最优城市规模理论值。因此，放松户籍管制反而是特大城市人口疏解的有效途径。由此可见，将放开落户从中小城市推广到大城市，无论是在短期还是长期，都是有效推进户籍制度改革的必然选择。

其次，户籍一元化改革不能仅针对本地农业转移人口，而要惠及更多外来农业转移人口。城市内部福利分配的失衡包括城市居民和农村居民之间的福利分配不均以及本地居民和外来居民福利分配的不均。在改革开放初期，城乡差距是城市内部福利分配差距的主要形式。而近年来，本地居民和外来人口的差距已经成为城市内部福利分配差距的主要形式。因此，如果户籍一元化改革仅仅是把城市本地的农业户口和非农业户籍统一为居民户口，则改革的象征意义远大于实际意义。更重要的是，在比较完善的土地制度与户籍制度联动改革机制尚未建立起来之前，行政力量推动的"农转非"或"村改居"将很有可能造成不公平并引发社会冲突。因此，只有把推动外来人口的市民化作为户籍制度改革的重点，而非仅仅实施局限于本地城乡居民的户籍一元化，户籍制度改革才有可能取得实际效果。

再次，非户籍人口落户的重点不能仅集中于人才，而应惠及农业转移人口。在新一轮户籍制度改革进程中，特大城市和部分大城市普遍采取了积分落户制度。从目前各城市出台的积分落户制度实施方案来看，积分分值的设置明显偏向于高学历、年纪轻、有技能、有住房、有投资的高人力资本禀赋人群，而普通农业转移人口与获得落户所需分值往往相去甚远。各城市实施积分落户制度是出于自身利益的最大化：既然要吸纳非户籍人口落户并产生落户成本，那就不如接纳能为城市做出更大贡献的高素质劳动者落户，使得城市财政的净收益最大化。但是，如果所有大城市同时采取人才导向的积分落户制度，以学历等人力资本因素作为落户筛选条件，将对户籍制度改革产生巨大的负外部性，并且也有违人人平等的原则。因此，各地应在户籍改革顶层设计进行相应调整的基础上，降低学历、职称、投资等与人力资本水平相关指标的积分权重，而以连续合法稳定居住和就业以及参加城镇社保一定年限等反映进城定居时间的指标作为积分的主要依据，促进有能力在城镇稳定就业和生活的农业转移人口举家进城落户，使户籍制度改革的路径与目标一致。

最后，户籍制度改革不能仅由地方政府推动，而应突出中央政府顶层设计的作用。由于各地实际情况的差异性，户籍制度改革的具体推动者必然是地方政府，但是与户籍挂钩的各项具体公共服务制度的改革却绝非地方政府靠自身力量所能推动的。若无来自上级，尤其是中央政府的指导性政策、跨区的协调并对人口流入和流出较多的地方政府施加特殊的政策，跨区乃至跨省的户籍制度改革问题基本上很难得到解决。例如，一些外部性较强的公共服务（如社会保险、义务教育等）的利益均等化改革，本身就需要通过提高福利统筹层次来解决，这些公共服务的实现由中央层面的统筹安排与相关领域户籍制度改革的成功实际上是同一枚硬币的两面。因此，必须强化中央政府对户籍制度改革的主体责任，通过加强顶层设计、推动宏观制度层面的变革来确保地方政府推动户籍制度改革的成效。

第六章

购房、城市福利与农业转移人口落户意愿

在推动农业转移人口落户进程中，落户意愿是一个绕不过去的问题。如本书前面章节所述，当前农业转移人口落户的意愿并不强，而农业转移人口的落户意愿受到多方面因素的影响，在众多影响因素中，农业转移人口的购房行为和所在城市的福利水平是两个重要因素。城市住房和城市福利是农民变为市民的最主要的成本和收益，城市住房本身所附带的特定区位的公共服务也是对户籍的某种替代。因此，准确把握购房和城市福利对农业转移人口落户意愿的影响，有助于我们更加深入地理解市民化问题。

一 购房和城市福利对农业转移人口落户意愿的作用机制

城市住房是影响农业转移人口落户意愿的一个非常微妙的因素：一方面，农业转移人口普遍把买不起城市正规住房作为不愿意落户的主要原因之一；[①] 另一方面一旦实现了城市住房梦，反而又不愿意退出农村土地承包

---

① 刘涛、陈思创、曹广忠：《流动人口的居留和落户意愿及其影响因素》，《中国人口科学》2019 年第 3 期。

权，希望留住农村的根。① 此外，鉴于城市的公共服务和社会福利大多附着于区位，享受城市公共服务往往需要以购房为前提条件，② 拥有城市住房与城市福利水平对落户意愿也可能存在一定的交互作用。那么，上述几个因素对农业转移人口落户意愿的影响机制究竟如何？购买城市住房的农业转移人口是更愿意落户成为市民，还是反过来更不愿放弃农村户口？城市住房和城市福利之间的交互作用机制如何？搞清楚上述几个问题，可以让我们更加清晰地理解农业转移人口的落户意愿诉求，而且对制定更为有效的农业转移人口落户促进政策，推动农业转移人口市民化具有重要的帮助。

（一）相关文献评述

从已有文献来看，影响农业转移人口落户意愿的影响因素包括个体、家庭、地域、制度等多个方面。其中，个体层面的因素主要包括年龄、性别、教育水平、就业质量和稳定性等人口学和社会学特征，③④⑤ 以及认知、态度、幸福感等内在心理因素。⑥⑦ 家庭层面的因素包括最大化家庭收益和最小化家庭风险⑧、子女生活与教育状况⑨等。地域层面的因素则包括户籍地

---

① 王常伟、顾海英：《城镇住房、农地依赖与农户承包权退出》，《管理世界》2016 年第 9 期。
② 郑思齐、廖俊平、任荣荣等：《农民工住房政策与经济增长》，《经济研究》2011 年第 2 期。
③ 赵西亮：《教育、户籍转换与城乡教育收益率差异》，《经济研究》2017 年第 12 期。
④ 胡继亮、李栋、李邱帆：《非农就业、农民工进城落户意愿与城镇化区位选择——基于微观调查数据》，《农林经济管理学报》2019 年第 5 期。
⑤ F. Hu, Z. Xu, Y. Chen, "Circular Migration, or Permanent Stay? Evidence From China's Rural-Urban Migration", *China Economic Review*, 2011, 22（1）：64-74.
⑥ 黄嘉文：《农民工入户意愿及其影响因素研究——基于 2009 年广东省农民工调查数据分析》，《人口与经济》2012 年第 2 期。
⑦ 张鹏、郝宇彪、陈卫民：《幸福感、社会融合对户籍迁入城市意愿的影响——基于 2011 年四省市外来人口微观调查数据的经验分析》，《经济评论》2014 第 1 期。
⑧ Y. Zhu, "China's Floating Population and Their Settlement Intention in the Cities: Beyond the Hukou Reform", *Habitat International*, 2007, 31（1）：65-76.
⑨ 张翼：《农民工"进城落户"意愿与中国近期城镇化道路的选择》，《中国人口科学》2011 年第 2 期。

的农地流转情况①、迁入地城市的经济社会发展水平、迁入地城市的房价状况、② 在迁入地城市工作的时间、③ 老家与迁入地城市距离④等。此外，企业劳动关系等制度层面的因素也影响着农业转移人口在流入地城市的落户意愿。⑤

　　已有文献虽然对农业转移人口落户意愿影响因素的分析已经比较全面，但以购房和城市福利水平作为落户意愿解释变量的研究并不充分。例如，赵文哲等的研究表明，城市房价升高造成的生活成本增加使农业转移人口更不愿意落户现居城市，但是这一研究并未阐明高房价是如何通过影响农业转移人口的购房行为这一中介变量进而影响落户意愿的作用机制，并且很难完全克服其中的内生性问题。⑥ 再如，林李月、朱宇把基于微观调查数据算出的每个城市流动人口的平均户籍迁移意愿，对通过主成分分析得到的城市各因素进行回归，发现城市的经济社会发展水平是影响流动人口落户意愿的核心因素，⑦ 但这种方法并未区分出城市经济社会发展水平中户籍福利和非户籍福利对落户意愿的不同影响，并且每个城市流动人口的落户意愿平均值仍然是一个城市层面的宏观指标，以这一指标为因变量并不足以解释作为微观个体的农业转移人口的落户意愿影响因素。

　　在研究广义的农业转移人口市民化影响因素的文献中，对城市住房和城市福利的考察相对较多一些。例如，在对城市住房的考察方面，韩俊强发

①　陈丹、任远、戴严科：《农地流转对农村劳动力乡城迁移意愿的影响》，《中国农村经济》2017 年第 7 期。

②　董昕：《住房支付能力与农业转移人口的持久性迁移意愿》，《中国人口科学》2015 年第 6 期。

③　赵艳枝：《外来人口的居留意愿与合理流动——以北京市顺义区外来人口为例》，《南京人口管理干部学院学报》2006 年第 4 期。

④　夏怡然：《农民工定居地选择意愿及其影响因素分析——基于温州的调查》，《中国农村经济》2010 年第 3 期。

⑤　韩清池、谌新民：《劳动关系对农民工入户中小城镇意愿的影响——基于广东省 151 家企业的调查》，《中国人口科学》2016 年第 5 期。

⑥　赵文哲、边彩云、董丽霞：《城镇化、城市房价与农村流动人口户籍迁移》，《财经问题研究》2018 年第 6 期。

⑦　林李月、朱宇：《中国城市流动人口户籍迁移意愿的空间格局及影响因素——基于 2012 年全国流动人口动态监测调查数据》，《地理学报》2016 年第 10 期。

现，相较于工地厂棚集体宿舍，自有住房和租房者的融入度更高；① Zhu 和 Chen 发现，更好的住房条件提高了流动人口定居城市的意愿[24]；祝仲坤的研究表明，住房公积金缴存对新生代农民工留城意愿有促进作用。② 在对城市福利的考察方面，杨晓军发现，城市公共服务质量有利于促进人口向城市流动，医疗服务质量的总体贡献程度最大。③ 杨义武等发现基础设施和社会福利等地方公共品的供给对人口迁移有显著正向影响。④

这些文献的确关注到了城市住房和城市公共服务水平等因素，但是并未聚焦于考察这些因素对农业转移人口落户意愿的影响，而是大多以定居意愿、留城意愿、退地意愿、迁移意愿、永久迁移、城市融入程度等与落户相关的概念为被解释变量。但事实上，在农业转移人口市民化问题的研究中，落户与这些广义的市民化概念之间的内涵差别非常大，如果不加区分，对同一解释变量进行回归分析，得出的其对农业转移人口市民化影响方向的结论很可能大相径庭。例如，王常伟等的研究表明，进行了农地流转的农业转移人口倾向于退出土地承包权，⑤ 而陈丹等却发现，对于外出农民工，农地流转削弱了农民转变户口的意愿。⑥ 再如，赵文哲等以及 Whalley 的研究表明，高房价下农业转移人口难以购房是阻碍其落户城市的原因，⑦⑧ 而王常伟的研究表明，拥有城市住房反而抑制了农地的退出。由此可见，一个概念明确的被解释变量对这类问题的研究是十分重要的。鉴于此，本节将被解释变量

---

① 韩俊强：《农民工住房与城市融合——来自武汉市的调查》，《中国人口科学》2013 年第 2 期。

② 祝仲坤：《住房公积金与新生代农民工留城意愿——基于流动人口动态监测调查的实证分析》，《中国农村经济》2017 年第 12 期。

③ 杨晓军：《城市公共服务质量对人口流动的影响》，《中国人口科学》2017 年第 2 期。

④ 杨义武、林万龙、张莉琴：《地方公共品供给与人口迁移——来自全国地级以上城市的经验证据》，《中国人口科学》2017 年第 2 期。

⑤ 王常伟、顾海英：《城镇住房、农地依赖与农户承包权退出》，《管理世界》2016 年第 9 期。

⑥ 陈丹、任远、戴严科：《农地流转对农村劳动力乡城迁移意愿的影响》，《中国农村经济》2017 年第 7 期。

⑦ J. Whalley, S. Zhang, "A Numerical Simulation Analysis of (Hukou) Labour Mobility Restrictions in China", *Journal of Development Economics*, 2007, 83 (2): 392-410.

⑧ 赵文哲、边彩云、董丽霞：《城镇化、城市房价与农村流动人口户籍迁移》，《财经问题研究》2018 年第 6 期。

明确定义为农业转移人口落户意愿,以购买城市住房和包括各类公共服务在内的城市福利为核心解释变量,来对农业转移人口落户意愿的影响因素展开分析。

(二)理论分析与研究假设

购房成本是农业转移人口市民化成本的最主要组成部分,[1] 住房在社会分层体系中是一个非常重要的因素,[2] 而拥有城市正规住房也是农业转移人口能够实现向城市永久性迁移的基本条件之一。[3] 普遍认为,购买城市住房的农业转移人口应该更有能力也更有意愿在城市落户,国家也一向将这些在城市实现了稳定居住的优秀农民工作为推进落户的重点人群。但事实上,有着较强落户能力的优秀农民工未必有更强的落户意愿。研究表明,如果以购买城市商品房和就业身份为雇主的农业转移人口作为落户能力强的标志,则落户能力强的农业转移人口的落户意愿并不强烈,在各类农业转移人口的落户意愿中仅位居中游水平。[4] 相反,落户意愿较强的农业转移人口反而是购买了小产权房或保障房、借房居住的农业转移人口以及无业者。他们要么是在城镇化进程中被动失地从而生活无着,要么是务工不顺利而没有稳定的收入来源,由于缺少户籍制度的保障,在城市生活中面临种种困难的落魄打工者。这些落户意愿较强的农业转移人口有一个共同的特征,就是普遍因居住和就业面临着一定的合法性压力,而需要寻求制度上的认同感和安全感,落户就是他们谋求制度认同的一种有效手段。而对于那些已经在城市购买商品房和成功创业了的农业转移人口,反倒不需要通过落户来寻求这种认同感。对于这些能力较强的农业转移人口,由于已经适应和熟悉了城市生活,没有

---

① 陈广桂:《房价、农民市民化成本和我国的城市化》,《中国农村经济》2004 年第 3 期。
② 边燕杰、刘勇利:《社会分层、住房产权与居住质量——对中国"五普"数据的分析》,《社会学研究》2005 年第 3 期。
③ 李斌:《城市住房价值结构化:人口迁移的一种筛选机制》,《中国人口科学》2008 年第 4 期。
④ 邹一南:《农业转移人口落户新趋势与"十四五"时期市民化政策展望》,《宏观经济管理》2020 年第 10 期。

感受到心理压力和生活麻烦，迁移户籍的动力就大大降低。[①] 因此，落户对农业转移人口来说是一种需求层次较低的行为，买不起房的经济条件较差的农业转移人口更倾向于落户。有研究进一步认为，中国农民普遍具有一种实现从"小农"向"小资"转变的理想情怀，他们往往并不愿意成为靠工资和社保生活的城市产业工人，而是想当小老板，买房置业是他们的普遍追求，[②] 城里有套房，农村有块地，是农业转移人口理想的生活状态。从现实情况来看，在城市购房但并未落户的农业转移人口在流动人口中已占相当的比例。[③] 因此，对于经济条件较好并已经实现购房的农业转移人口，反而可能会更倾向于通过保留农村户口来确保他们在农村的土地权利。因此，本书提出第一个研究假设：

假设一：购房对农业转移人口的城市落户意愿有负面影响。

影响落户意愿的另一个重要因素是城市户口所附带的城市公共服务或福利。显然，与户籍挂钩的城市福利水平越高，户籍含金量越大，农业转移人口的落户意愿也就越强。但是，在本轮户籍制度改革进程中，越来越多的城市福利已经从户口上被剥离出来，成为普惠式的福利，许多城市的公共服务已可以仅凭居住证享有。[④] 在户籍福利或排他性公共服务的范围越来越小，非户籍福利或非排他性公共服务的范围越来越大的情况下，城市户籍所剩余的福利固然还有吸引力，但由于非户籍福利不通过落户即可得到，那么更高水平的非户籍福利则不应对农业转移人口的落户意愿有显著的促进作用，甚至可能因为非户籍福利更高，反而对农业转移人口通过落户获得户籍福利的行为产生替代效应。[⑤] 与此同时，教育、医疗、社保和就业服务等城市福利均是有形或无形地附着在住房上的，[⑥] 仅有城市的集体户口，而没

---

① 蔡禾、王进：《"农民工"永久迁移意愿研究》，《社会学研究》2007 年第 6 期。
② 温铁军：《城镇化是去城市化》，《中国房地产业》2014 年第 Z1 期。
③ 刘成斌、周兵：《中国农民工购房选择研究》，《中国人口科学》2015 年第 6 期。
④ 辜胜阻、李睿、曹誉波：《中国农民工市民化的二维路径选择——以户籍改革为视角》，《中国人口科学》2014 年第 5 期。
⑤ 邹一南：《城镇化的双重失衡与户籍制度改革》，《经济理论与经济管理》2014 年第 2 期。
⑥ 郑思齐、廖俊平、任荣荣等：《农民工住房政策与经济增长》，《经济研究》2011 年第 2 期。

有将户口落在房产上，或仅有公共户口，而没有特定公共服务所在城区的住房，其享受的城市福利也是受限制的。也就是说，城市福利的价值需要通过购房来彰显，两者存在着一定交互作用。因此，本书提出第二个研究假设：

假设二：城市户籍福利水平对农业转移人口落户意愿有正面影响，非户籍福利水平对农业转移人口落户意愿的影响为负或不显著，城市福利与购房之间对农业转移人口落户意愿具有正的交互效应。

在城市非户籍人口中，除了农业转移人口之外，还有一类是外来市民。外来市民与农业转移人口在对待落户问题的态度上有很大差别。对农业转移人口来说，户口迁移并不仅仅改变了其所能享受的经济福利，而是一个涉及经济、社会、文化等更为复杂因素的选择，是从农民到市民的身份转变。虽然正式制度已明确不能以退出农村土地承包经营权、宅基地使用权、集体收益分配权作为农业转移人口进城落户的条件，但是在农村基层治理实践和人们基于传统乡规民约的观念中，当户口从农村迁走后，包括土地权利在内的诸多农村集体成员权利也就随之弱化乃至消失。因此，农业转移人口在城市落户是要面临较高的机会成本的。与农业转移人口不同，外来市民本身拥有城市户口，他们之所以离开原籍地到大城市来工作或学习，就是为了实现职业层次和社会地位的提升。况且对城市居民来说，不存在农村土地的羁绊，在大城市落户不会涉及机会成本的问题，因此，当他们在通过购房满足最基本的体面居住条件之后，立刻就会向大城市身份认同这一更高的需求层次迈进，落户意愿自然会更高。另外，对农业转移人口来说，落户和定居是截然不同的，购房对农业转移人口落户意愿影响或许是负面的，但购买了城市住房的农业转移人口，理应是愿意在城市长期留居下去的。拥有城市住房对农业转移人口落户和定居的不同影响，也可以从一个侧面印证假设二中对农业转移人口落户意愿特点的判断。因此，本书提出第三个研究假设：

假设三：购房对城市外来市民落户意愿的影响与对农业转移人口不同，购房对外来市民的落户意愿有正面影响；购房对农业转移人口在城市的留居意愿与落户意愿的影响不同，购房对农业转移人口的城市留居意愿有正面影响。

二 购房和城市福利对农业转移人口落户意愿影响的实证分析

在本节，我们将利用 2017 年全国流动人口动态监测调查数据，以购房和城市福利为因素对农业转移人口落户意愿的影响进行实证研究。

（一）数据、模型和变量

1. 数据来源

实证分析使用的微观数据来源于国家卫健委 2017 年全国流动人口动态监测调查数据。根据研究的需要，本书保留数据库中户籍为农业户口和农业转居民户口且户籍地不在本地的被调查者样本，同时剔除调查地点在非城市主城区的县和县级市、新疆生产建设兵团、西藏自治区的样本，总样本容量为 101688 个。同时，根据被调查者所在城市的信息，相应地从相关年份的中国统计年鉴获取有关的城市宏观数据指标。

2. 基本模型

基于理论分析，城市住房和城市福利将对农业转移人口在城市的落户意愿存在影响，为了对理论分析得出的研究假设进行实证检验，在此建立如下基本计量模型：

$$regist_i = \beta_0 + \beta_1 house_i + \beta_2 hujiwel_i + \beta_{3nhujiwel\,i} + \beta_4 hujiwelhouse_i + \\ \beta_5 nhujiwelhouse_i + \beta_6 X_i + \beta_7 W_i + \varepsilon_i \tag{6.1}$$

其中，在被解释变量中，$regist_i$ 是被调查者 i 的落户意愿，当被问及"如果符合本地落户条件，您是否愿意把户口迁入本地"时，被调查者 i 回答"愿意"，则变量取值为 1；回答"不愿意"或"没想好"，则变量取值为 0。解释变量中，$house_i$ 是购房，当被问及"您现在住房属于下列哪种性质时"，被调查者 i 选择"自购商品房""自购保障性住房""自购小产权住房""自建房"时，变量取值为1；选择"单位/雇主房""租住私房（合租或整租）""政府提供公租房""借助房""就业场所""其他非正规居所"时，则变量取值为0。$hujiwel_i$ 和 $nhujiwel_i$ 分别是被调查者 i 所在城市的户籍福利和非户籍福利；$hujiwelhouse_i$ 和 $nhujiwelhouse_i$ 分别是户籍福利和非户籍福利与购房的交互项。X_i 和 W_i 分别是个体层面和城市层面的一组控制变量。

3. 变量设置及描述

对于户籍福利和非户籍福利水平，本书利用基于城市福利水平的指标体系所测算出的户籍福利和非户籍福利指数得分结果（见表5-4），在此不再重复论述。基本回归模型中所涉及的全部被解释变量、解释变量和控制变量的含义和描述性统计情况如表6-1所示。

表6-1　变量含义和描述性统计

变量名称	变量含义与赋值	均值	标准差
被解释变量			
落户意愿*	愿意落户=1,不愿意或没想好=0	0.380	0.485
解释变量			
购房**	自购商品房、保障房、小产权房、自建房=1,单位房、租住私房、公租房、借住房、就业场所、其他=0	0.244	0.429
户籍福利	教育、医疗卫生、社会保障三个二级指标加权指数	18.5	7.05
非户籍福利	市政建设、公共设施、舒适度三个二级指标加权指数	11.2	4.15
控制变量			
年龄	调查对象的年龄(单位:岁)	36.0	10.6
性别	男性=1,女性=0	0.511	0.500
婚姻	已婚=1,未婚=0	0.814	0.389
教育年限	接受正规学历教育的年数(单位:年)	9.90	3.13
本次流动时间	流动到本地的年数(单位:年)	6.22	5.99
党员	党员=1,非党员=0	0.0344	0.182
汉族	汉族=1,其他民族=0	0.0708	0.257
跨省流动	户籍地与本地非同一省份=1,其余=0	0.463	0.499
省内跨市流动	户籍地与本地为同一省份但非同一地级市=1,其余=0	0.348	0.476
雇主	雇主=1,受雇于雇主、自营劳动者、未工作=0	0.0447	0.207
自雇	自营劳动者=1,雇主、受雇于雇主、未工作=0	0.283	0.450

续表

变量名称	变量含义与赋值	均值	标准差
受雇	受雇于雇主＝1,雇主、自营劳动者、未工作＝0	0.427	0.495
承包地	户籍地老家有承包地＝1,没有或不清楚＝0	0.535	0.499
宅基地	户籍地老家有宅基地＝1,没有或不清楚＝0	0.696	0.460
愿意融入本地人	完全不同意＝1,不同意＝2,基本同意＝3,完全同意＝4	2.33	0.628
感觉本地人愿意接纳我	完全不同意＝1,不同意＝2,基本同意＝3,完全同意＝4	2.25	0.623
感觉被本地人看不起	完全不同意＝1,不同意＝2,基本同意＝3,完全同意＝4	0.938	0.732
所在城市常住人口规模	调查地城市市辖区的常住人口规模(单位:万人)	199	301
所在城市人均GDP	调查地城市市辖区的人均GDP(单位:元)	64024	24546
所在城市产业结构	调查地城市市辖区第三产业与第二产业增加值之比	1.30	0.716
所在城市市场化水平	调查地市辖区个体私营就业人数/城镇单位就业人数	1.22	0.673
所在城市就业率	调查地市辖区(个体私营就业+城镇单位就业)/常住人口	0.373	0.170

注：＊在全部农民工样本中，表示"愿意落户"的占 38.0%，"不愿意落户"的占 35.3%，"没想好"的占 26.7%。

＊＊在全部农民工样本中，自购商品房的占 18.5%，自购保障性住房的占 0.839%，自购小产权房的占 2.44%，自建房的占 2.58%。

（二）回归结果分析

1.基本模型回归分析

基于上述分析和数据，本书首先考察购房对农业转移人口落户意愿的影响。在回归模型中，先只加入购房解释变量，暂时不纳入城市福利变量和交互项，在不考虑内生性问题的基础上，购房与城市福利对落户意愿的交互作用初步检验结果如表 6-2 所示。模型一和模型二分别报告了不纳入城市福利变量和交互项的 OLS 和 Probit 回归结果，可以看出，购房的回归系数均显著为负。这说明，拥有城市住房对农业转移人口的落户意愿有明显的负面影响，从而可以初步验证假设一。

表 6-2　购房与城市福利对落户意愿的交互作用初步检验结果

变量	模型一 OLS	模型二 Probit	模型三 Probit	模型四 Probit	模型五 Probit
购房	-0.0539 *** (0.00360)	-0.159 *** (0.0107)	-0.154 *** (0.0107)	-0.633 *** (0.0326)	-0.245 *** (0.0139)
户籍福利			0.0263 *** (0.00122)	0.0210 *** (0.00127)	0.0277 *** (0.00123)
非户籍福利			0.00543 *** (0.00133)	0.00458 *** (0.00148)	0.00489 *** (0.00133)
户籍福利×购房				0.0292 *** (0.00196)	
非户籍福利×购房				-0.00188 (0.00279)	
城市人口规模×购房					0.000146 *** (0.0000141)
年龄	-3.85E-4 ** (1.69E-4)	-0.00123 ** (5.02E-4)	-8.86E-4 * (5.04E-4)	-0.00115 ** (5.05E-4)	-9.79E-4 * (5.04E-4)
性别	-0.0846 *** (0.00842)	-0.246 *** (0.0254)	-0.194 *** (0.0257)	-0.194 *** (0.0258)	-1.97 *** (0.0258)
婚姻	0.0142 *** (0.00458)	0.0383 *** (0.0135)	0.0350 ** (0.0136)	0.0371 *** (0.0136)	0.0372 *** (0.0136)
教育年限	0.0100 *** (0.000540)	0.0298 *** (0.00161)	0.0309 *** (0.00161)	0.0294 *** (0.00162)	0.0303 *** (0.00161)
本次流动时间	0.00336 *** (2.60E-4)	0.00956 *** (7.59E-4)	0.0102 *** (0.00190)	0.00998 *** (0.00190)	0.0104 *** (0.00190)
党员	0.00808 (0.00791)	0.0179 (0.0233)	0.0173 (0.0233)	0.0179 (0.0234)	0.0179 (0.0234)
汉族	0.0418 *** (0.00558)	0.122 *** (0.0164)	0.123 *** (0.0165)	0.125 *** (0.0165)	0.123 *** (0.0165)
跨省流动	0.0438 *** (0.00442)	0.128 *** (0.0133)	0.0939 *** (0.01324)	0.0904 *** (0.0134)	0.0848 *** (0.0135)
省内跨市流动	0.0304 *** (0.00423)	0.0926 *** (0.0127)	0.133 *** (0.0130)	0.127 *** (0.0130)	0.127 *** (0.0130)
雇主	-0.0226 *** (0.00789)	-0.0681 *** (0.0234)	-0.0876 *** (0.0246)	-0.0862 *** (0.0247)	-0.842 *** (0.0247)

续表

变量	模型一	模型二	模型三	模型四	模型五
	OLS	Probit	Probit	Probit	Probit
自雇	-0.0210 ***	-0.0594 ***	-0.0704 ***	-0.0631 ***	-0.06564 ***
	(0.00420)	(0.0125)	(0.0142)	(0.0142)	(0.0142)
受雇	-0.00118	-0.00416	-0.0315 **	-0.0231 *	-0.0272 **
	(0.00393)	(0.0116)	(0.0133)	(0.0133)	(0.0133)
承包地	-0.0538 ***	-0.159 ***	-0.155 ***	-0.154 ***	-1.55 ***
	(0.00312)	(0.00923)	(0.00926)	(0.00927)	(0.00926)
宅基地	-0.0351 ***	-0.103 ***	-0.101 ***	-0.100 ***	-0.102 ***
	(0.00341)	(0.0100)	(0.0100)	(0.0101)	(0.0101)
愿意融入本地人	0.173 ***	0.538 ***	0.519 ***	0.518 ***	0.518 ***
	(0.00297)	(0.00933)	(0.0101)	(0.0101)	(0.0101)
感觉本地人愿意接纳我	-0.0146 ***	-0.0570 ***	-0.0612 ***	-0.0628 ***	-0.0619 ***
	(0.00307)	(0.00929)	(0.00943)	(0.00944)	(0.00943)
感觉被本地人看不起	0.00895 ***	0.0285 ***	0.0256 ***	0.0252 ***	0.0249 ***
	(0.00205)	(0.00610)	(0.00612)	(0.00613)	(0.00612)
所在城市常住人口规模	7.33E-5 ***	2.03E-4 ***	1.13E-4 ***	1.22E-4 ***	7.00E-5 ***
	(2.39E-6)	(6.97E-6)	(8.24E-6)	(8.27E-6)	(9.25E-6)
所在城市人均 GDP 对数	0.0824 ***	0.256 ***	0.00242	-0.0187	0.00184
	(0.00507)	(0.0152)	(0.0194)	(0.0194)	(0.0194)
所在城市产业结构	0.0432 ***	0.126 ***	0.0801 ***	0.0832 ***	0.0850 ***
	(0.00190)	(0.00559)	(0.005897)	(0.00598)	(0.00599)
所在城市市场化水平	-0.0264 ***	-0.0773 ***	-0.0602 ***	-0.0698 ***	-0.0674 ***
	(0.00277)	(0.00828)	(0.00837)	(0.00841)	(0.00841)
所在城市就业率	1.43E-4 ***	4.14E-5 ***	3.53E-5 ***	3.97E-5 ***	3.57E-5 ***
	(1.24E-6)	(3.66E-6)	(3.68E-6)	(3.70E-6)	(3.69E-6)
R^2	0.136	0.109	0.113	0.115	0.114
样本量	101688	101688	101688	101688	101688

注：*、**、*** 分别表示在 10%、5%、1%水平上显著，括号内为回归标准误。

模型三报告了将城市户籍福利和非户籍福利加入回归后的结果，可以发现，购房的回归系数与模型二的回归系数的大小和符号基本一致，即保有城市住房对农业转移人口落户意愿有显著的负面影响。城市福利指标中，户籍福利的回归系数显著为正，这一点与假设二相符，更高的户籍含金量当然使得农业转移人口更愿意转变户口。非户籍福利的回归系数也显著为正，这与假设二"非户籍福利水平对农业转移人口落户意愿的影响为负或不显著"的判断不符。也就是说，尽管道路、交通、绿化、生活设施等城市非户籍福利的享有不需要以拥有城市本地户口为条件，但如果这些非户籍福利水平高，同样也会对农业转移人口落户意愿有正面影响。

模型四添加了城市福利与购房的交互项。购房、户籍福利和非户籍福利等核心变量的回归系数符号和显著性水平并未发生明显变化。户籍福利与购房的交互项系数显著为正，表明两者的交互效应存在。也就是说，拥有城市购房会提升城市户籍福利对农业转移人口落户的促进作用，这与假设二相符。非户籍福利与购房的交互效应为负，并且不显著，说明仅从初步检验结果看，没有证据表明拥有城市购房会提升城市非户籍福利对农业转移人口落户的促进作用。

模型四还揭示出一个重要的结论：考察购房对落户意愿的偏效应可以发现，由于购房的回归系数为负，户籍福利与购房交互项的回归系数为正，则随着城市户籍福利水平的提高，购房对农业转移人口落户意愿的影响将由负转正，转折点在户籍福利为 21.68（0.633/0.0292）的位置。也就是说，根据初步回归结果，当城市的户籍福利小于 21.68 时，购房对落户意愿的影响为负；当户籍福利大于 21.68 时，影响为正。即只有在户籍福利较高的大城市中，购房才对农业转移人口落户意愿有正面影响。

模型五进一步通过添加城市人口规模与购房的交互项对上述结论进行验证，回归结果显示，城市规模与户籍福利的交互项为正，而购房对落户意愿影响的转折临界点在 1678 万人的城市规模[①]，也就是说，在市辖区常住人口规模小于 1678 万的城市，购房对农业转移人口落户意愿有负面影响；而市辖区常住人口规模大于 1678 万的城市，购房对农业转移人口落户意愿有

[①] 该数据来自表 6-2 第 5 列"购房"系数与"城市人口×购房"系数的比值，即落户意愿/购房 = 0.245/0.000146 = 1678，为城市规模临界值。

正面影响。而根据"七普"数据，全国市辖区常住人口在 1678 万以上的城市只有上海、北京、重庆，1000 万以上的城市也仅有上海、北京、重庆、天津、广州、深圳、武汉、成都、杭州、西安 10 个。虽然模型五的结论中关于转折点出现的位置所对应的城市数量与模型六有一定出入，但它们都反映了同一个现象，即农业转移人口只有在少数户籍福利较高的特大城市购房，才会对其落户意愿有正面影响。除此之外的绝大多数其他城市，购房对落户的偏效应均为负。

2.内生性和稳健性检验

由于购房与落户意愿之间存在双向因果问题，同时还有一些不可观察因素的遗漏，上述回归中的回归系数可能存在偏误。因此，本书用工具变量法重新对基本模型进行回归。对于工具变量的选择，本书借鉴王春超、张承莎的做法，选择被调查者所在城市的区中，除自己以外的其他被调查者的平均购房率作为购房行为的工具变量。由于被调查的农业转移人口所在区中其他农业转移人口的购房率与其自身的购房行为有关，但与被调查者的落户意愿无关，因此工具变量满足内生性和外生性条件。内生性和稳健性检验结果如表 6-3 所示。从模型回归结果看，Wald 检验拒绝了不存在内生性问题的原假设，第一阶段回归的工具变量系数为正，并且十分显著。

表 6-3　内生性和稳健性检验结果

变量	模型六	模型七	模型八	模型九
	IV Probit	IV Probit	IV Probit	IV Probit
第一阶段回归				
所在城市的区除自己以外其他人的购房率	0.792 *** (0.00673)	0.137 *** (0.00290)	0.141 *** (0.00346)	0.139 *** (0.00289)
第二阶段回归				
购房	−0.329 *** (0.0308)	−1.56 *** (0.188)	−1.77 *** (0.213)	−1.39 *** (0.185)
户籍福利	0.0258 *** (0.00123)	0.0160 *** (0.00163)	0.0187 *** (0.00188)	0.0170 *** (0.00162)

续表

变量	模型六	模型七	模型八	模型九
	IV Probit	IV Probit	IV Probit	IV Probit
非户籍福利	0.00556***	−0.00400*	−0.00441	−0.00235
	(0.00133)	(0.00241)	(0.00286)	(0.00238)
户籍福利×购房		0.0552***	0.0582***	0.0511***
		(0.00556)	(0.00583)	(0.00550)
非户籍福利×购房		0.0331***	0.0424***	0.0263***
		(0.00752)	(0.00907)	(0.00742)
其他变量	控制	控制	控制	控制
R^2	0.139	0.136	0.167	0.137
Wald test chi2 值 (P-value)	36.56 (P=0.000)	25.32 (P=0.000)	27.86 (P=0.000)	17.61 (P=0.000)
样本量	101688	101688	74555	101688

注：*、**、***分别表示在10%、5%、1%水平上显著，括号内为回归标准误。

　　模型六为不添加交互项的工具变量回归结果。回归结果显示，核心解释变量的符号和显著性水平均符合研究假设。模型七为添加了交互项的工具变量回归结果，在核心变量中，购房、户籍福利及其与购房交互项的回归系数符号和显著性水平均符合预期并与模型六相一致。由购房、户籍福利与购房的交互项计算的购房对落户意愿的偏效应转折点发生了略微的变化，购房偏效应由负转正的点从模型六的21.68提升到了28.26。非户籍福利及其与购房的交互项发生了变化，其中非户籍福利系数符号为负，并且显著性水平下降，仅在10%水平上显著，这验证了研究假设二的判断，即非户籍福利对农业转移人口落户意愿为负或不显著，而模型四的结论很可能是因为未考虑内生性问题造成的偏误。非户籍福利与购房的交互项符号为正，并且在1%水平上显著，这可能是由于非户籍福利虽然不依赖户籍获得，但其获取需要基于一定的区位因素，购房可以提升农业转移人口享受非户籍福利的确定性和便捷性，并间接提升了农业转移人口在城市落户的意愿。

　　接下来对模型的稳健性进行简单的检验。一方面，本书将考虑虚拟被解释变量落户意愿的设置方式，调查中回答"愿意落户"的仍然取值为 1，明确表示"不愿意"的取值为 0，同时删除所有回答"没想好"的样本。新的回归结果列在模型八中，样本数量变为 74555 个。从结果上看，相对于模型七，除了非户籍福利的系数由 10% 显著性水平上显著变为不显著外，其余核心解释变量的符号和显著性水平均保持一致。另一方面，本书将购房解释变量改为仅自购商品房的样本取值为 1，其余取值为 0。新的回归结果列在模型九中，购房解释变量的系数仍然为负，并且十分显著，其余核心解释变量的回归结果也与模型七基本一致，表明回归结果是稳健的。

三　基于迁移人口和迁移行为的异质性分析

之前的工具变量回归结果是将所有样本放在一起进行回归，得到的是购房和城市福利对农业转移人口落户意愿的平均效应。但是，农业转移人口是一个异质性很强的群体，对于不同受教育程度和职业类型的农业转移人口，各核心解释变量的影响效果可能不尽相同。同时，购房对农业转移人口和外来市民的落户意愿影响，以及购房对农业转移人口落户和留居意愿的影响也可能会有所不同。因此，需要进行异质性分析。

（一）购房和城市福利对不同类型农业迁移人口落户意愿影响的异质性分析

模型十和模型十一分别显示了未受过和受过高等教育的农业转移人口样本的回归结果。可以发现，按教育水平分样本回归结果相对于模型七的全样本回归结果，其核心解释变量的系数符号和显著性水平特征均得到保持，但在数值大小上有一定区别。相对于未受过高等教育的农业转移人口，购买城市住房对受过高等教育的农业转移人口落户意愿的负面影响更大，这说明购买城市住房使受过高等教育的农业转移人口更不愿意落户城市。对此现象的解释是：受过高等教育的农业转移人口是更自信的一类群体，他们更少地有"不被本地人接纳"和"被本地人看不起"的感受。根据表 6-2 基本模型中控制变量的回归结果，"感觉本地人愿意接纳我"的系数为负，"感觉被本地人看不起"的系数为正，说明越感到不被本地人接纳和被本地人看不起的农业转移人口，越有落户意愿，越希望通过落户来寻求身份认同感和安全感。对于受过高等教育的农业转移人口，其本身的不被接纳感和被歧视感就弱，通过落户获得认同感的需要也就更弱，而购房对这种融入感的强化效应使其更加不需要通过转户来获得身份地位等方面的认同。表6-2中"愿意融入本地人"的系数为正，说明越有强烈的希望融入本地人愿望的农业转移人口，落户意愿就越强，而购房可以看成一种对融入本地人预期的实现，因此，购房后这种渴望融入本地人的愿望就会减弱，落户意愿也就随之下降。两类农业转移人口的户籍福利系数均为正，从交互项系数来看，受过高等教育的农业转移人口户籍福利与购房的交互效应比未受高等教育的农业转移人口更强，受过高等教育的农业转移人口非户籍福利项系数显著为负，但非户籍福利与购房的交互效应显著为正，并且大于未受过高等教育的农业转移人口。

表6-4中异质性分析结果表明，模型十二、十三、十四分别显示了受雇、自雇和雇主三种职业类型的农业转移人口样本的回归结果。可以发现，拥有城市住房对这三种职业类型农业转移人口的落户意愿影响均为负，而雇主的负面影响最大，自雇者其次，受雇者最小。这一现象的解释仍可归结为城市融入感，即经济地位更高的农业转移人口有着更强的城市融入感，购房强化了这种感受，使其更不需要通过转户来获得身份地位的认同。由于在经济地位方面，雇主依次高于自雇者和受雇者，因此作为雇主的农业转移人口"不被本地人接纳"和"被本地人看不起"的感受就更弱，对尽快"融入本地人"的渴望就更低，落户意愿就会更弱，而购房更加强化了雇主农业转移人口的这种感受，使其落户意愿相对于自雇和受雇的农业转移人口而言，减弱的程度就更强。这三类农业转移人口样本的户籍福利系数均为正，但雇主样本的系数不显著；受雇者的非户籍福利系数为正但不显著，自雇者的非户籍福利系数为负且不显著，雇主的非户籍福利系数显著为负。对此的解释是，拥有较高的经济地位的雇主不会被有限

的城市福利所吸引而选择落户，越是经济地位较低的农业转移人口，越会为了更高的城市福利而选择落户。三类农业转移人口的两个交互项系数均为正，但受雇者样本的非户籍福利与购房交互项系数不显著。

表 6-4　异质性分析结果

	模型十	模型十一	模型十二	模型十三	模型十四
	未受过高等教育	受过高等教育	受雇	自雇	雇主
购房	-1.49*** (0.210)	-2.09*** (0.481)	-0.817*** (0.0509)	-1.98*** (0.430)	-3.04*** (0.919)
户籍福利	0.0160*** (0.00174)	0.0137*** (0.00475)	0.0156*** (0.00175)	0.0225*** (0.00386)	0.00638 (0.0102)
非户籍福利	-2.98E-3 (0.00673)	-0.0237** (0.00915)	4.06E-4 (0.00203)	-0.00725 (0.00482)	-0.0372** (0.0156)
户籍福利×购房	0.0533*** (0.00673)	0.0650*** (0.0109)	0.0343*** (0.00290)	0.0741*** (0.0166)	0.0872*** (0.0230)
非户籍福利×购房	0.0310*** (0.00786)	0.0524** (0.0220)	0.00624 (0.00411)	0.0398*** (0.0133)	0.0902** (0.0386)
其他变量	控制	控制	控制	控制	控制
R^2	0.129	0.142	0.120	0.115	0.125
Wald test chi2 值 (P-value)	18.06 (0.000)	8.24 (0.004)	2.14 (0.143)	14.84 (0.000)	8.10 (0.004)
样本量	88069	13619	50416	28711	4544

注：*、**、*** 分别表示在10%、5%、1%水平上显著，括号内为回归标准误。模型十四的 Wald 检验不能拒绝外生性，因此该列报告的结果为 probit 回归结果。

（二）购房对外来市民和农业转移人口落户意愿影响的异质性分析

前面的分析表明，购买城市住房对农业转移人口的落户意愿有负面影响，对农业转移人口群体的异质性分析结果也表明，经济条件更好的农业转移人口群体，购房对其落户城市意愿的负面影响更大，这验证了理论分析部分"假设一"对农业转移人口人生理想的分析，即农业转移人口追求从"小农"向"小资"转变而非向城市产业工人转变，在具备一定的经济条件时，他们倾向于更多地买房置业而非在制度上转变为市民，因而即使在城市稳定就业定居了也不愿意为城市户口放弃农村户口。为了进一步验证假设三，即购房对农业转移人口和外来市民落户意愿影响的不同，本书对外来市民和农业转移人口两个样本分别进行回归分析，并对比两个样本的回归中购房变量的系数。

选取 2017 年全国流动人口动态监测调查数据中，户籍为非农户口或非农转居民户口且户籍地不在本地的样本，共 17417 个。对这些外来市民构成的样本进行回归，得到的结果列在表 6-5 中。可以发现，无论是在简单回归、仅添加城市福利变量还是添加交互项和其他控制变量的情况下，购房变量的 Probit 和 IVProbit 系数都为正。这表明，作为本身就拥有城市户籍的外来市民来说，其人生目标与农业转移人口截然不同，购房只是其融入城市的第一步，在满足正规住房需要之后，他们下一步的目标就是在身份上真正成为一个大城市人。因此，与农业转移人口购买城市住房后对其落户意愿有负面影响相反，购买城市住房对外来市民的落户意愿有促进作用，回归分析的结果验证了假设三。同时，在城市购买住房会放大户籍福利对落户意愿的促进作用，但是购房并不会放大非户籍福利对落户的促进作用。

户籍福利和非户籍福利变量的系数也显著为正，户籍福利与购房的交互项系数显著为正，而非户籍福利与购房的交互项系数为负且不显著。这表明，外来市民同样关注城市的福利水平，更高的户籍含金量和非户籍福利都有助于其提升落户意愿。

表 6-5 购房和城市福利对外来市民落户意愿的影响

	模型十五	模型十六	模型十七	模型十八
	OLS	Probit	Probit	IV Probit
购房	0.0501 *** （0.00762）	0.158 *** （0.0240）	0.263 *** （0.0707）	0.448 （0.567）
户籍福利			0.0203 *** （0.00327）	0.0239 *** （0.00434）

续表

	模型十五	模型十六	模型十七	模型十八
	OLS	Probit	Probit	IV Probit
非户籍福利			0.0165*** (0.00419)	0.0303** (0.0117)
户籍福利×购房			0.0237*** (0.00348)	0.0131 (0.00908)
非户籍福利×购房			−9.56E−4 (6.27E−3)	−0.0388 (0.0306)
其他变量	未控制	未控制	控制	控制
R^2	0.187	0.161	0.169	0.136
Wald test chi2 值（P-value）				1.61 (0.205)
样本量	17417	17417	17417	17417

注：*、**、*** 分别表示在 10%、5%、1% 水平上显著，括号内为回归标准误。模型十七的 Wald 检验不能拒绝外生性，因此该列报告的结果为 probit 回归结果。

（三）购房对农业转移人口落户和留居意愿影响的异质性分析

农业转移人口不愿在城市落户，但不一定不愿在城市留居，购房和城市福利对农业转移人口留居意愿的影响（见表 6-6）可能与落户意愿有所不同。本书根据 2017 年全国流动人口动态监测调查数据，将问卷中"今后一段时间，您是否打算留在本地"作为被解释变量，选择"是"的取值为 1，选择"否"和"没想好"的取值为 0，删除空白样本，共得到 86398 个样本。将农业转移人口留居意愿对五个核心解释变量进行回归，表 6-6 中模型十九的结果显示，拥有城市住房对农业转移人口留居意愿的影响显著为正，与其对落户意愿的影响相反。购买城市住房使农业转移人口获得了很强的城市融入感，自然愿意继续在城市留居，对比购买城市住房对农业转移人口落户意愿强烈的负面影响，则可以印证本书对农业转移人口希望追求在城市留居并保有城市住房和农村户口的人生理想的假设。

进一步考察城市购房对农业转移人口不同留居时间选择的影响。基于删除对未来留居意愿表示"没想好"的样本，以打算留居 12 年为对照组，进行 Mutinominal Logit 回归，回归结果列在模型二十中。可以发现，在城市购房对农业转移人口长期留居有显著的正面作用，并且随着选择留居时间的延长而增强。这表明，购买城市住房对农业转移人口长期留居城市的意愿与落户意愿有相反的影响，而这种看似矛盾的心态也进一步反映出农业转移人口独特的人生理想，即在城市长期留居的同时保留农村户口，实现从"小农"向"小资"的转变，而非从农民向产业工人转变。

表 6-6　购房和城市福利对农业转移人口留居意愿的影响

	模型十九	模型二十（Mutinominal Logit）			
	打算继续留居	留居 3~5 年	留居 5~10 年	留居 10 年以上	定居
购房	0.290 *** （0.0299）	0.509 *** （0.0824）	1.20 *** （0.0850）	1.81 *** （0.0787）	2.81 *** （0.0758）
户籍福利	0.00932 *** （0.00272）	− 0.0206 *** （0.00440）	− 0.0347 *** （0.00569）	− 0.0207 *** （0.00506）	− 0.0167 *** （0.00455）
非户籍福利	0.00829 *** （0.00310）	− 0.0123 ** （0.00487）	− 0.00557 （0.00615）	− 0.00690 （0.00546）	0.00501 （0.00500）
其他变量	控制	控制	控制	控制	控制
R^2	0.109	0.158	0.158	0.158	0.158
样本量	86938	62134	62134	62134	62134

注：*、**、*** 分别表示在 1%、5%、10% 水平上显著，括号内为回归标准误。

四　购房和城市福利对农业转移人口落户意愿影响的政策含义

新型城镇化是以人为核心的城镇化，其中最重要的任务是农业转移人口的市民化，而农业转移人口市民化的重要标志是在城市落户，提高户籍人口城镇化率也已成为一个重要的政策目标。但是，农业转移人口落户意愿普遍不强是这一目标实现的关键阻碍，而城市住房和城市福利水平是影响农业转移人口落户意愿的重要因素。基于 2017 年全国流动人口动态监测调查数据，利用工具变量，对农业转移人口落户意愿进行回归分析发现，除了在极少数户籍福利水平很高的特大城市之外，绝大多数城市的农业转移人口在购买了城市住房后都会有明显更弱的落户意愿，购买城市住房满足了农业转移人口从"小农"向"小资"转变的心理需求，使其落户的需要被弱化。更高的户籍福利对农业转移人口落户城市的意愿有正面影响，非户籍福利则没有这种正面影响，但是购买城市住房与两类城市福利都存在交互作用，即购房都放大了户籍福利和非户籍福利对落户意愿的促进作用。分样本回归的结果表明，更年轻、受过高等教育、就地转移和作为雇主的人力资本禀赋及社会地位更高的农业转移人口在城市购房后落户意愿显著减弱。总之，如果以拥有城市住房和高人力资本禀赋作为更强落户能力的标准的话，则最有落户条件的农业转移人口反而更不愿意在城市落户，落户只是那些没有城市住房且自身条件较差的农业转移人口的选择。进一步通过对比购买城市住房对农业转移人口和外来市民落户意愿的影响，以及购房对农业转移人口落户意愿和留居意愿的影响差异后发现，落户城市并非农业转移人口群体的奋斗目标，而同时保有城市住房和农村户口并在福利水平较高的城市长期留居才是其理想的生活状态。

上述研究结论对未来农业转移人口市民化政策制定和户籍制度改革提供了一定的启示。

第一，应通过提升城市公共服务改善各类城市的福利水平，尤其应着力提升各类城市特别是中小城市的教育、医疗、公共卫生、社会保障和就业服务等软性公共品的供给水平，增加城市的吸引力，使落户城市能够给农业转移人口带来切实的好处，从而提升其落户意愿。

第二，转变"有能力者优先"的落户政策，大幅降低各类城市的落户门槛。从研究结论来看，购买了城市住房的农业转移人口的落户意愿更弱，并且在受过高等教育、作为雇主的人力资本禀赋和社会地位更高的农业转移人口身上表现得更突出，因此有能力落户的农业转移人口并非有更强的落户意愿。实施"有能力者优先"的落户政策不仅无法增加落户数量，而且存在道义上的缺陷，因为落户不同于跨国移民入籍和申领绿卡，在一国内部的人口迁移上采取能力筛选机制有失公平正义。鉴于此，各类城市应取消对落户重点人群的认定，取消各种能力导向的地方性落户政策，最大限度地实现"有需要者落户"。对于中小城市，由于农业转移人口的落户意愿并不强烈，放开落户限制并不会出现扎堆落户和财政压力骤增现象；对于少数特大超大城市，为避免短期内落户压力过大，可以继续保留积分落户政策，但应对积分设置规则进行大幅度修改，剔除学历、职称等带有能力倾向性的加分项目，切实做到以合法稳定就业和居住年限为主要的积分依据。

第三，调整户籍人口城镇化目标，将常住人口的基本公共服务均等化作为市民化目标。在户籍制度不断深化改革的背景下，越来越多的福利已经从城市户口上剥离出来，农业转移人口凭借居住证能享受的城市福利已越来越多。从长远来看，一味地强调落户数量，突出户籍人口城镇化水平的重要性意义已经不大，效果也不会十分理想。因此，应将户籍市民化目标调整为常住市民化目标，在政策上应更关注提升在城市中常住的农业转移人口的福祉，给予其与市民均等化的公共服务，进一步淡化户口在城市福利分配中的重要性和在市民化政策制定中的分量。

第七章
自雇就业与农业转移人口家庭化迁移

就业是研究农业转移人口市民化的一个重要维度。长期以来，无论在理论上还是在政策上，对农业转移人口就业的研究大多集中于受雇就业形式，关注工资、社会保障、劳动合同、就业稳定性等问题。随着城镇劳动力市场的发育，特别是数字经济时代的到来，依托于互联网平台的灵活性就业，以及没有固定雇主的自雇就业形式逐渐增多。自雇就业的农业转移人口表现出来的就业特点和对城市生活的预期，与受雇就业者有着显著的不同，自雇就业可能会对其城乡迁移模式特别是家庭化迁移行为的选择产生影响，而家庭化迁移是农业转移人口市民化实现的一个重要标志。因此，基于微观数据考察农业转移人口的自雇就业与家庭化迁移行为之间存在潜在因果关系，这对从就业的角度理解和促进农业转移人口市民化有着重要意义。

一 农业转移人口就业和迁移的新趋势

推进以人为核心的新型城镇化是以人民为中心的发展思想在城镇化工作中的具体体现，而让2亿多农业转移人口实现举家迁移则是以人为核心的新型城镇化的关键。曾几何时，受户籍制度、土地制度、迁移成本等多方面因素的约束，农业转移人口的迁移形态以青壮年劳动力单身进城务工为主，夫妻分居、子女留守现象十分普遍。①② 而近年来的研究显示，农业转移人口的迁移形态开始发生变化，家庭化迁移逐渐成为主流趋势，接近七成的农业转移人口呈现出以部分家庭成员随迁乃至举家迁移的形态。③ 特别是在东部发达地区的一些劳动力输入地城市，与配偶、子女这些核心家庭成员在城市共同生活开始成为农业转移人口在城市居留形态的主要模式。

与此同时，以小微企业、个体工商户和小商贩为代表的自雇就业在城镇劳动力市场上扮演着越来越重要的角色。据统计，截至 2021 年 11 月，全国登记在册的个体工商户已突破 1 亿户，占各类市场主体总量的 2/3，现在平均每天新增超过 5 万户。④ "大众创业、万众创新"的推动、"地摊经济"的倡导、互联网平台的发展，都加速了自雇就业形式的发展，网约车司机、外卖骑手、新媒体主播、家政服务等灵活就业人员的数量目前已超过 2 亿。农业转移人口更是自雇就业的主力军，一些调查表明，农民工群体中的自雇率接近三成。⑤ 同时，经济增速下降也在客观上促使具有反经济周期特征的自雇就业形式的比例提高。⑥

那么，农业转移人口自雇就业的增加与举家迁移的增多之间是否有一定的联系，就成了一个值得研究的问题。举家迁移当然是农业转移人口市民化和高质量城镇化的重要特征，但自雇就业相对受雇就业来说，其就业的正规性显然更弱。由于没有挂靠的就业单位，城市社会保障体系对自雇就业者的覆盖程度和水平也较低，城市身份认同感更弱，⑦ 选择自雇的农业转移人口

---

① 蔡昉：《迁移决策中的家庭角色和性别特征》，《人口研究》1997 年第 2 期。
② 辜胜阻：《统筹解决农民工问题需要改进低价工业化和半城镇化模式》，《中国人口科学》2007 年第 5 期。
③ 扈新强、赵玉峰：《流动人口家庭化特征、趋势及影响因素研究》，《西北人口》2017 年第 6 期。
④ 数据来源：中国政府网，http://www.gov.cn/xinwen/2021-11/04/content_5648852.htm。
⑤ 黄志岭：《农民自我雇佣行为的决策因素及其特征分析》，《农业经济问题》2016 年第 1 期。
⑥ 张浩淼、朱杰：《排斥抑或包容？欧洲自雇就业者的社会保护及启示》，《经济社会体制比较》2021 年第 3 期。
⑦ 祝仲坤、冷晨昕：《自雇行为如何影响农民工的市民化状态——来自中国流动人口动态监测调查的经验证据》，《南开经济研究》2020 年第 5 期。

的人力资本水平也更低，因找不到工作而选择生存型自雇的比例较高。[1][2]如果具有这些非正规特征的自雇就业者反而更能够实现代表高质量城镇化的举家迁移，则长期以来重点围绕受雇就业农业转移人口而制定的市民化促进政策，如规范劳动合同、提高工资水平、约束工作时间、强化社保缴纳等，其政策效率就值得商榷。这一结论对于促进农业转移人口融入城市的路径选择，城镇劳动力市场有关政策的制定和以人为核心的新型城镇化战略的取向都有着十分重要的影响。

对自雇就业的研究主要集中于影响自雇就业选择的因素，以及自雇就业对农业转移人口其他经济行为的影响。已有研究表明，年龄、性别、婚姻、受教育程度和风险偏好等微观个体因素，[3][4][5][6] 城市经济转型、劳动者所处的行业等宏观总体因素均对自雇与受雇的选择有显著影响。[7] 同时，自雇就业行为也对农业转移人口的消费和收入水平具有明显的促进作用，进而使之产生更强的城市留居意愿；[8] 相比受雇农业转移人口，自雇就业的农业转移人口更容易实现与平均水平的城镇职工的经济同化，但难以实现高质量经济同化；[9] 自雇就业的农业转移人口以工作强度为

① 景再方、陈娟娟、杨肖丽：《自雇还是受雇：农村流动人口人力资本作用机理与实证检验——基于 CGSS 数据经验分析》，《农业经济问题》2018 年第 7 期。

② L. Yueh, "Self-employment in Urban China: Networking in A Transition Economy", *China Economic Review*, 2009, 20（3）：471-484.

③ J. Block and P. Sandner, "Necessity and Opportunity Entrepreneurs and Their Duration in Self-employment: Evidence From Germanmicro Data", *Journal of Industry Competition & Trade*, 2009, 9（2）：117-137.

④ Q. F. Zhang and Z. Pan, "Women's Entry into Self-employment in Urban China: The Role of Family in Creating Gendered Mobilitypatterns", *World Development*, 2012, 40（6）：1201-1212.

⑤ G. J. Borjas, "The Self-employment Experience of Immigrants", *Journal of Human Resources*, 1986, 21（4）：485-506.

⑥ 刘云平、王翠娥：《外来务工人员自我雇佣决定机制的性别差异》，《人口与经济》2013 年第 4 期。

⑦ T. Bates, "Self-employment Entry Across Industry Groups", *Journal of Business Venturing*, 1995, 10（2）：143-156.

⑧ 周闯、白兵：《自雇就业促进还是抑制农民工的消费》，《农业技术经济》2020 年第 6 期。

⑨ 周春芳、苏群、常雪：《自雇农民工的经济同化强于受雇农民工吗？——农民工自我雇用的决定因素与高质量经济同化》，《西部论坛》2020 年第 1 期。

代价获得了更高的工资收入，具有更优的社会资本与较高的社会融入感。①

对农业转移人口举家迁移的已有研究表明，农业转移人口的个体特征（性别、受教育程度）和子女特征（性别、就学状况）会影响流动人口是否发生家庭式迁移；② 家庭经济水平、家庭户规模和结构等因素也对农业转移人口的家庭迁居方式与进程具有影响；③ 此外，时间也是一个重要的影响因素，农业转移人口流动的时间越长，家庭式迁移就越容易发生。④

对文献的回顾显示，现有研究虽然对自雇就业和举家迁移各自的影响因素和特征进行了较为充分的分析，但将这两者联系起来的研究尚不多见，而这两者之间的关系又揭示了重要的政策含义，其对以人为核心的新型城镇化战略导向下城镇劳动力市场相关政策的制定有着重要影响。鉴于此，本章将利用流动人口动态监测调查数据，研究农业转移人口自雇就业对举家迁移的影响进行分析，并从家庭空间再配置和家庭劳动力再配置的角度探讨其内在机制，以求得出有助于通过完善城镇劳动力就业政策促进城镇化质量提高的对策建议。

二　农业转移人口自雇就业对家庭化迁移促进作用的实证分析

（一）数据、变量和模型

1. 数据来源

实证分析使用国家卫健委 2017 年全国流动人口动态监测调查数据。根

---

① 朱志胜：《农民工的自我雇用选择与市场回报——基于 2014 年全国流动人口动态监测调查数据的实证检验》，《人口与经济》2018 年第 5 期。

② 洪小良：《城市农民工的家庭迁移行为及影响因素研究——以北京市为例》，《中国人口科学》2007 年第 6 期。

③ 盛亦男：《流动人口家庭化迁居水平与迁居行为决策的影响因素研究》，《人口学刊》2014 年第 3 期。

④ 侯佳伟：《人口流动家庭化过程和个体影响因素研究》，《人口研究》2009 年第 1 期。

据研究需要，选用户口为农业或农转非、本人及其家人的户籍均不在本地、调查时处于就业状态、年龄在 16～60 岁的样本。鉴于未成家或家庭出现变故会对举家迁移的概念界定产生非必要的影响，选用的数据删除了婚姻状态为未婚、丧偶、再婚、同居状态的样本，在进一步删除报告个人月收入水平为负数等带有错误信息的样本后，最终使用的数据样本容量为 83284 个。

2. 变量设定

被解释变量为举家迁移。其中，对于有子女的调查样本，将举家迁移界定为配偶和所有子女的现居住地均为本地；对于无子女的调查样本，将举家迁移界定为配偶的现居住地为本地。此外，本书的研究还致力于分析家庭化迁移的不同程度，为此进一步将样本区分为至多 1 个子女的样本和至少 2 个子女的样本。对于至多 1 个子女的样本，举家迁移仍然界定为有子女的样本配偶和子女的现居住地均为本地，无子女的样本配偶的现居住地为本地。半家庭迁移根据家庭化迁移实现的程度的不同分为两类：①配偶在本地、子女不在本地；②配偶不在本地、子女在本地。非家庭迁移界定为有子女的配偶和子女均不在本地、无子女的配偶不在本地。对于至少 2 个子女的样本，举家迁移界定为配偶和所有子女均在本地。半家庭迁移根据家庭化迁移的实现程度不同分为 4 类：①配偶在本地、至少 1 名子女在本地且至少 1 名子女不在本地；②配偶不在本地、所有子女均在本地；③配偶在本地、所有子女均不在本地；④配偶不在本地、至少 1 名子女在本地且至少 1 名子女不在本地。非家庭迁移界定为配偶和所有子女均不在本地。

解释变量为自雇就业。2017 年国家卫健委中国流动人口动态监测调查数据的问卷中，对被调查者就业身份的问题有 5 个选项：有固定雇主的雇员、无固定雇主的雇员（零工、散工等）、雇主、自营劳动者、其他。根据国际劳工组织（ILO）的分类，自我经营者和雇主同属于自雇，故将这两类样本合并作为自雇就业，即凡是雇主或自营劳动的，虚拟解释变量自雇取 1。当然，作为雇主的农业转移人口和作为自营劳动者的农业转移人口还是有很大区别的，在后面的研究中也报告了将两者区分开后的回归结果。对于有固定雇主的雇员和无固定雇主的雇员（零工、散工等）合并为受雇就业，凡是受雇的样本，虚拟解释变量自雇取 0。对于就业类型为其他的，由于指向不明且样本量极少，归入信息错误做删除处理。

控制变量方面，本书根据问卷并借鉴已有文献的做法，纳入可能影响举家迁移行为的农业转移人口个体层面的变量，包括性别、年龄、民族、政治面貌、受教育程度、子女数量、是否拥有承包地、是否拥有宅基地、每周工作时间、月收入、本次流动时间、流经城市数量、是否办理居住证/暂住证、流动范围等。考虑到城市层面的差异，本书还将 Wind（万得）数据库各城市、区、县层面的房价数据、2018 年中国城市统计年鉴人均 GDP 数据和根据第七次全国人口普查结果所划分的城市规模类型，与农业转移人口个体数据相匹配，作为控制变量。各变量含义及其描述统计如表 7-1 所示。

表 7-1　变量含义及其描述性统计

变量名称	变量含义	平均值	标准差	最小值	最大值
举家迁移	配偶和全部子女均在本地＝1,其余＝0	0.656	0.475	0	1
半家庭迁移	配偶和全部子女中至少一人在本地且至少一人不在本地＝1,其余＝0	0.276	0.447	0	1
非家庭迁移	配偶和全部子女均不在本地＝1,其余＝0	0.068	0.252	0	1
自雇	雇主和自营劳动＝1,受雇＝0	0.475	0.499	0	1
雇主	雇主＝1,受雇＝0	0.061	0.239	0	1
自营劳动	自营劳动＝1,受雇＝0	0.414	0.493	0	1
性别	男性＝1,女性＝0	0.579	0.494	0	1
年龄	被调查者 2017 年时的年龄	37.712	8.594	17	60
民族	汉族＝1,其他民族＝0	0.917	0.275	0	1
政治面貌	中共党员＝1,非中共党员＝0	0.0329	0.178	0	1
受教育程度	未上过学＝0,小学＝6,初中＝9,高中、高职＝12,大专＝15;本科＝16,研究生＝19	9.412	2.965	0	19
子女数量	子女的个数	1.339	0.785	0	6
承包地	在农村老家有承包地＝1,没有＝0	0.580	0.494	0	1
宅基地	在农村老家有宅基地＝1,没有＝0	0.741	0.439	0	1
周工作时间	过去一周的工作小时数	59.490	18.625	0	99
月收入	被调查者个人上个月的收入(千元)	4.273	3.540	0	200
流动时间	被调查者在本地留居的时间(年)	6.693	5.992	0	57

变量名称	变量含义	平均值	标准差	最小值	最大值
流经城市数	被调查者一共流动到过的城市数量	2.133	2.045	1	88
居住证/暂住证	被调查者是否办理了居住证/暂住证 = 1,否 = 0	0.704	0.456	0	1
跨省	被调查者跨省迁移 = 1,其余 = 0	0.520	0.500	0	1
省内跨市	被调查者省内跨市迁移,其余 = 0	0.312	0.463	0	1
市内跨县	被调查者市内跨县迁移,其余 = 0	0.167	0.373	0	1
房价	被调查者所在城市 2017 年的住宅商品房房价(万元)	1.372	1.565	0.125	11.751
人均 GDP	被调查者所在城市 2017 年的人均 GDP(万元)	9.325	5.268	0.498	34.910
超大城市	被调查者所在城市是超大城市 = 1,其余 = 0	0.158	0.365	0	1
特大城市	被调查者所在城市是特大城市 = 1,其余 = 0	0.159	0.366	0	1
I 类大城市	被调查者所在城市是 I 类大城市 = 1,其余 = 0	0.149	0.358	0	1
II 类大城市	被调查者所在城市是 II 类大城市及以下地级市 = 1,其余 = 0	0.286	0.152	0	1
县级城市	被调查者所在城市是县、县级市、旗 = 1,其余 = 0	0.249	0.432	0	1

3. 模型设定

（1）基准模型——Probit 模型。

由于被解释变量举家迁移为二元离散变量,基准回归采用 Probit 模型进行估计。该模型的表达式为：

$$Pr(wholefamily_i^* = 1 \mid Z_i) = \alpha + \beta \, selfemploy_i + \gamma \, X_i + u_i \tag{7.1}$$

其中, $wholefamily_i^*$ 为被解释变量,若样本农业转移人口 i 是举家迁移,则 $wholefamily_i^*$ 取值为 1；若不是举家迁移,则取值为 0。 $selfemploy_i$ 为实证分析重点关注的解释变量自雇就业, X_i 为一系列控制变量, u_i 为随机扰动项, α 、 β 、 γ 为待估参数。

（2）不同程度家庭化迁移分析——Multinomial logit 模型。

为了细化农业转移人口自雇就业对不同程度家庭式迁移的影响,从而进一步验证自雇就业与举家迁移的关系,本书采用多项离散选择模型,分析自雇就业对不同程度家庭式迁移的影响。多项离散选择模型的表达式为：

$$P(y_i = j \mid X_i) = \begin{cases} \dfrac{1}{1 + \sum_{k=2}^{J} \exp(x_i^{'} \beta_k)} (j = 1) \\ \dfrac{\exp(x_i^{'} \beta_j)}{1 + \sum_{k=2}^{J} \exp(x_i^{'} \beta_k)} (j = 2, \cdots, J) \end{cases} \qquad (7.2)$$

其中，y_i 为不同家庭化迁移的模式，x_i 为包括自雇就业在内的全部解释变量。Multinomial logit 模型以非家庭迁移为参照组，即 $j = 1$，估计不同类型的半家庭迁移和举家迁移相对非家庭迁移的发生比。根据前面对变量的阐述，对于至多一个子女的家庭，除了非家庭迁移外，有 2 种半家庭迁移和举家迁移，3 种家庭迁移类型，j 取值范围为 24；对于至少 2 个子女的家庭，除了非家庭迁移外，有 4 种半家庭迁移和举家迁移，j 取值范围为 26。

（3）内生性问题——BiProbit 模型与 CMP 模型。

对于式（7.1），可能存在影响农业转移人口举家迁移的遗漏变量，并且农业转移人口自雇就业和举家迁移之间可能存在双向因果关系，需要对这些潜在的内生性偏误进行控制。由于解释变量和被解释变量均为虚拟变量，基于连续变量的 IV probit 和 2SLS 均不再有效，故本书采用 Biprobit 模型（递归双变量 Probit 模型）与 CMP（条件混合过程方法）对基准模型重新估计，以判别实证结果的稳健性。

工具变量选择样本点除去被调查者的其他被调查者的平均自雇率。选择该工具变量的合理性在于，一方面，同一样本点的农业转移人口相互之间的就业形式往往存在相关性，如该样本点是工地，则所有样本农业转移人口大多应为受雇；如该样本点是商业中心，则样本农业转移人口大多应为自雇。另一方面，样本点其他农业转移人口的就业形式一般不会对该样本农业转移人口的举家迁移行为产生影响。因此，工具变量所要求的相关性和外生性条件均具备。模型设定为：

$$\text{第一阶段}: selfemploy_i^* = \alpha_0 + \alpha_1 \, rate_i + \alpha_2 \, X_i + \varepsilon_i \tag{7.3}$$

$$\text{第二阶段}: wholefamily_i^* = \alpha + \beta \, selfemploy_i^* + \gamma \, X_i + u_i \tag{7.4}$$

其中，$selfemploy_i^*$ 为内生解释变量，$rate_i$ 为工具变量样本点其他被调查者的平均自雇率，X_i 为控制变量，ε_i 为随机误差项。

（4）选择性偏误——PSM 模型

农业转移人口的就业形式选择可能不满足随机抽样，自雇就业的可能是个体特征决定的自选择过程，直接用自雇就业作为解释变量回归可能会出现估计结果的选择性偏误。对此，采用 PSM（倾向得分匹配）模型构造反事实框架来纠正选择性偏误，具体步骤为：

第一步，估计倾向得分值，根据可观测变量运用 Logit 模型预测农业转移人口选择自雇就业形式的概率。如式（7.5）所示，$P(X_i)$ 为倾向得分值，X_i 为基准回归的控制变量。虚拟变量 $D_i = \{0, 1\}$ 表示农业转移人口 i 是否选择自雇就业。

$$P(X_i) = P(D_i = 1 \mid X_i) = \frac{exp\,(\gamma \, X_i)}{1 + exp(\gamma \, X_i)} \tag{7.5}$$

第二步，使用不同的匹配方法，根据倾向得分对处理组和控制组样本进行匹配。

第三部，根据匹配后的样本，比较处理组和成功匹配的控制组样本农业转移人口选择举家迁移的平均差异，即平均处理效应（ATT），其表达式为：

$$ATT = E[\,(y_{1i} - y_{0i})\mid D_i = 1\,] = E\{E[\,(y_{1i} - y_{0i})\mid D_i = 1\,], P(X_i)\} \tag{7.6}$$

其中，y_{1i} 和 y_{0i} 分别表示处理组和与之匹配的控制组的估计结果。

（二）实证结果分析

1. 基准回归结果

表 7-2 报告了基准模型的回归结果。其中，第（1）列只控制了核心解

释变量，第（2）列加入了农业转移人口个体因素，第（3）列加入了与迁移行为相关的流出地农村的土地情况和流入地城市的工作生活情况，第（4）列进一步加入了流入地城市的房价和人均 GDP，并控制住了城市规模类型。总体来看，农业转移人口自雇就业对举家迁移的实现有着显著的正向影响，所有结果在 1% 的显著性水平下均通过检验。根据第（4）列的回归结果计算出自雇对举家迁移的边际效应为 9.7%，相对于农业转移人口平均的举家迁移比例 65.6% 是一个比较可观的效应。控制变量的回归结果与已有文献的结论相似，在此不再赘述。

　　鉴于自雇就业中，作为雇主和自营劳动的农业转移人口差别较大，因而将两者区分开来进行比较是有意义的。表 7-2 第（5）列的回归仅保留作为雇主的自雇就业形式和其他受雇就业形式的样本，第（6）列的回归仅保留作为自营劳动者的自雇就业形式和其他受雇就业形式的样本。可以发现，两种类型的自雇就业均对举家迁移的实现有着显著的正向影响，作为雇主的农业转移人口的举家迁移倾向比作为自营劳动者的农业转移人口的举家迁移倾向要大 50% 左右。

表 7-2　基准回归：农业转移人口自我雇佣对举家迁移的影响

变量	举家迁移					
	（1）	（2）	（3）	（4）	（5）	（6）
自雇	0.156***	0.261***	0.271***	0.271***	0.361***	0.258***
	（0.009）	（0.009）	（0.010）	（0.010）	（0.023）	（0.011）
性别		0.050***	0.089***	0.082***	0.111***	0.086***
		（0.009）	（0.010）	（0.010）	（0.013）	（0.010）
年龄		-0.014***	-0.022***	-0.022***	-0.019***	-0.022***
		0.001	（0.001）	（0.001）	（0.001）	（0.001）
民族		-0.184***	-0.087***	-0.090***	-0.105***	-0.082***
		（0.017）	（0.018）	（0.018）	（0.023）	（0.019）
政治面貌		0.065**	0.062**	0.067**	0.047***	0.077***
		（0.027）	（0.027）	（0.028）	（0.034）	（0.029）

续表

变量	举家迁移					
	（1）	（2）	（3）	（4）	（5）	（6）
受教育年限		0.027 ***	0.013 ***	0.015 ***	0.017 ***	0.014 ***
		（0.002）	（0.002）	（0.002）	（0.002）	（0.002）
子女数量		-0.426 ***	-0.434 ***	-0.440 ***	-0.435 ***	-0.447 ***
		（0.006）	（0.006）	（0.006）	（0.009）	（0.007）
承包地			-0.007	-0.011	-0.019	-0.012
			（0.010）	（0.010）	（0.014）	（0.011）
宅基地			-0.301 ***	-0.287 ***	-0.340 ***	-0.290 ***
			（0.012）	（0.012）	（0.016）	（0.013）
周工作时间			-0.005 ***	-0.005 ***	-0.006 ***	-0.005 ***
			（0.000）	（0.000）	（0.000）	（0.000）
月收入			0.007 ***	0.009 ***	0.007 ***	0.007 ***
			（0.001）	（0.001）	（0.002）	（0.002）
流动时间			0.034 ***	0.035 ***	0.039 ***	0.035 ***
			（0.001）	（0.001）	（0.001）	（0.001）
流经城市数			-0.040 ***	-0.040 ***	-0.049 ***	-0.042 ***
			（0.002）	（0.002）	（0.003）	（0.003）
居住证			0.193 ***	0.187 ***	0.258 ***	0.188 ***
			（0.011）	（0.011）	（0.015）	（0.011）
跨省			-0.501 ***	-0.400 ***	-0.487 ***	-0.402 ***
			（0.014）	（0.015）	（0.020）	（0.015）
省内跨市			-0.098 ***	-0.039 **	-0.057 ***	-0.031 *
			（0.015）	（0.015）	（0.021）	（0.016）
房价				-0.048 ***	-0.044 ***	-0.048 ***
				（0.004）	（0.005）	（0.005）
人均 GDP				0.006 ***	0.006 ***	0.007 ***
				（0.001）	（0.001）	（0.001）
城市类型	否	否	否	是	是	是
Pseudo R2	0.003	0.065	0.121	0.129	0.149	0.130
LR chi2	307.60 ***	7028.95 ***	13112.06 ***	13831.23 ***	9556.78 ***	13203.27
样本量	83284	83284	83284	83284	48832	78232

注：*、**、***分别表示在10%、5%、1%水平上显著，括号内为回归标准误。

2. 不同程度家庭化迁移分析

表 7-3 报告了基于 Multinomial logit 模型的农业转移人口自我雇用就业对不同程度家庭化迁移的影响结果。对于全部样本，以非家庭迁移为参照组，自雇就业不仅显著提高了农业转移人口举家迁移的概率，也显著提高了半举家迁移的概率，并且自雇对举家迁移概率的提高程度高于对半举家迁移概率的提高程度，这说明自雇就业对农业转移人口家庭化迁移的正向影响随着家庭化迁移程度的提高而存在递增的作用。

对于至多 1 个子女的样本，以非家庭迁移为参照组，自雇就业显著提高了农业转移人口选择举家迁移以及配偶随迁且子女未随迁、配偶未随迁且子女随迁 2 种半家庭迁移的概率。相对来说，自雇就业对农业转移人口举家迁移概率的提升最大，对农业转移人口选择家庭化迁移程度仅次于举家迁移的配偶随迁且子女未随迁的半家庭迁移的概率提升次之，而对农业转移人口选择家庭化迁移程度更低一些的配偶未随迁且子女随迁的半家庭迁移的概率提升也更低一些。一般来说，配偶随迁而子女不随迁的家庭化迁移程度可以被认为略高于配偶不随迁而子女随迁，因此回归结果表明，自雇就业对农业转移人口家庭化迁移的正向影响随着家庭化程度的提高而提高的效应，在至多一个子女的样本中是存在的。

对于至少 2 个子女的样本，仍然以非家庭迁移为参照组，自雇就业显著提高了农业转移人口选择举家迁移和 4 种不同的半家庭迁移的概率。一般来说，对于 2 个以上子女的家庭，配偶和全部子女均随迁的举家迁移显然是家庭化迁移程度最高的一类。配偶随迁、至少 1 名子女随迁且至少 1 名子女不随迁的家庭，虽然确实未实现举家迁移，但在务工城市也实现了一个基本完整的核心家庭迁移，家庭化迁移程度与举家迁移较为接近。配偶未随迁、所有子女随迁和配偶随迁、所有子女均未随迁这两类家庭化迁移的实现程度，不太容易比较，一方面配偶在核心家庭中的重要性要高于子女，但另一方面对于 2 个以上子女的家庭，如果所有子女均未随迁，家庭缺失的程度会很高。因此，如果以核心家庭实现迁移的人数为衡量家庭化迁移程度的标准，配偶未随迁、所有子女随迁的家庭化迁移程度应该高于配偶随迁、所有子女

表7-3 农业转移人口自我雇用就业对不同程度家庭化迁移的影响结果

变量	全部样本		至多1个子女的样本			至少2个子女的样本				
	举家迁移	半家庭迁移	举家迁移	配偶随迁、子女未随迁	配偶未随迁、子女随迁	举家迁移	配偶随迁、至少1名子女随迁且各子女未随迁	配偶未随迁、所有子女均随迁	配偶随迁、所有子女均未随迁	配偶未随迁、至少1名子女随迁且各子女未随迁
自雇	1.180***	0.982***	0.970***	0.771***	0.742***	1.385***	1.407***	1.025***	0.962***	0.849***
	(0.035)	(0.036)	(0.039)	(0.045)	(0.103)	(0.050)	(0.055)	(0.145)	(0.052)	(0.134)
控制变量	是	是	是							
Pseudo R2	0.088	0.068	0.109							
LR chi2	11920.42***	5236.67***	9361.45***							
样本量	83284	48397	34887							

注：*、**、***分别表示在10%、5%、1%水平上显著，括号内为回归标准误。

均未随迁。配偶未随迁、至少 1 名子女随迁且至少 1 名子女未随迁的样本，显然有着更低的家庭化迁移实现程度。从回归结果来看，除了配偶随迁、至少 1 名子女随迁且至少 1 名子女未随迁略高于举家迁移以外，其他的样本类型均符合自雇就业对农业转移人口家庭化迁移的正向影响随家庭化迁移的提高而提高的规律，因此总体上来说，在至少 2 个子女的样本中，自雇就业对农业转移人口家庭化迁移的正向影响随着家庭化程度的提高的递进提高效应是存在的。

3. 内生性处理

表 7-4 报告了基于 Biprobit 和 CMP 模型的工具变量估计结果。第一阶段方面，样本点的平均自雇率与被调查者的自雇就业行为显著正相关，这与前文的推测一致，工具变量的相关性条件满足。第二阶段方面，自雇对农业转移人口举家迁移的正向影响得到保持，估计系数更大并且显著，说明排除了内生性因素后，自雇对农业转移人口举家迁移的正面影响依然存在。

从内生性检验参数来看，Biprobit 和 CMP 模型的内生性检验参数均具有统计上的显著性，拒绝自雇就业是外生变量的原假设，说明工具变量回归的结果更优。

表 7-4　工具变量估计结果

变量	举家迁移			
	Biprobit		CMP	
	第一阶段	第二阶段	第一阶段	第二阶段
样本点平均自雇率	2.4418*** (0.0174)		2.2442*** (0.0176)	
自雇		0.4090*** (0.0199)		0.4090*** (0.0194)
athrho/atanhrho_12	−0.1133*** (0.0138)		−0.1134*** (0.0136)	
Wald chi2	67.09***	97.37***		
样本量	83284	83284		

注：*、**、*** 分别表示在 10%、5%、1% 水平上显著，括号内为回归标准误。

4.纠正选择性偏误

根据 logit 模型估计出农业转移人口自雇就业的倾向得分值，本书采用了多种方法进行匹配，包括近邻匹配（k=1）、卡尺内一对四匹配、核匹配、半径匹配（半径分别选择 0.01 和 0.005）。从表 7-5 可见倾向得分匹配法的估计结果，报告了各类匹配方法下的平均处理效应，总体来看，在消除样本间可观测的系统性差异后，自雇就业对农业转移人口举家迁移的正向影响依然存在，并且显著。

平衡性检验结果显示，匹配后的 Pseudo R2 大幅下降，匹配后所有解释变量的标准化系数均低于 10%，倾向得分匹配过程是成功的。

表 7-5　倾向得分匹配法的估计结果

被解释变量	匹配方法	处理组	控制组	ATT	标准误	t 值
举家迁移	近邻匹配（k=1）	0.6833	0.5939	0.0895 ***	0.0059	15.21
	卡尺内一对四匹配	0.6832	0.5922	0.0909 ***	0.0048	18.76
	核匹配	0.6833	0.5948	0.0885 ***	0.0042	20.93
	半径匹配（半径=0.01）	0.6832	0.5928	0.0904 ***	0.0045	20.28
	半径匹配（半径=0.005）	0.6832	0.5928	0.0904 ***	0.0044	20.57

注：*、**、*** 分别表示在 10%、5%、1%水平上显著，括号内为回归标准误。

三　基于家庭劳动力资源再配置和空间资源再配置的中介机制分析

前文的实证结果表明，自雇就业有助于农业转移人口实现举家迁移，但这一结果的作用机制尚不清楚。最容易联想到的中介变量可能是收入水平和时间安排的灵活性。自雇就业者的收入水平更高，这一特点在现有文献中已有论证；工作时间安排更灵活，也是可以根据其就业特点做出的常识性判断。因此，自雇就业通过收入水平较高和时间安排更灵活来促进举家迁移的中介机制是明显的。但是，无论是收入水平还是就业灵活度，都是自雇就业的固有属性，其作为自雇就业促进举家迁移的中介机制的政策含义均较为有限，对旨在促进举家迁移的城镇化战略安排和劳动力市场政策的制定所带来的指导价值不大，本书不再对其展开讨论。事实上，从被解释变量举家迁移行为来看，涉及人口乡城转移的两个方面，即空间的转移和人（劳动力）的转移，这两个方面内含着收入水平和就业灵活度的因素，并且政策含义更强，因此，本书分别从农业转移人口家庭空间再配置和家庭劳动力再配置两个方面来展开机制分析。

首先，对于家庭空间资源再配置机制，选取农业转移人口在流入地的居住方式和对流出地农村土地的处理情况两个中介变量来体现。一方面，自雇就业工作时间不固定，劳动时间较长，因而自雇就业者往往更不愿意自己的时间安排受到打扰，对独立空间的要求比受雇者更高。此外，自雇就业者没有单位或雇主提供的生产经营场所，往往会把自己的家当作生产经营场所，对环境的要求较高。因此，自雇就业的农业转移人口选择购房或整租（而非与他人合租）住房这种独立居住方式的可能性更高。独立居住天然地为自雇的农业转移人口创造了一个家的物理空间，更有条件将配偶、子女等家属带到务工地一起生活，从而实现举家迁移。另一方面，自雇就业获得的是经营性收入，这与农业转移人口在农村经营农业获得收入的活动有相似之处，同时也具有时空上的强替代性，自雇农业转移人口将自己的主要精力投入城市的生意，往往就没有时间照顾农村的土地，因而更倾向于将土地通过流转、租借、赠予等方式交由他人管理，甚至直接抛荒。而土地的转出使得原先留守在农村老家的配偶、子女继续留守的意义减弱，随迁的可能性提高。

其次，对于家庭劳动力资源再配置机制，选取随迁的配偶是否工作和老人（父母、岳父母、公婆）是否随迁两个中介变量来体现。一方面，由于自雇就业者会全身心投入自己的生意，无暇顾及家务，因此，往往配偶会选择不工作而专门料理家务，自雇者更高的收入水平也能支持配偶不工作所带来的经济压力。配偶不工作，意味着可以有更多的时间照看子女，所以更有可能将留守农村老家的子女接到务工所在地城市一起生活，从而实现举家迁移。另一方面，自雇就业者更加宽松的经济条件，更灵活但也更忙碌的工作特征，使得他们更倾向于把留守在农村老家的老人也接到城市一起生活，帮助料理家务，老人在随迁的同时也就可能把本来留守在农村老家的作为其孙辈的样本农业转移人口——未成年子女一起带到其所在城市照看，从而实现农业转移人口核心家庭的举家迁移。

为了验证上述两类中介机制是否存在，本书借鉴温忠麟、叶宝娟提出的中介效应检验方法①对其进行检验。对变量之间体现的中介效应关系检验方程如下：

$$wholefamily_i = \alpha_1 + \beta_1 \, selfemploy_i + \gamma_1 \, X_i + \delta_1 \tag{7.7}$$

$$mid_i = \alpha_2 + \beta_2 \, selfemploy_i + \gamma_2 \, X_i + \delta_2 \tag{7.8}$$

$$wholefamily_i = \alpha_3 + \beta_3 \, selfemploy_i + \varphi_3 \, mid_i + \gamma_3 \, X_i + \delta_3 \tag{7.9}$$

其中，mid_i 为中介变量，包括农业转移人口独立居住、土地转出、配偶工作、老人随迁。独立居住变量取值根据问卷中对住房性质的提问，若农业转移人口回答自购商品房、自购保障性住房、自购小产权房、自建房、租住私房（整租）和政府提供公租房的，独立居住取值为1；回答单位/雇主房、租住私房（合租）、借住房、就业场所和其他非正规居所的，独立居住取值为0。土地转出变量取值根据问卷中对承包地谁在耕种的提问，在有承包地的样本中，若农业转移人口回答雇人代耕种、亲朋耕种、转租给私人、转租给集体、转租给企业、撂荒和种树的，土地转出取值为1；回答自己/家人耕种的取值为0。配偶工作变量取值根据问卷中对配偶本次流动原因的提问，在配偶在本地的样本中，回答配偶流动原因是务工/工作和经商的，取值为1；回答其他原因的取值为0。老人随迁变量的取值根据被调查者家人的情况，在有至少1个未成年子女的样本中，若父母、岳父母、公婆中至少1人在本地的，取值为1；否则取值为0。

中介效应的检验方法包括依次检验法、Sobel法、Bootstrap法等，温忠

---

① 温忠麟、叶宝娟：《中介效应分析：方法和模型发展》，《心理科学进展》2014年第5期。

麟、叶宝娟在 2014 年的开创性研究中指出，对于中介效应，应先进行依次检验，如果发现自变量对中介变量的系数、中介变量对因变量的系数中至少有一个达不到显著水平时，才需要做 Sobel 检验或 Bootstrap 检验。如果上述两个系数均显著，依次检验的结果强于 Sobel 检验或 Bootstrap 检验，因此，首先采用依次检验法检验中介机制的存在。

表 7-6 报告了农业转移人口自我雇用通过家庭空间资源再配置对举家迁移的影响机制检验，可以看出，农业转移人口自雇对独立居住和土地转出均有显著的正向影响，独立居住和土地转出也对举家迁移有显著的正向影响，并且纳入中介变量后，自雇就业的回归系数出现下降，表明中介效应存在。接下来报告中介效应与总效应的比值 $\beta_2\varphi_3/\beta_1$，其中，自雇通过独立居住的中介效应对举家迁移的影响与总效应的比值为 1.016，自雇通过土地转出的中介效应对举家迁移的影响与总效应的比值为 0.081。

表 7-6　农业转移人口自我雇用通过家庭空间资源再配置对举家迁移的影响机制检验

变量	独立居住机制			土地转出机制		
	举家迁移	独立居住	举家迁移	举家迁移	土地转出	举家迁移
自雇	0.271 *** (0.010)	0.490 *** (0.011)	0.185 *** (0.011)	0.292 *** (0.013)	0.090 *** (0.013)	0.284 *** (0.013)
独立居住			0.562 *** (0.011)			
土地转出						0.263 *** (0.013)
控制变量	是	是	是	是	是	是
样本量	83284	83284	83284	48232	48232	48232

注：*、**、*** 分别表示在 10%、5%、1% 水平上显著，括号内为回归标准误。

表 7-7 报告了农业转移人口自我雇用通过家庭劳动力资源再配置对举家迁移的影响机制检验，可以看出，农业转移人口自雇对配偶工作有负向影响，但不显著，配偶工作对举家迁移有显著的负向影响，因此进一步进行 bootstrap 检验。通过 Bootstrap 法抽样 1000 次后计算得到的估计值为 −0.0002，

95%可信度下的置信区间为[-0.0009, 0.0005]，置信区间包含0且双尾检验不显著（p=0.551）。这表明，配偶工作对农业转移人口举家迁移不具有显著的中介效应。自雇对老人随迁有显著的正向影响，老人随迁对举家迁移也有显著的正向影响，中介效应与总效应比值为0.170，在纳入中介变量后，自雇就业的回归系数仅略有下降，表明中介效应存在但比较微弱。

表7-7　农业转移人口自我雇用通过家庭劳动力资源再配置对举家迁移的影响机制检验

变量	配偶工作机制			老人随迁机制		
	举家迁移	配偶工作	举家迁移	举家迁移	老人随迁	举家迁移
自雇	0.148*** (0.011)	-0.005 (0.012)	0.149 (0.012)	0.255*** (0.012)	0.082*** (0.018)	0.250*** (0.012)
配偶工作			-0.476*** (0.016)			
老人随迁						0.528*** (0.025)
控制变量	是	是	是	是	是	是
样本量	74795	74795	74795	60243	60243	60243

注：*、**、***分别表示在10%、5%、1%水平上显著，括号内为回归标准误。

　　总之，农业转移人口自雇就业通过家庭空间资源再配置和家庭劳动力资源再配置对举家迁移的中介效应均存在，但空间资源再配置机制要明显强于劳动力资源再配置机制。在空间资源再配置机制中，独立居住机制是主要的，土地退出机制是次要的。在劳动力资源再配置机制中，只有老人随迁机制存在，配偶工作机制的中介效应不显著。

　　基准模型的结果是将所有样本放在一起进行回归，得到的是自雇就业对农业转移人口举家迁移影响的平均效应。在此，进一步将样本按性别、年龄、受教育程度和流动范围加以区分，研究自雇对举家迁移影响效应的异质性。表7-8报告了异质性分析的结果，可以看出，自雇就业对女性农业转移人口、"80后"新生代农业转移人口、未受过高等教育的农业转移人口和跨省流动的农业转移人口实现举家迁移的正向影响更大。

表 7-8 异质性分析

变量	性别		年龄		受教育程度		流动范围		
	男性	女性	80前	80后	大专以上	大专以下	跨省	省内跨市	市内跨县
自雇	0.222***	0.350***	0.208***	0.331***	0.194***	0.278***	0.373***	0.131***	0.154***
	(0.013)	(0.016)	(0.014)	(0.015)	(0.044)	(0.011)	(0.014)	(0019)	(0.026)
控制变量	是	是	是	是	是	是	是	是	是
Pseudo R2	0.130	0.132	0.134	0.120	0.071	0.127	0.137	0.091	0.089
LR chi2	8048.9***	6014.7***	7116.8***	6373.7***	530.1***	12561.9***	8058.4***	2776.1***	1436.3***
样本量	48181	35103	39474	43810	7581	75703	43085	26083	14116

注:*、**、*** 分别表示在10%、5%、1%水平上显著,括号内为回归标准误。

从性别特征来看，女性在家庭分工中一般会承担更多的照顾家庭成员尤其是未成年子女的任务，因此女性农业转移人口从事自雇就业可以更方便地兼顾工作和家人，相较于从事自雇就业的男性农业转移人口，对举家迁移的促进效应更大。

从年龄特征来看，1980 年之后出生的新生代农业转移人口，本身具有更强的自我意识，在从事自雇就业时对独立居住空间的要求也更高。同时，新生代农业转移人口普遍缺乏农业劳动经历，与农村土地的物质和情感羁绊更少，相较于老一代农业转移人口更愿意转出土地，因而其通过空间资源再配置机制对举家迁移的促进效应更为明显。

从受教育程度特征来看，未受过高等教育的农业转移人口在农业转移人口样本中占绝大多数，其数量是受过高等教育农业转移人口数量的 10 倍左右，因此，未受过高等教育的农业转移人口自雇就业对举家迁移的影响效应与全样本平均水平相当。在少数受过高等教育的农业转移人口中，由于学业表现和能力较强的往往更愿意选择受雇就业，而选择自雇的更多是生存型自雇，其自身能力较弱，带动其他家庭成员随迁的可能性也较弱，因此对举家迁移的促进作用较小。

从迁移范围特征来看，跨省流动的农业转移人口由于流动距离远，照看农村土地和留守家属的难度更大，因而更有可能把土地流转出去，并把需要照看的家属带到身边。跨省迁移农业转移人口在选择从事自雇就业后，通过土地流转的空间资源再配置机制促进举家迁移的效应就更强，相较于省内跨市和市内跨县这些近距离迁移的农业转移人口，选择举家迁移的可能性更大。

四　农业转移人口自雇就业促进家庭化迁移的政策含义

本章利用 2017 年国家卫健委中国流动人口动态监测调查数据，探讨了农业转移人口自雇就业对其实现举家迁移的影响。研究结果表明：①相较于受雇就业的农业转移人口，自雇就业的农业转移人口实现举家迁移的可能性更高，在控制了内生性和选择性偏误后结论仍然成立，并且自雇就业的农业转移人口也更倾向于选择家庭化迁移程度更高的迁移模式，自雇就业对农业转移人口家庭化迁移的正向影响随着家庭化程度的提高而提高。②农业转移人口自雇就业通过家庭空间资源再配置和家庭劳动力资源再配置两种中介机制促进举家迁移，其中，空间资源再配置机制要明显强于劳动力资源再配置机制。在空间资源再配置机制中，自雇农业转移人口在务工城市通过选择独立居住促进举家迁移的机制是主要的，而通过农村土地退出促进举家迁移的机制相对次要。在劳动力资源再配置机制中，自雇农业转移人口通过把老人接到务工城市，进而促进农业转移人口未成年子女随迁而实现举家迁移的机制存在，而通过配偶不工作照顾家庭来促进举家迁移的机制不显著。③自雇就业对农业转移人口举家迁移的影响存在异质性，自雇就业对女性农业转移人口、"80后"新生代农业转移人口、未受过高等教育的农业转移人口和跨省流动的农业转移人口实现举家迁移的正向影响更大。

本章的研究结论揭示了十分重要的政策含义。除了少数作为雇主的农业转移人口外，自雇就业农业转移人口的就业正规性明显弱于受雇就业农业转移人口，其自身的市民化身份认同感也更低，地方政府的各类公共服务和社会保障也更不容易覆盖到这类群体。但从研究结论来看，正是这种看似不正规的就业形式，反而更容易让进城农业转移人口形成代表高质量城镇化的举家迁移。在当前的宏观经济预期转弱、城镇经济形态的灵活性增强的趋势下，自雇已成为一种蓬勃发展、方兴未艾的就业形式，而自雇就业对举家迁移的促进作用及其形成机制，必然要求城市劳动力市场政策发生相应的调整，从而有效推进以人为核心的新型城镇化战略。

首先，应积极扶持自雇就业等灵活就业形式。地方政府和其他非政府组织可以通过为农业转移人口提供相关的市场信息，组织创业技能培训，减免农业转移人口开办个体工商户的税费以及为符合条件的农业转移人口提供信贷等方式鼓励自雇就业的发展，特别是对女性、新生代、低教育程度者和跨省流动的农业转移人口加大自雇就业扶持力度，从而促进更多农业转移人口实现举家迁移。其次，为自雇就业的农业转移人口提供城市居住、土地转出等方面的便利。鉴于独立居住和土地转出这类家庭空间资源再配置是自雇对举家迁移正向影响的主要中介机制，城市政府可研究支持农业转移人口获得公租房服务以及住房公积金的方案，促进独立居住的实现；同时，流入地与流出地政府可探索农业转移人口农村土地退出与城市住房福利获得之间建立联系，实现家庭空间资源再配置对农业转移人口举家迁移的促进机制。最后，制定符合自雇就业农业转移人口特征的公共服务政策。鉴于自雇就业没有明确的挂靠单位，应积极推动社会保险制度创新，放开自雇农业转移人口在就业地参加社会保险的户籍限制，探索多样化的商业保险方案，提高自雇农业转移人口的就业质量。

第八章

分类推进农业转移人口市民化的
"人地钱挂钩"配套政策

放开放宽大城市、特大城市、超大城市的落户限制是当前户籍制度改革的重点任务,而制定合理的"人地钱挂钩"配套政策是有效推进户籍制度改革的关键。推动农业转移人口落户的核心问题是落户成本,而支付落户成本不仅需要城市自身有较强的财政能力,还需要有一套合理的"人地钱挂钩"配套政策。同样作为规模较大的城市,由于所处地区发达程度和行政级别的不同,其财政融资方式也有很大差异;[1] 城市中的农业转移人口,因迁移范围不同,其在实现市民化时所产生的成本也有所不同;不同类型基本公共服务的市场化程度和边际成本的差异,也影响着不同类型的城市在接纳农业转移人口落户时的落户成本结构以及所应得到的"人地钱挂钩"配套政策的类型。因此,在制定户籍制度改革的配套政策时,不能仅以城市人口规模大小或吸纳农业转移人口落户的多少为唯一的标准,还需要综合考虑城市的财政融资方式的不同、农业转移人口来源结构的不同和基本公共服务类型的不同,分类制定差异化的"人地钱挂钩"配套政策。

---

[1] 邹一南:《分类推进城市非户籍人口落户的逻辑与路径》,《经济社会体制比较》2019年第2期。

一　按城市分类：城市财政的自我融资能力
与资源再分配能力的强弱组合

根据第七次全国人口普查数据，当前我国城区人口在 100 万人以上的城市共有 172 个。其中包括 11 个城区常住人口在 1000 万人以上的超大城市，18 个城区常住人口 500 万～1000 万人的特大城市，19 个城区人口 300 万～500 万人的 I 型大城市和 124 个城区常住人口 100 万～300 万人的 II 型大城市；从行政级别上看，包括 4 个直辖市、15 个副省级城市、16 个地级省会城市和 137 个普通地级市；从所处地区看，包括 75 个东部地区城市、48 个中部地区城市、37 个西部地区城市、12 个东北地区城市。显然，这些城市负担落户成本的能力有很大差别，在制定农业转移人口落户的配套政策时，要进行合理分类。

（一）按城市规模分类实施落户配套政策的缺陷

在推进城市非户籍人口落户和制定"人地钱挂钩"配套政策时，一个普遍采用的分类标准是城市人口规模，即一方面城市落户门槛的设置随着城区人口规模的增大而提高。另一方面，中央财政转移支付、预算内投资安排和建设用地增加规模均向吸纳落户数量较多的城市倾斜。但是，按城市规模和落户数量分类推进落户和制定配套政策存在许多问题。[①] 其一，城市规模标准忽略了城市非户籍人口数量差异问题，而后者是比城市规模更重要的决定潜在落户成本的因素。例如，苏州和西安作为常住人口规模相当的两个特大城市，前者的非户籍人口数量却远多于后者，因此苏州显然面临比西安更大的落户压力，设置相同的落户门槛和配套政策显然不符合实际。[②] 其二，忽略了城市非户籍人口结构差异，尤其是迁移范围差异的问题，跨省迁移、

---

① 侯力：《户籍制度改革的新突破与新课题》，《人口学刊》2014 年第 6 期。
② 欧阳慧、邹一南：《分区域分群体推进农民工差别化落户城镇》，《中国软科学》2017 年第 3 期。

省内跨市迁移和市内跨县迁移非户籍人口的落户成本显然不同。例如，拥有相似规模非户籍人口的特大城市深圳和成都，前者的非户籍人口以跨省迁移者为主，后者则以省内跨市迁移为主，在为非户籍人口提供公共服务时，前者的财政支出压力将高于后者，因而给予两个城市在吸纳非户籍人口落户时相同的财政资金或用地指标奖励，显然也不合理。其三，忽略了不同行政级别城市对社会优质资源再分配能力差异。例如，非户籍人口的规模和结构都十分接近的特大城市广州和东莞，由于前者是省会且行政级别高，是全省乃至全国优质社会资源的集中地，资源再分配的能力强，必然比后者更有能力为落户融资，因此在制定配套政策时也应区别对待。总之，简单地按照城市人口规模和吸纳落户人口的数量划分城市类型，并将其作为落户门槛设置和配套政策制定的依据并不合理。

（二）按财政融资方式实施城市分类的理论依据

非户籍人口在城市落户必然会产生落户成本，而支付落户成本的财政资金大体上有两个来源：一是依靠资源再分配，二是自我融资。每个城市的两种财政融资方式的能力强弱的不同组合，决定了城市落户成本支付能力的不同类型，因而依据财政融资方式的不同对城市进行分类，并制定差别化的非户籍人口落户配套政策，更具有合理性和可操作性。

首先，资源再分配能力主要取决于城市的行政级别，行政级别越高的城市，其资源再分配能力越强。城市行政级别是传统计划体制的产物，在计划经济体制下城乡的资源配置是一体的，城市是依赖从其管辖范围内转移来的农业剩余而实现发展的。[①] 改革开放之后，虽然计划经济体制逐渐退出，但依赖型或再分配型的城乡关系仍然在很大程度上得以保留，高行政级别城市在资源再分配上的优势地位甚至更加固化，能够获得经济发展上的优先权利

---

① 蔡昉、都阳：《转型中的中国城市发展——城市级层结构、融资能力与迁移政策》，《经济研究》2003 年第 6 期。

和优惠政策，集中全国或区域范围内的优质社会资源。[①] 例如，作为正省级城市的直辖市和副省级城市的计划单列市，被赋予了省级经济管理权限，在财政收支上直接与中央挂钩，无须上缴省级财政；在招商引资竞争上，有更大的审批自主权；在生产力布局上，往往成为区域发展战略的着力点，被赋予带动整个区域发展的特殊定位，这些都给城市经济发展带来重要的资金和政策支持。[②] 再如，省会城市作为省级政府部门驻地，在地位上较省内其他城市有优势，加之部分省会城市是副省级，行政级别高于普通地级市，即使一些省会城市的行政级别是地级，但其市委书记往往也由副省级的省委常委担任，这使得省会城市能够利用自身在行政体系内的特殊地位从所在区划内低级别城市汲取资源，并从中央层面获得更多的政策倾斜。同时，在投资立项、税收优惠、土地征用等众多事项的审批过程中，省会城市更接近省级政府部门驻地的便利，从而能够降低交易成本，提高对企业投资的吸引力。[③] 此外，省会城市作为门户城市，往往承担着一个省份对投资、技术、高端人才等生产要素的吸引功能，在市政建设、基础设施等方面往往以全省之力集中投入，因此在资源再分配上具备其他普通地级城市无可比拟的优势。综上所述，本书将直辖市、计划单列市和省会城市定义为高行政级别城市，普通地级市为低行政级别城市。

其次，自我融资能力主要取决于城市所在地区的经济发达程度，所在地区的发达程度越高，城市的自我融资能力越强。地区经济发达意味着有更高的工业化和城镇化水平、更活跃的市场经济主体，以及更高的对外开放程度，因而城市的税基更加丰富，财政收入水平也更高，财政的自我融资能力也更强。[④] 衡量地区发达程度的一个重要指标是人均 GDP，分省（自治区、直辖市）来看，

① 王垚、王春华、洪俊杰等：《自然条件、行政等级与中国城市发展》，《管理世界》2015 年第 1 期。
② 江艇、孙鲲鹏、聂辉华：《城市级别、全要素生产率和资源错配》，《管理世界》2018 年第 3 期。
③ 庞明礼：《"省管县"：我国地方行政管理体制改革的趋势?》，《中国行政管理》2007 年第 6 期。
④ 陶然、陆曦、苏福兵等：《地区竞争格局演变下的中国转轨：财政激励和发展模式反思》，《经济研究》2009 年第 7 期。

当前我国人均 GDP 排名靠前的几个省（自治区、直辖市）分别是北京、上海、天津、江苏、浙江、福建、广东，本书可以将这 7 个省或直辖市认定为经济发达的省（自治区、直辖市）。考虑到省（自治区、直辖市）内部的区域发展不平衡因素，经济发达地区的范围可进一步缩小到北京、天津、上海三个直辖市，江苏省、浙江省属于长三角地区的部分区域，广东省属于珠三角地区的部分区域，福建省属于东南沿海的部分区域。① 这些地区在全国层面起着增长极的作用，具有较强的财政自我融资能力。

（三）按财政融资方式对172个城区常住人口100万以上的大城市进行分类

以上述分类理论为依据，我们按照资源再分配和自我融资这两种财政融资方式的能力强弱的不同组合，将目前全国 172 个城区人口 100 万以上的大城市划分为四类。非户籍人口落户重点城市分类如表 8-1 所示。

表 8-1　非户籍人口落户重点城市分类

		自我融资能力	
		强	弱
资源再分配能力	强	第一类:发达地区高行政级别城市(共10个):北京、天津、上海、南京、杭州、宁波、福州、厦门、广州、深圳	第三类:欠发达地区高行政级别城市(共25个):石家庄、太原、呼和浩特、沈阳、大连、长春、哈尔滨、合肥、南昌、济南、青岛、郑州、武汉、长沙、南宁、海口、重庆、成都、西安、贵阳、昆明、兰州、银川、西宁、乌鲁木齐
资源再分配能力	弱	第二类:发达地区低行政级别城市(共18个):苏州、无锡、常州、镇江、南通、温州、嘉兴、绍兴、金华、台州、湖州、泉州、佛山、东莞、珠海、江门、惠州、中山	第四类:欠发达地区低行政级别城市(共119个):除上述三类城市之外其他城市常住人口大于 100 万的地级市

第一类城市是发达地区高行政级别城市。这类城市既有较强的自我融资能力，又有较强的资源再分配能力。这类城市共 10 个。其中，有 6 个超

---

① 邹一南:《城镇化的双重失衡与双重转型》，中国社会科学出版社，2017。

大城市、3 个特大城市、1 个 I 型大城市，并包括 3 个直辖市、3 个副省级省会城市、3 个副省级计划单列城市、1 个地级省会城市。

第二类城市是发达地区低行政级别城市。这类城市有较强的自我融资能力，但资源再分配能力较弱，这类城市共 18 个。其中，包括 1 个超大城市、2 个特大城市、6 个 I 型大城市、9 个 II 型大城市。同时，这些城市全部为普通地级市。

第三类城市是欠发达地区高行政级别城市。这类城市有较强的资源再分配能力，但自我融资能力较弱。这类城市共 25 个。其中，包括 4 个超大城市、12 个特大城市、7 个 I 型大城市、2 个 II 型大城市。同时，这些城市中有 1 个直辖市、7 个副省级省会城市、2 个副省级计划单列市、15 个地级省会城市。

第四类城市是欠发达地区低行政级别城市。这类城市的资源再分配能力和自我融资能力均较弱，这类城市共 119 个。从规模上来看，包括 1 个特大城市、5 个 I 型大城市、113 个 II 型大城市；从行政级别来看，这类城市全部为地级市。

二 按农业转移人口分类：跨省迁移、省内跨市迁移、市内跨县迁移的来源结构

落户成本是农业转移人口市民化的核心问题，其关键在于"为谁支付"和"谁来支付"。"谁来支付"就是由哪些渠道来为落户成本融资，涉及城市的财政融资方式；"为谁支付"就是指要为哪些非户籍人口支付落户成本，它与农业转移人口的迁移范围有关。

城市中的农业转移人口主要是指在城市常住的人户分离的农村户籍人口，按人户分离的程度，大体可以分为三种类型：跨省迁移、省内跨市迁移和市内跨县迁移。在基本公共服务和社会福利高度分权化的条件下，外来农业转移人口的落户将使得城市本地户籍利益的供给和需求存在着错配。首先，跨省迁移的农业转移人口落户利益供求错配程度最高。由于我国绝大多

数的公共服务和社会福利都还未能实现全国统筹，跨省迁移到城市的农业转移人口几乎全部的落户成本都要由流入地承担，因此农业转移人口中跨省迁移人口较多的城市，应获得来自中央政府的转移支付。其次，省内跨市的农业转移人口的落户利益错配程度稍弱。对于一部分户籍利益，如养老保险、本地参加高考资格等，已经基本实现了全省统筹，而义务教育、医疗和住房保障等领域的落户成本依然要由流入地城市承担，因此，对于农业转移人口中以省内跨市迁移人口为主的城市，补偿落户成本所需的转移支付相对较少，且主要应来源于省内。最后，对于市内跨县迁移的农业转移人口，其落户成本仅涉及市域范围内的城乡统筹和辖区统筹，故基本不存在错配问题。

根据经验，农业转移人口迁移范围与城市的财政资源获取方式有着比较吻合的关系。跨省迁移农业转移人口较多的城市，往往是经济发达地区的城市（包括高行政级别和低行政级别）；省内跨市迁移农业转移人口较多的城市，往往是经济欠发达地区的高行政级别城市；市内跨县迁移为主的城市往往是经济欠发达地区的低行政级别城市。这两个分类的角度并非完全一致，却恰好可以互为补充。由于财政资源获取方式的决定因素更稳定（行政级别和经济发达程度），且从逻辑上"谁来支付"是落户成本问题更重要的方面，因此本书对农业转移人口迁移范围的分类，可以基于表 8-1 中按财政资源获取方式对城市进行的分类展开，将其中按"为谁支付"标准明显不属于同一类的城市予以剔除。由于可获得的第七次人口普查地级市层面人户分离的数据缺失较多，故本节的数据仍依据第六次全国人口普查分类。根据"六普"数据、全国 100 万人口以上城市共有 160 个。

对于第一类城市，即发达地区高行政级别城市，这类城市非户籍人口[①]迁移范围特征如表 8-2 所示。可以看出，跨省迁移人口的确是这类城市非户籍人口的主体，多数城市的跨省迁移人口数量在百万以上，在该城市总非户籍人口中的占比接近或超过 50%，而市内跨县迁移的非户籍人口比重很

---

① 由于人口普查并未区分城市人户分离人数中的农业转移人口和人户分离市民，故此处根据非户籍人口数量来进行分类，非户籍人口反映的问题与人户分离的农业转移人口问题具有相似性。

小。合计来看，跨省迁移人口共 3421 万人，占这类城市全部非户籍人口的 60.4%，占全国跨省迁移非户籍人口的 42.9%。省内跨市迁移人口共 1471 万人，占这类城市全部非户籍人口的 26.0%，占全国省内跨市非户籍人口的 17.4%。市内跨县迁移非户籍人口共 771 万，占这类城市全部非户籍人口的 13.6%，占全国市内迁移人口的 8.6%。也就是说，第一类城市有接近 90% 的非户籍人口为跨省或省内跨市异地迁移人口，吸纳了全国约 1/3 的异地转移人口。这意味着，第一类城市在推进非户籍人口落户进程中，户籍利益供给和需求的错配程度很高。

表 8-2　第一类城市非户籍人口迁移范围特征

单位：万人，%

城市	跨省迁移人口	省内跨市迁移人口	市内跨县迁移人口	跨省迁移人口占该市非户籍人口比例	省内跨市迁移人口占该市非户籍人口比例	市内跨县迁移人口占该市非户籍人口比例
北京	704	187	158	67.1	17.8	15.1
天津	299	87	110	60.3	17.5	22.2
上海	898	204	167	70.8	16.1	13.1
南京	87	138	49	31.8	50.4	17.8
杭州	174	110	57	51.0	32.3	16.7
宁波	198	61	56	62.9	19.4	17.7
广州	300	242	73	48.8	39.3	11.9
深圳	580	248	24	68.1	29.1	2.8
福州	79	97	61	33.3	40.9	25.8
厦门	102	97	16	47.4	45.1	7.5
合计	3421	1471	771	60.4	26.0	13.6

资料来源：第六次全国人口普查。

进一步观察发现，这一类城市中的南京、福州两个城市跨省迁移非户籍人口在该市非户籍人口总量中的占比较低，仅为三成左右，并且跨省迁移人口数量不足 100 万，与这类城市中的其他城市有明显的不同。虽然南京和福州都属于经济发达地区的高行政级别城市，从"谁来支付"的角度看，获取财政资源的再分配能力和自我融资能力均较强，但从"为谁支付"的角度看，其落户利益错配程度与这类城市中的其他几个城市相比，明显偏弱。因此，应考虑将南京和福州从这类城市中剔除，归入第三类城市。

第二类城市，即发达地区低行政级别城市。这类城市非户籍人口迁移范围特征如表8-3所示。可以看出，与第一类城市类似，跨省迁移人口是这类城市非户籍人口的主体，多数城市的跨省迁移人口在该城市非户籍人口中的占比接近或超过50%，而市内跨县迁移的非户籍人口比重很小。合计来看，跨省迁移人口共2932万人，占这类城市全部非户籍人口的61.9%，占全国跨省迁移非户籍人口的33.6%。省内跨市迁移人口共1027万人，占这类城市全部非户籍人口的21.7%，占全国省内跨市非户籍人口的12.2%。市内跨县迁移非户籍人口共779万，占这类城市全部非户籍人口的16.4%，占全国市内迁移人口的8.1%。也就是说，第一类城市中有超过80%的非户籍人口为跨省或省内跨市异地迁移的人口，同时这类城市还吸纳了全国超过1/4的异地转移人口。这意味着第二类城市在推进非户籍人口落户进程中，同样面临着较高的户籍利益供给和需求的错配程度。

表8-3　第二类城市非户籍人口迁移范围特征

单位：万人，%

城市	跨省迁移人口	省内跨市迁移人口	市内跨县迁移人口	跨省迁移人口占该市非户籍人口比例	省内跨市迁移人口占该市非户籍人口比例	市内跨县迁移人口占该市非户籍人口比例
苏州	315	137	41	63.9	27.8	8.3
无锡	129	85	33	52.2	34.4	13.4
常州	81	62	24	48.5	37.1	14.4
南通	33	31	38	32.4	30.4	37.2
镇江	29	28	27	34.5	33.3	32.2
宁波	198	61	56	62.9	19.4	17.7
温州	273	51	91	65.8	12.3	21.9

续表

城市	跨省迁移人口	省内跨市迁移人口	市内跨县迁移人口	跨省迁移人口占该市非户籍人口比例	省内跨市迁移人口占该市非户籍人口比例	市内跨县迁移人口占该市非户籍人口比例
嘉兴	112	18	27	71.3	11.5	17.2
湖州	45	9	21	60.0	12.0	28.0
绍兴	91	19	49	57.2	11.9	30.9
金华	122	26	44	63.5	13.5	23.0
舟山	21	7	14	50.0	16.7	33.3
台州	122	20	46	64.9	10.6	24.5
泉州	169	71	51	58.1	24.4	17.5
莆田	19	17	16	36.5	32.7	30.8
漳州	21	23	27	29.6	32.4	38.0
汕头	32	19	25	42.1	25.0	32.9
佛山	250	108	29	64.6	27.9	7.5
东莞	533	105	20	81.0	16.0	3.0
珠海	36	23	15	48.6	31.1	20.3
江门	52	24	35	46.8	21.6	31.6
惠州	117	50	39	56.8	24.3	18.9
中山	132	33	11	75.0	18.8	6.2
合计	2932	1027	779	61.9	21.7	16.4

资料来源：第六次全国人口普查。

进一步观察发现，这一类城市中的南通、镇江、莆田、漳州4个城市跨省迁移非户籍人口在该市非户籍人口总量中占比较低，仅为三成左右，并且数量相对较少，与这类城市中的其他城市有明显不同。虽然南通、镇江、莆田、漳州这4个城市属于发达地区的低行政级别城市，从"谁来支付"的角度看，自我融资能力较强，但从"为谁支付"的角度看，其落户利益错配程度与这类城市中的其他几个城市相比，明显偏弱。因此，应考虑将南通、镇江、莆田、漳州从这类城市中剔除，归入第四类城市。

第三类城市，即欠发达地区高行政级别城市。这类城市非户籍人口迁移范围特征如表8-4所示。可以看出，与第一类和第二类城市不同，第三类城市中省内跨市迁移人口是非户籍人口的主体，多数城市的省内跨市迁移人口在该城市非户籍人口总量中的占比接近或超过 50%，而跨省迁移和市内跨县迁移的非户籍人口比例很小。合计来看，跨省迁移人口共 909 万人，占这类城市全部非户籍人口的 18.1%，占全国跨省迁移非户籍人口的 10.4%。省内跨市迁移人口共 2827 万人，占这类城市全部非户籍人口的 54.2%，占全国省内跨市非户籍人口的 38.1%。市内跨县迁移非户籍人口共 1398 万，占这类城市全部非户籍人口的 27.7%，占全国市内迁移人口的 15.6%。也就是说，第三类城市中有超过 70% 的非户籍人口为跨省或省内跨市异地迁移的人口，其中省内跨市人口是主体，占全部非户籍人口的 50% 以上，同时这类城市还吸纳了全国超过 1/4 的异地转移人口。这意味着，在以欠发达省（自治区、直辖市）的省会城市为主的第三类城市中，主要的非户籍人口是本省内其他城市迁移而来的，跨省迁移人口不多。因此，在推进非户籍人口落户进程中，虽然也面临着较高的户籍利益供给和需求错配，但是较前两类城市错配程度较轻。

表 8-4　第三类城市非户籍人口迁移范围特征

单位：万人，%

城市	跨省迁移人口	省内跨市迁移人口	市内跨县迁移人口	跨省迁移人口占该市非户籍人口比例	省内跨市迁移人口占该市非户籍人口比例	市内跨县迁移人口占该市非户籍人口比例
石家庄	20	71	63	13.0	46.1	40.9
太　原	28	82	45	18.1	52.9	29.0
呼和浩特	17	93	29	12.2	66.9	20.9
沈　阳	43	125	73	17.8	51.9	30.3
大　连	78	86	54	35.8	39.4	24.8
长　春	22	76	79	12.4	42.9	44.7
哈尔滨	19	94	94	9.2	45.4	45.4
合　肥	20	128	47	10.3	65.6	24.1
南　昌	19	72	48	13.7	51.8	34.5
济　南	25	98	52	14.3	56.0	29.7
青　岛	59	120	68	23.9	48.6	27.5
郑　州	25	175	71	9.2	64.6	26.2
武　汉	53	224	107	13.8	58.3	27.9
长　沙	23	119	56	11.6	60.1	28.3

续表

城市	跨省迁移人口	省内跨市迁移人口	市内跨县迁移人口	跨省迁移人口占该市非户籍人口比例	省内跨市迁移人口占该市非户籍人口比例	市内跨县迁移人口占该市非户籍人口比例
南　宁	22	106	38	13.3	63.9	22.8
海　口	30	43	16	33.7	48.3	18.0
重　庆	82	173	162	19.7	41.5	38.8
成　都	60	327	82	12.8	69.7	17.5
贵　阳	27	90	34	17.9	59.6	22.5
昆　明	45	122	38	22.0	59.5	18.5
西　安	59	122	54	25.1	51.9	23.0
兰　州	21	58	37	18.1	50.0	31.9
西　宁	18	29	13	30.0	48.3	21.7
银　川	25	33	19	32.5	42.9	24.6
乌鲁木齐	69	62	19	46.0	41.3	12.7
合　计	909	2728	1398	18.1	54.2	27.7

资料来源：第六次全国人口普查。

第四类城市，即欠发达地区低行政级别城市。这类城市共 107 个，因篇幅所限未在文中列出，这类城市非户籍人口迁移范围特征如表 8-5 所示。这类城市中跨省迁移非户籍人口合计 706 万，省内跨市非户籍人口 1763 万，市内迁移 3072 万。可见，这类城市中跨省和省内跨市迁移人口比例较小，非户籍人口的主体为市内跨县迁移人口，并且这类城市的非户籍人口总量和每个城市的非户籍人口平均数量均较小，落户的压力较轻，并不是推进非户籍人口落户的重点地区。

表 8-5　第四类城市非户籍人口迁移范围特征

单位：万人，%

城市	跨省迁移人口	省内跨市迁移人口	市内跨县迁移人口	跨省迁移人口占该市非户籍人口比例	省内跨市迁移人口占该市非户籍人口比例	市内跨县迁移人口占该市非户籍人口比例
107 个欠发达地区低行政级别城市合计	706	1763	3072	12.1	31.8	55.4

根据上述原则，按非户籍人口迁移范围不同进行调整后的城市分类列在表 8-6 中，并用罗马数字以示区分。

表 8-6　按非户籍人口迁移范围不同进行调整后的城市分类

类型	非户籍人口迁移范围	城市名单	城市数量
第Ⅰ类城市	跨省迁移人口为主	北京、天津、上海、杭州、宁波、厦门、广州、深圳	8
第Ⅱ类城市	跨省迁移人口为主	苏州、无锡、常州、温州、嘉兴、绍兴、金华、台州、湖州、舟山、泉州、汕头、佛山、东莞、珠海、江门、惠州、中山	18
第Ⅲ类城市	省内跨市迁移人口为主	石家庄、太原、呼和浩特、沈阳、大连、长春、哈尔滨、合肥、南昌、济南、青岛、郑州、武汉、长沙、南宁、海口、重庆、成都、西安、贵阳、昆明、兰州、银川、西宁、乌鲁木齐、南京、福州	27
第Ⅳ类城市	市内跨县迁移人口为主	除上述三类城市之外的其他城市	107

三　按基本公共服务分类：公共服务的边际成本与流动性的高低组合

不同类型的城市基本公共服务，其在供给上的市场化程度和边际成本有着很大的不同，而这又决定了农业转移人口落户成本的支付主体和支付能力的不同。对此，不妨根据基本公共服务市场化程度高低和边际成本大小的不同组合，将不同城市基本公共服务划分为四种类型，如表 8-7 所示。

表 8-7　城市基本公共服务分类

		市场化程度	
		高	低
边际成本	高	养老保险	义务教育、高中教育、公共卫生、保障性住房、职业技能培训、最低生活保障
	低	医疗保险、工伤保险、失业保险、生育保险、住房公积金	行政审批、证件办理、权益保护、社会治安、公共就业服务

（一）高市场化程度、高边际成本的基本公共服务

高市场化程度、高边际成本的基本公共服务主要是养老保险。首先，养老保险是一种市场化程度较高的基本公共服务。虽然企业为员工缴纳包括养老保险在内的社会保险是法律规定的义务，但事实上，社保缴纳与否已经成为一种市场行为，缴纳与否很大程度上取决于个人和企业等主体的经济能力。养老保险费用的主要缴纳者是个人和企业等市场经济主体，但地方政府事实上承担着养老保险的隐性担保责任以及必要的补贴，或者说，养老保险是地方政府的一种隐性负债。① 同时，地方政府还对城镇居民社会养老保险承担着主要的缴纳责任。其次，养老保险是一种边际成本较高的基本公共服务。在各类社会保险中，养老保险的缴费比例是最高的，即使经过 2019 年的下调之后，仍然达到个人缴 8%、企业缴 16%，这对个人和企业来说都是一笔较大的开支，以至于很多私营企业并未足额缴纳，农民工不参保、退保现象也比较普遍。对地方政府来说，虽然养老保险只是一种隐性负债，但随着老龄化时代的到来，养老保险巨大的潜在财政压力也在显现。

当农业转移人口在城市落户时，其所产生的养老保险支出成本应由经济发达地区的企业和地方政府共同承担，同时中央政府给予一定的财政转移支付。一方面，作为一种市场化程度高的公共服务，养老保险的成本支付是与因市场经济发达、人均收入水平高而形成的较强的城市自我融资能力相一致的。也就是说，市场经济发达、人均收入水平高的城市吸引了更多的农业转移人口前来就业居住，而更多的农业转移人口反过来也促进了城市经济发展和自我融资能力的提升，因此，城市当地企业和政府承担农业转移人口落户的养老保险责任是情理之中的。另一方面，作为一种边际成本较高的公共服务，养老保险成本仅靠地方自我融资来承担也存在现实困难。对于一些接纳

---

① 童光辉、赵海利：《新型城镇化进程中的基本公共服务均等化：财政支出责任及其分担机制——以城市非户籍人口为中心》，《经济学家》2014 年第 11 期。

农业转移人口落户较多、企业养老保险缴费压力较大、地方政府隐性负债较重，同时自我融资能力又不强的城市，在推动非户籍农业转移人口进行城乡养老保险并轨时，应得到来自中央政府的财政转移支付。同时，中央政府还应加快推动建立全国统一的养老保险体系，实现养老保险的全国统筹。

（二）高市场化程度、低边际成本的基本公共服务

高市场化程度、低边际成本的基本公共服务主要是养老保险之外的企业社会保险和住房公积金。首先，这些基本公共服务与养老保险一样，具有较高的市场化程度，其费用主要是由企业单位缴纳，并且缴纳与否也是一种市场行为，取决于市场主体的经济能力。地方政府只是对城镇居民医疗保险等少数这类基本公共服务提供补贴。其次，养老保险之外的社会保险和住房公积金的边际成本相对较低，其缴费比例都明显低于养老保险。同时，这些社会保险和公积金的支付刚性和地方政府的隐性负债压力均远低于养老保险。

当农业转移人口在城市落户时，这类基本公共服务的支出成本应由经济发达地区的企业和地方政府共同承担，不用得到来自中央政府的财政转移支付。一方面，与养老保险一样，非养老保险类社保和公积金的高市场化属性与市场经济发达、人均收入水平高的城市有较强的自我融资能力是一致的，发达地区城市的企业和政府为农业转移人口落户支付社保和公积金是情理之中的。另一方面，作为边际成本较低的基本公共服务，非养老保险类社保和公积金的支付并不会给经济发达地区的城市企业和地方政府带来过重的负担，因此无须来自中央政府的财政转移支付。

（三）低市场化程度、高边际成本的基本公共服务

低市场化程度、高边际成本的基本公共服务主要是义务教育、高中教育、公共卫生、保障性住房、职业技能培训、最低生活保障等。首先，这类基本公共服务的市场化程度较低。教育、公共卫生、保障性住房、职业技能培训、低保等公共服务都是涉及社会民生领域的公共服务，也是市场失灵现

象较为集中的领域，企业等市场化的经济主体很难有效发挥作用，因此，这类公共服务的提供者主要是地方政府。其次，这类公共服务的边际成本较高。教育、公共卫生、保障房、培训、低保等基本公共服务并非纯公共品，其供给成本将随着享受这类公共服务人数的增加而上升。尤其是教育、住房等排他性较强且在需求上存在刚性的公共服务，每增加一名户籍人口，给地方政府带来的额外财政支出压力都较大。

当农业转移人口在城市落户时，这类基本公共服务的支出成本主要应由地方政府承担，同时中央政府应对缺乏资源再分配能力的部分城市予以财政支持政策。一方面，对于市场化程度较低的基本公共服务，地方政府责无旁贷，成为主要供给者。另一方面，在我国分权式财政体制下，由于绝大多数的公共服务尚未能实现全国统筹，跨地区迁移农业转移人口在迁入地落户而产生的教育、公共卫生、保障性住房、职业技能培训和低保等公共服务领域的成本几乎全部都要由当地地方政府来承担，因此，对吸纳跨地区迁移的农业转移人口数量较多的城市来说，无疑面临巨大的公共服务支出成本。对于那些行政级别较高的城市，或许能够利用行政体制赋予其能力，在全国或区域范围内实现资源再分配，从而弥补这类公共服务的供给成本，而对于缺乏在全国和区域范围内进行资源再分配能力的低行政级别城市，支付大量农业转移人口落户而产生的公共服务成本则是一笔巨大的财政负担，需要借助中央政府的财政转移支付。

（四）低市场化程度、低边际成本的基本公共服务

低市场化程度、低边际成本的基本公共服务主要是行政审批、证件办理、权益保护、社会治安、公共就业服务等。首先，这类基本公共服务的市场化程度较低，大体上属于政府行政管理的职能范畴，也是不应和不宜交由市场提供。其次，这类基本公共服务的边际成本较低。相较于教育、公共卫生、保障性住房、职业技能培训、最低生活保障等公共服务，行政审批、证件办理、权益保护、社会治安、公共就业等基本公共服务的公共品属性更强，城市户籍人口增加所带来的公共服务支出成本上升程度较小，即边际成本较低。

当农业转移人口在城市落户时，这类基本公共服务的支出成本主要应由地方政府承担，同时不应再得到中央政府的财政转移支付。一方面，作为市场化程度较低且本地化属性较强的公共服务，由地方政府提供是理所当然的。另一方面，由于这类基本公共服务的边际成本较低，并不会给地方政府带来过大的财政压力，因此无须为此获得中央政府的财政转移支付。此外，由于各地在行政管理方面的公共财政预算安排仍然以户籍人口为依据，在落户人数大幅增加的背景下，可能会出现公共服务供不应求的现象，对此，通过调整这类公共服务的预算安排方式，使地方行政管理资源的配置由以户籍人口为依据转变为以常住人口为依据配置，消除这类基本公共服务均等化的体制性障碍。[①]

四　分类推进农业转移人口市民化的"人地钱挂钩"配套政策实施原则

在对不同财政融资方式、不同农业转移人口迁移范围和不同特征的基本公共服务进行分类之后，可以根据由每一类城市非户籍人口数量和迁移范围结构所决定的落户需求，分析其面临的落户成本，并相应地制定合理补偿落户成本所需的"人地钱挂钩"配套政策。

（一）第Ⅰ类城市的落户配套政策

非户籍人口的数量规模大，并且迁移范围以跨省迁移为主，意味着落户对城市公共服务的需求量较大，公共服务供求的区域错配程度较高。[②] 因此，发达地区高行政级别城市在推动非户籍人口落户时面临着较高的落户成本。但是，由于这类城市地处发达地区且拥有较高的行政级别，其较强的财政融资能力可以在很大程度上补偿因非户籍人口数量多、跨省迁移者比例高

---

① 江依妮、张光：《财政资源错配：户籍区隔下的地方公共服务供给》，《经济体制改革》2016 年第 4 期。

② 付文林：《人口流动的结构性障碍：基于公共支出竞争的经验分析》，《世界经济》2007 年第 12 期。

而形成的高落户成本。因此，非户籍人口的落户成本应由城市依靠自身力量来解决，不应再享受中央政府专门的"人地钱挂钩"落户配套政策。

具体而言，第一，对于行政审批、证件办理、权益保护、社会治安、公共就业服务等市场化程度和边际成本均较低的基本公共服务，其产生的落户成本应由这类城市的地方政府自己解决，不应得到中央财政的支持。同时，应对这类基本公共服务的配置方式进行改革，使之由以户籍人口配置转为以常住人口配置。第二，对于义务教育、高中教育、公共卫生、保障性住房、职业技能培训、最低生活保障等低市场化程度、高边际成本的基本公共服务，也应由地方政府自行承担，不应得到中央通过财政转移支付、投资预算倾斜或建设用地指标增加等"人地钱挂钩"配套政策来予以补偿支持。由于这类城市的行政级别较高，由此而具备的强资源再分配能力与其对因社会优质资源集中而吸引来的非户籍人口对低市场化公共服务的支出责任是一致的，无须额外追加补贴，否则将在这类城市形成资源再分配的叠加效应，加剧资源配置的扭曲，并引发外来人口的进一步集中。①② 第三，对于非养老保险类的社会保险和住房公积金等高市场化程度、低边际成本的基本公共服务，其产生的落户成本应由这类城市自己解决，不应得到中央财政支持。由于高市场化程度的公共服务与这类城市的强自我融资能力是匹配的，作为市场经济主体的企业和个人理应支付这类公共服务成本。第四，对于养老保险这类市场化程度和边际成本均较高的基本公共服务，应由中央和地方共同承担，在本地企业和地方政府履行对职工和居民养老保险责任的同时，中央政府应给予一定的财政补贴，并加快推动全国统一的养老保险体系的建立完善，实现养老保险的全国统筹。

（二）第 II 类城市的落户配套政策

发达地区低行政级别城市也面临着数量较多的非户籍人口，但相对发达

---

① 范红忠：《交通住房政策效应与生产和人口的过度集中》，《经济研究》2008 年第 6 期。

② 邹一南：《最优城市规模与特大城市户籍管制的自增强机制》，《中国人口·资源与环境》2017 年第 11 期。

地区高行政级别城市来说，城均非户籍人口数量略少一些。发达地区低行政级别城市的非户籍人口也以跨省迁移者为主，跨省迁移者的占比甚至高于发达地区高行政级别城市，因此，这类城市在推动非户籍人口落户时同样面临较高的落户成本。与发达地区高行政级别城市的情况不同，发达地区低行政级别城市的自我融资能力较强，但资源再分配能力较弱。因此，非户籍人口落户的部分公共服务供给成本可以由城市自己解决，同时中央政府应通过适当的落户配套政策，对这类城市无力解决的部分公共服务供给成本予以补偿。

具体而言，第一，对于行政审批、证件办理、权益保护、社会治安、公共就业服务等市场化程度和边际成本均较低的基本公共服务，其产生的落户成本应由这类城市的地方政府自己解决，同时对这类基本公共服务的配置方式进行改革，使之由以户籍人口配置转为以常住人口配置。第二，对于义务教育、高中教育、公共卫生、保障性住房、职业技能培训、最低生活保障等低市场化程度、高边际成本的基本公共服务，其产生的落户成本应由中央政府制定配套政策予以补偿。这是因为发达地区低行政级别城市的资源再分配能力较弱，集聚的优质社会资源较少，而出于经济目的迁移来的非户籍人口对这些社会资源的需求是刚性的，仅靠这些城市的自我融资能力难以满足需要。从配套政策的补偿形式上看，中央政府对发达地区低行政级别城市应更多采取财政奖励、投资倾斜等"人钱挂钩"政策，而非采取增加建设用地指标这种"人地挂钩"政策。因为财政转移支付和专项投资可以直接用于教育、医疗卫生、保障房等公共服务的设施建设、人才引进、经费支付等，从而有效提高这一类公共服务供给水平。而在建设用地指标目前仅能实现在省内或市县内部统筹的情况下，"人地挂钩"政策无法在以跨省迁移非户籍人口为主的这一类城市发挥出足够的作用。[①] 第三，对于非养老保险类的社会保险和住房公积金等高市场化程度、低边际成本的基本公共服务，其产生的落户成本应由这类城市自己解决。如前所述，公共服务的高市场化程度与

---

① 陶然、史晨、汪晖等：《"刘易斯转折点悖论"与中国户籍—土地—财税制度联动改革》，《国际经济评论》2011 年第 3 期。

城市较强的自我融资能力是匹配的，加之非养老类社会保险的边际成本较低，不会超出城市的负担能力，因此无须中央政府的配套政策支持。第四，对于养老保险这类市场化程度和边际成本均较高的基本公共服务，应同时发挥中央和地方两个积极性，在这类城市本地企业和地方政府履行对职工和居民养老保险责任的同时，中央政府应给予一定的财政补贴，并加快推动全国统一的养老保险体系的建立完善，实现养老保险的全国统筹。

（三）第Ⅲ类城市的落户配套政策

欠发达地区高行政级别城市同样也面临着数量较多的非户籍人口，落户成本较高。但是与前两类城市不同，欠发达地区高行政级别城市的非户籍人口以省内跨市迁移为主，跨省迁移的比例较低，这意味着落户对于公共服务的供求区域错配程度相对较低，甚至一些实现了全省统筹的公共服务已经不存在落户成本了。由于欠发达地区高行政级别城市的自我融资能力较弱、资源再分配能力较强，在面对以省内跨市迁移为主的非户籍人口落户形成的落户成本时，城市的财政能力，与不同市场化程度和边际成本的基本公共服务的匹配程度也有所不同，应相应地制定不同的落户配套政策。

具体而言，第一，对于行政审批、证件办理、权益保护、社会治安、公共就业服务等低市场化程度、低边际成本的基本公共服务，其产生的落户成本应由地方政府自己解决，理由与前一类城市相同。第二，对于义务教育、高中教育、公共卫生、保障性住房、职业技能培训、最低生活保障等低市场化程度、高边际成本的基本公共服务，其产生的落户成本也应由地方政府自己承担。原因在于，这类城市作为省会或全省的中心城市，正是由于其对全省优质社会资源较强的再分配能力，吸引了大量省内跨市迁移的非户籍人口，这种由行政力量带来的再分配能力与因非户籍人口落户而产生的对教育、医疗等非市场化公共服务成本具有一定的一致性，不应再通过中央财政转移支付和投资倾斜等"人钱挂钩"的配套政策获得额外补偿。第三，对于包括养老保险在内的社会保险和住房公积金等市场化程度较高的基本公共服务，应该通过提高欠发达地区高行政级别城市的自我融资能力来实现。对此，中央政府应从政策上鼓励这类城市推动在全省范围内的非户籍人口落户数量与建设用地增加规模挂钩的"人地挂钩"配套政策，通过鼓励非户籍人口退出迁出地农村的土地，并将置换出的建设用地指标带到迁入地省会中心城市，获得以各类社会保障为主的各类市民化公共服务。[①] 由于省域范围内的"人地挂钩"政策已经基本没有制度障碍，对于这类非户籍人口以省内跨市迁移者为主的省会城市，通过"人地挂钩"的方式得到作为人口迁出地的省内其他城市的额外建设用地指标，可以加快经济发展，提高自我融资能力，从而有效补偿市场化程度高的公共服务的支出。第四，对于养老保险，由于边际成本较高，在实施省域范围内的"人地挂钩"落户配套政策的同时，中央财政应给予适当的补贴，同时仍然应通过建立完善全国统一的养老保险体系，尽快实现养老保险的全国统筹。

（四）第Ⅳ类城市的落户配套政策

如表 8-5 所示，107 个欠发达地区低行政级别的城市共有非户籍人口5541 万。其中，跨省迁移人口 706 万，占这类城市全部非户籍人口总量的12.7%；省内跨市迁移人口共 1763 万人，占这类城市全部非户籍人口总量的 31.8%；市内跨县迁移人口共 3072 万人，占这类城市全部非户籍人口总量的 55.4%。由于这类城市的非户籍人口总量较小，并且跨省迁移和省内跨市迁移的比例也较低，所以每个城市平均的落户成本并不大。因此，对于这类城市不需要实施中央和省级的落户配套政策，可以统一按照国家发改委历年发布的《新型城镇化和城乡融合发展重点任务》中对Ⅱ型大城市以下城市的要求，直接全面放开落户限制，并且无须专门的配套政策。

---

① 陆铭：《建设用地指标可交易：城乡和区域统筹发展的突破口》，《国际经济评论》2010 年第 2 期。

结　语

构建短期、中期、长期政策相结合的
农业转移人口市民化的政策体系

农业转移人口市民化是关乎城镇化高质量发展、构建新发展格局乃至社会主义现代化建设的重大战略举措，需要有计划、分步骤地予以推进。本书第三章到第八章从不同的角度对推进农业转移人口市民化提出了相应的政策建议，这些政策并不是并列的逻辑关系，而是存在实施上的先后次序。作为本书的结论，笔者将前面章节所提出的各项政策建议，按照短期政策、中期政策、长期政策的分类加以梳理阐述，以构建有效推进农业转移人口市民化的路线图。

一　短期政策：建立体现效率和公平的农业转移
人口市民化成本分担机制

在短期内，户籍制度在部分大城市和特大城市中，仍然发挥着基本公共服务资源配置的基础性作用，因此，推动落户仍然是近期促进农业转移人口市民化的一项重要内容。应按照"有意愿者优先"的原则，实现各类城市农业转移人口应落尽落，特别是要完善超大、特大城市积分落户政策，精简积分项目，确保社保缴纳年限和居住年限分数占主要比例，相应地降低学历、职称、投资等与人力资本水平相关指标的积分权重，积分设置上向农村学生升学和参军进入城镇的人口、在城镇就业居住 5 年以上和举家迁徙的农业转移人口以及新生代农民工倾斜，让广大没有高人力资本禀赋的农业转移人口真正获得落户城市的机会，促进有能力在城镇稳定就业和生活的农业转移人口举家进城落户。同时，应明令禁止各大城市实施抢人大战，要求各城市将人才引进专门政策并入落户政策体系，使各类非户籍人口在大城市的落户门槛前有平等的落户机会。

与此同时，少数特大城市应停止对"低端人口"的清理，切实履行"以城化农"的责任。特大城市中一些农业转移人口聚居区确实存在消防、安全、卫生等隐患，部分从事个体经营的农业转移人口尚未办理营业执照，对此，地方政府不应简单地采取"一刀切"式的清退措施，而应积极稳妥地推动整改。城中村和棚户区改造要适度把握节奏，充分尊重诉求，避免过于激进的拆迁改造动摇农业转移人口在城市生活的基础以及由此引发的社会冲突。

改变按城市规模实施的农业转移人口差别化落户政策，依据城市财政融资方式、农业转移人口迁移范围、基本公共服务特征，分类构建市民化成本分担机制。具体地，对于经济发达地区、高行政级别且农业转移人口主要是跨省迁移者的城市，在融资方面既有较强的自我融资能力，又具有较强的资源再分配能力，虽然推进农业转移人口落户时所面临的户籍利益供求错配程度较高，但这类城市不应再享受中央财政的转移支付和预算内的投资倾斜，各类基本公共服务的融资需求应以城市地方财政解决为主。对于经济发达地区、低行政级别且非户籍人口主要是跨省迁移者的城市，在融资方面自我融资能力较强但资源再分配能力较弱，这类城市推进非户籍人口落户时所面临的户籍利益供求错配程度较高，中央财政应对这类城市的义务教育、高中教育、公共卫生、保障性住房、职业技能培训、最低生活保障等低市场化程度、高边际成本的基本公共服务予以一定的补贴，实行"人钱挂钩"。对于经济欠发达地区、高行政级别且非户籍人口主要是省内跨市迁移者的城市，在融资方面自我融资能力较弱而再分配能力较强，这类城市在推进非户籍人口落户时户籍利益错配程度较小，可通过实施新增建设用地与省内跨市非户籍人口落户挂钩政策，即"人地挂钩"，提升内生发展和自我融资能力，以便更好地推进非户籍人口落户。对于经济欠发达地区、低行政级别城市，其非户籍人口数量少且以本市内就地转移人口为主，虽然在融资方面，自我融资能力和再分配能力均较弱，但落户压力较小，应全面放开非户籍人口落户。

从根本上讲，造成地方政府在推进农业转移人口市民化方面缺位的重要原因，还是在于我国基本公共服务筹资的高度分权化。以教育和卫生为例，地方政府的财政支出一直保持在总支出的90%左右。正是因为在财政分权体制下，各地的公共服务都由市一级甚至县一级政府自己承担，城市与城市之间相互分割独立，且公共服务供给水平差异很大，才使公共服务的享有权只能附着于各城市的本地户籍。由于农业转移人口的流动倾向强，地方公共品的供给容易发生溢出效应，从而限制了地方政府的供给积极性，使地方政府纷纷采用建立排他性工具、降低普惠公共服务的含金量、默认企业履行社会责任的不到位以及制造高流动性公共服务的转移接续困难等方式规避财政支出责任。

一方面，要改革财税管理体制，提高中央政府在教育、卫生等城市低流动性公共品支出的财政分担比例。从世界各国的经验看，大多数国家中央政府都承担了本国教育和卫生等公共支出的绝大部分。由中央政府来统筹公共服务的分配，则可以从制度上克服因人员流动而产生的经济溢出效应，如果教育、医疗等户籍福利实现了均由中央政府来提供，则意味着户籍制度改革的任务已经从根本上完成了，因为不同城市居民的公共服务供给标准已经统一，各城市的户籍除人口登记功能，已无其他排他性功能。从这个角度看，中国提高中央和省级政府的社会公共服务支出比例的改革势在必行，这不仅有利于改善流动人口的社会权利，也是促进基本公共服务均等化的根本解决办法。提高中央政府的支出比例，不能仅仅是临时性的举措，必须建立明确的中央和地方政府之间的公共服务成本分担机制，而且各地的分担比例安排应尽量统一，同时应相应调整税收体制，使各级政府的财权和事权对称。当然，在短期内实现范围和程度如此大的财税体制改革有难度，鉴于地方政府在城市规划、公共服务设施建设、流动人口管理等方面所具有的信息优势以及公共品自身的低流动性，地方政府仍然要在相当长时间内承担主要供给责任。在建立起以中央政府为主的中央和地方分担公共服务成本机制之前，中央政府仍然应该通过转移支付等方式来适当减轻地方政府的财政压力，从而更好地促进公共服务均等化。

另一方面，要改革社会保障体制，加快实现社会保障的全国统筹。一是加快推进社会保障项目的整合，全面推进新农合、城镇居民基本医疗保险统一为城乡居民医疗保险，新型农村社会养老保险、城镇居民社会养老保险统一为城乡居民社会养老保险，并完善有关实施细则。适时取消原来单独为农民工设立的社保制度，统一纳入城镇职工社保体系。二是尽快提高养老保险、医疗保险的统筹层次，推动基础养老金实现全国统筹，城乡居民医疗保险实现地级市统筹。三是增强社会保障权益在全国范围内的可携带性。落实人社部 2016 年《关于城镇企业职工基本养老保险关系转移接续若干问题的通知》和一系列相关法规，避免出现因缴费不足 15 年而发生农民工退保事件，用多种灵活方式实现养老保险权益的转移接续，促进劳动力市场统一，消除转移接续障碍。应通过提高中央和省级政府支出责任的方式实现参保补贴的可携带，使得人口在省内流动时，省级政府承担补贴部分，跨省流动时，中央政府承担补贴部分。

二　中期政策：建立农地权利退出与城市福利获取的联动机制

农业转移人口市民化的本质是进入城市工作生活的农村户籍人口脱离农民身份转变为市民身份，并实现基于身份转变的公民福利获取机制重构的过程。因此，这一过程自然应由农业转移人口的市民化和非农民化两个部分构成，改革也应该是同步推进相关制度安排的城乡双向改革。构建农村土地权利退出和城市户籍福利获取的联动机制是改革的应有之义。鉴于农村土地制度的改革涉及基本经济制度，需要通过相关法律的修改来实现，因而这项改革应在相对较长的一段时间内逐步完成，属于农业转移人口市民化的中期政策。

具体来说，要充分尊重农业转移人口的意愿，对在城市定居意愿和转为城市户口意愿不同的农业转移人口实施不同的土地与户籍联动改革政策。要在对农村土地权益和城市户籍权益进行清晰确认、对农村土地和城市户籍的空间价值结构和时间价值变化进行充分评估的基础上，构建一套完善的土地承包权置换城市就业和社会保障、经营权置换租金收入、宅基地使用权置换住房和公共服务的土地与户籍联动改革机制。同时，应探索通过土地各项权益的溢价补偿等创新机制，引导农业转移人口向中小城市实施农村土地权益与城市户籍权益的置换。

土地与户籍联动改革的目的不应该是为地方政府追求 GDP 最大化而开的一个增加用地指标的口子，也不应该使城郊被动城镇化的农民一夜之间通过征地补偿变成一个暴富的食利阶层。改革的目标应该是通过一定的制度设计，将城镇化进程中农业用地转化为非农业用途的增值收益回馈城镇化的主体——进城农业转移人口，尤其是占农业转移人口主体地位的跨地区转移的农业转移人口，实现其获得与务工所在城市户籍居民平等的市民化权利。

要建立起跨地区（尤其是跨省）的"人地挂钩"制度。通过进一步深化改革用地审批制度，使其与外来人口市民化真正挂钩。当前土地管理制度经过多次改革，但建设用地指标的行政计划仍然是无偿分配。这个主要按基数和经济发展需要分配的建设用地指标办法，本质上还是土地指标与经济建设挂钩，是只见 GDP 和经济增长、不见人口的分配机制。改革的方向应是，地方申请年度建设用地指标，应有相应的市民化即城镇户籍人口增加的计划，并根据上一年的市民化人口完成情况，增减下一年度建设用地指标。实行建设用地指标与城镇户籍人口全面挂钩，会使地方政府实实在在地去增加本地城镇户籍人口，但这同时也意味着要对新增户籍人口提供包括教育、医疗、就业、社保等公共服务和社会福利，地方政府不能不考虑自己的负担能力。这样，就与旧分配制度下地方总是伸手要用地指标、多多益善的用地饥渴症不同，建立了建设用地指标增加的内在平衡和约束机制，就会有力抑制建设用地规模的不合理膨胀。更为重要的是，要在制度上防止地方政府为获取建设用地指标而强行或虚假地将本地农民户籍转为城市居民户籍，需要实现新增建设用地指标与外来人口本地市民化入户挂钩的制度，这也适应我国以农民异地转移就业为主的国情。这种跨地区的"人地挂钩"制度可以解决城镇化进程中城郊农民的土地非农开发产生的增值收益多，而从偏远地区转移而来的农业转移人口的土地几乎不会因为非农开发而增值的不平等问题，实现了占农业转移人口绝大多数的跨地区农业转移人口的户籍市民化。

要建立跨地区（尤其是跨省）的建设用地"增减挂钩"制度。"人地挂钩"实现了农业转移人口平等获得就业、社保和公共服务等部分市民化权益，而对于只是市民化最重要也是难度最大的一项权益——正规住房权益还需要通过建设用地"增减挂钩"来实现。只有住上正规的城市住房，才能使农业转移人口改变与城镇原住居民的居住分割状态，真正实现市民化。对此，应建立跨地区的建设用地"增减挂钩"制度，即允许进城农业转移人口将自己家乡的宅基地复垦，从而形成建设用地指标，将这一指标带到务工所在城市，换取当地的保障房。由于农村宅基地本身是无偿获得的，对于在城市获得保障房的农业转移人口来说，应要求其退出农村宅基地，避免获得两次保障性住房的情况。对于不愿意退出宅基地的农业转移人口，如果其在城市购买了商品房，则应对其在农村的宅基地征收不动产税，从而用经济的手段鼓励农业转移人口退出宅基地，并通过将宅基地复垦增加耕地面积来形成农业的规模化经营。

三　长期政策：推动城镇化模式由集中型向分散型转变

在集中型城镇化模式下，农业转移人口集中于大城市，而大城市普遍也是落户难度最大的城市，而落户难度小的中小城市却无法吸引农业转移人口。因此，要解决落户政策指向地与外来人口集中地的错配，应着力构建分散型的城镇化发展模式，引导农业转移人口有序流动，最终实现户籍人口城镇化率的提高。

实施分散型城镇化的目的是通过破解城市之间经济社会发展水平的失衡，来解决城市内部户籍居民与非户籍居民之间的福利分配失衡。只有使大城市和中小城市的城市利益趋近，才能转变人口向大城市过度集中的态势，为大城市政府放松户籍管制创造条件，使之退出户籍管制的自增强机制，逐渐实现城市内部非户籍人口的市民化。在破解城市之间福利水平失衡的状况时，应先致力于破解非户籍利益的失衡，再破解户籍利益的失衡。因为作为非户籍利益的基础设施、产业园区、商业中心、治安环保、文化娱乐设施等公共品的正外部性较强：一方面，对其投资产生的经济和财政效益较多，对地方政府更有积极性；另一方面，城市非户籍利益水平的提高也会对教育、医疗、社会保障等户籍利益水平的提高有促进效应，从而更有助于总体上缩小不同城市之间的经济社会发展水平差距。

在未来的国家城镇化发展战略规划中，应明确提出控制大城市过快发展、积极推动中小城市发展的目标，并相应制定出具体的配套政策措施。当然，未来的分散型城镇化绝不等同于 20 世纪八九十年代以乡镇企业为主导的小城镇化道路，而应该是以依托中心城市辐射带动、专业化制造业生产主导、具有完善的生产生活服务以及便捷的交通基础设施、具有鲜明城市特色和良好人居环境的中小城市为重点的分散型城镇化。为此，要有计划地引导重点高校、大型企业等优质资源和重点项目向中小城市流动，将大型国际和地区会议、重要体育赛事的举办地设置在中小城市，以增强中小城市的吸引力。构建在大城市和中小城市之间畅通的人才和企业流动通道，制定鼓励中小城市产业发展和人才落户的国家政策。要改变过于依赖行政等级的资源分配体制，探索城市行政层级扁平化改革，增加中央、省级直管城市数量，提高对中小城市的转移支付力度，提升基本公共服务支出的财政统筹层级。要扩大高速公路、高速铁路、机场的铺设建设范围，在非中心城市增加停靠站点。依托城市群发展战略，在大都市周边建设副中心和卫星城，出台鼓励企业和人口从大城市搬迁出去的优惠政策。

要通过外来人口存量在大城市落户实现发展的负外部性内部化。要改变大城市仅获得外来人口的正外部性，而由农民工流出地中小城市承担负外部性，从而使大城市实际上获得持续补贴的局面。在巩固以降低"低端人口"落户门槛为导向的积分落户制度改革的基础上，以"有意愿者优先"为原则，在特大城市积极推进外来人口存量落户，以实现基本公共服务惠及全体市民，并通过提高非排他性公共品的使用费用来融资。区分外来人口存量与外来人口增量，适当控制外来人口增量的福利水平和落户门槛，进而引导外来人口增量向其他城市转移。要严控大城市建成区面积，提高城市总体的容积率，率先在大城市深入推进房产税改革，取代依靠土地出让金贴补财政收入的模式。通过科学的城市建筑和交通布局，提高城市的集聚度与连通性，将不符合大城市发展定位的产业向外转移，大力发展高端制造业和现代服务业，实现大城市发展的专业化。要依托大城市的科技优势，加强城市管理数字化平台建设和功能整合，建设智慧城市。借助有形的交通网络和虚拟的互联网络发挥出大城市的集聚经济优势，实现由外延式发展向内涵式发展的转变。

要加快中小城市发展以提升对农业转移人口的吸引力。中小城市应利用自身生产要素成本较低的优势，结合自身的资源禀赋和区位优势，有选择地承接大城市的制造业产业转移，形成与大城市的纵向分工协作，明确主导产业和特色产业，形成与其他中小城市的横向错位发展，谋求局部的、专业化的集聚经济效应，以此创造出更多的就业岗位，吸纳农民工转移就业。应注重对教育、医疗、住房、社会保障等软公共品和交通基础设施、水电气及通信网络等硬公共品的投入，项目规划时应注重邀请利益相关方进行充分的公众参与，利用中小城市的后发优势，提升城市规划布局的科学性，注重城市的绿色发展，改善人居环境。在大力发展特色优势产业的基础上，着力提升基本公共服务水平，增强中小城市特别是县城对农业转移人口的吸引力，使之成为推动中国城镇化高质量发展的重要载体。

参 考 文 献

1. 白南生、何宇鹏：《回乡、还是外出？——安徽四川二省农村外出劳动力回流研究》，《社会学研究》2002 年第 3 期。

2. 蔡昉：《人口转变、人口红利与刘易斯拐点》，《经济研究》2010 年第 4 期。

3. 蔡昉、都阳：《迁移的双重动因及其政策含义》，《中国人口科学》2002 年第 4 期。

4. 蔡昉、都阳：《转型中的中国城市发展——城市级层结构、融资能力与迁移政策》，《经济研究》2003 年第 6 期。

5. 蔡禾、王进：《"农民工"永久迁移意愿研究》，《社会学研究》2007 年第 6 期。

6. 才国伟、张学志、邓卫广：《"省直管县"改革会损害地级市的利益吗?》，《经济研究》2015 年第 10 期。

7. 常进雄、赵海涛：《农民工二次跨区流动的特征分析》，《中国人口科学》2015 年第 2 期。

8. 陈斌开、陆铭、钟宁桦：《户籍制约下的居民消费》，《经济研究》2010 增刊。

9. 陈丹、任远、戴严科：《农地流转对农村劳动力乡城迁移意愿的影响》，《中国农村经济》2017 年第 7 期。

10. 陈鹏：《新一轮户籍制度改革：进展、问题及对策》，《行政管理改革》2018 年第 10 期。

11. 陈钊：《中国城乡发展的政治经济学》，《南方经济》2011年第8期。

12. 陈钊、陆铭：《从分割到融合：城乡经济增长与社会和谐的政治经济学》，《经济研究》2008年第1期。

13. 丁菊红、邓可斌：《财政分权、软公共品供给与户籍管制》，《中国人口科学》2011年第4期。

14. 丁守海、吴迪、张鹤：《跨越中等收入陷阱迫需提升就业质量》，《教学与研究》2018年第7期。

15. 范红忠：《交通住房政策效应与生产和人口的过度集中》，《经济研究》2008年第6期。

16. 范红忠、王徐广：《成功幻觉与生产和人口的过度集中——兼论在城市发展规模上市场机制不一定是有效的》，《当代经济科学》2008年第3期。

17. 付文林：《人口流动的结构性障碍：基于公共支出竞争的经验分析》，《世界经济》2007年第12期。

18. 傅勇：《财政分权、政府治理与非经济性公共物品供给》，《经济研究》2010年第8期。

19. 甘行琼、刘大帅：《论户籍制度、公共服务均等化与财政体制改革》，《财政研究》2015年第3期。

20. 辜胜阻、李睿、曹誉波：《中国农民工市民化的二维路径选择——以户籍改革为视角》，《中国人口科学》2014年第5期。

21. 国务院发展研究中心课题组：《农民工市民化对扩大内需和经济增长的影响》，《经济研究》2010年第6期。

22. 郭秀云：《大城市户籍改革的困境及未来政策走向——以上海为例》，《人口与发展》2010年第6期。

23. 韩俊：《跨世纪的难题：中国农业劳动力转移》，山西经济出版社，1994。

24. 韩清池、谌新民：《劳动关系对农民工入户中小城镇意愿的影响——基于广东省151家企业的调查》，《中国人口科学》2016年第5期。

25. 何兴华、张立：《小城镇发展战略的由来及实际效果》，《小城镇建设》

2017 年第 4 期。

26. 贺雪峰：《论农村土地集体所有制的优势》，《南京农业大学学报》（社会科学版）2017 年第 3 期。

27. 洪小良：《城市农民工的家庭迁移行为及影响因素》，《中国人口科学》2007 年第 6 期。

28. 侯佳伟：《人口流动家庭化过程和个体影响因素研究》，《人口研究》2009 年第 1 期。

29. 侯力：《户籍制度改革的新突破与新课题》，《人口学刊》2014 年第 6 期。

30. 黄志岭：《农民自我雇佣行为的决策因素及其特征分析》，《农业经济问题》2016 年第 1 期。

31. 贾春梅、葛扬：《城市行政级别、资源集聚能力与房价水平差异》，《财经问题研究》2015 年第 10 期。

32. 江艇、孙鲲鹏、聂辉华：《城市级别、全要素生产率和资源错配》，《管理世界》2018 年第 3 期。

33. 景再方、陈娟娟、杨肖丽：《自雇还是受雇：农村流动人口人力资本作用机理与实证检验——基于 CGSS 数据经验分析》，《农业经济问题》2018 年第 7 期。

34. 李斌：《城市住房价值结构化：人口迁移的一种筛选机制》，《中国人口科学》2008 年第 4 期。

35. 李国正：《农地权益保障与农业转移人口市民化》，《中国土地科学》2020 年第 10 期。

36. 李敬、章铮：《民工家庭城市化经济条件分析》，《经济科学》2009 年第 3 期。

37. 李明桥、傅十和、王厚俊：《对农村劳动力转移"钟摆现象"的解释》，《人口研究》2009 年第 1 期。

38. 李强：《影响中国城乡流动人口的推力与拉力因素分析》，《中国社会科学》2003 年第 1 期。

39. 林李月、朱宇：《中国城市流动人口户籍迁移意愿的空间格局及影响因素——基于 2012 年全国流动人口动态监测调查数据》，《地理学报》2016 年第 10 期。

40. 刘传江：《第二代农民工及其市民化研究》，《中国人口·资源与环境》2007 年第 1 期。

41. 刘大帅、宋羽：《财政分权下中国户籍制度功能的理论分析》，《财政监督》2014 年第 2 期。

42. 刘金伟：《新一轮户籍制度改革的政策效果、问题与对策》，《人口与社会》2018 年第 4 期。

43. 刘守英：《分析土地问题的角度》，《学海》2017 年第 3 期。

44. 刘守英、王志锋、张维凡等：《"以地谋发展模式的衰竭"——基于门槛回归模型的实证研究》，《管理世界》2020 年第 6 期。

45. 刘守英、王一鸽：《从乡土中国到城乡中国——中国转型的乡村变迁视角》，《管理世界》2018 年第 10 期。

46. 刘同山、张凤：《大变革背景下中国农村土地制度再审视》，《东岳论丛》2021 年第 4 期。

47. 刘晓峰、陈钊、陆铭：《社会融合与经济增长：城市化和城市发展的内生政策变迁》，《世界经济》2010 年第 6 期。

48. 刘元春：《经济制度变革还是产业结构升级——论中国经济增长的核心源泉及其未来改革的重心》，《中国工业经济》2003 年第 9 期。

49. 刘云平、王翠娥：《外来务工人员自我雇佣决定机制的性别差异》，《人口与经济》2013 年第 4 期。

50. 陆铭：《空间的力量：地理、政治与城市发展》，格致出版社，2013。

51. 陆铭：《建设用地指标可交易：城乡和区域统筹发展的突破口》，《国际经济评论》2010 年第 2 期。

52. 陆铭、陈钊：《为什么土地和户籍制度需要联动改革——基于中国城市和区域发展的理论和实证研究》，《学术月刊》2009 年第 9 期。

53. 陆铭、向宽虎、陈钊：《中国的城市化和城市体系调整：基于文献的评论》，《世界经济》2011 年第 6 期。

54. 陆益龙：《户口还起作用吗？——户籍制度与社会分层和流动》，《中国社会科学》2008 年第 1 期。

55. 罗平汉：《农村人民公社的兴起》，《文史精华》2002 年第 9 期。

56. 马晓河、胡拥军：《一亿农业转移人口市民化的难题研究》，《农业经济问题》2018 年第 4 期。

57. 孟凡强、吴江：《中国劳动力市场中的户籍歧视与劳资关系城乡差异》，《世界经济文汇》2014 年第 2 期。

58. 年猛、王垚：《行政等级与大城市拥挤之困——冲破户籍限制的城市人口增长》，《财贸经济》2016 年第 11 期。

59. 欧阳慧：《新一轮户籍制度改革实践中的落户困境与突破》，《经济纵横》2020 年第 9 期。

60. 欧阳慧、邹一南：《分区域分群体推进农民工差别化落户城镇》，《中国软科学》2017 年第 3 期。

61. 庞明礼：《"省管县"：我国地方行政管理体制改革的趋势？》，《中国行政管理》2007 年第 6 期。

62. 彭希哲：《积分权益制：兼顾户籍改革多重目标的普惠型制度选择》，《人口与经济》2014 年第 11 期。

63. 钱文荣、李宝值：《初衷达成度、公平感知度对农民工留城意愿的影响及其代际差异——基于长江三角洲 16 城市的调研数据》，《管理世界》2013 年第 9 期。

64. 钱雪亚、胡琼、宋文娟：《农民工享有的城市基本公共服务水平研究》，《调研世界》2021 年第 5 期。

65. 乔晓春：《户籍制度、城镇化与中国人口大流动》，《人口与经济》2019 年第 5 期。

66. 盛来运、王冉、阎芳：《国际金融危机对农民工流动就业的影响》，《中国农村经济》2009 年第 9 期。

67. 盛亦男：《流动人口家庭化迁居水平与迁居行为决策的影响因素研究》，

《人口学刊》2014年第3期。

68. 孙婧芳：《城市劳动力市场中户籍歧视的变化：农民工的就业与工资》，《经济研究》2017年第8期。

69. 孙三百、白金兰：《迁移行为、户籍获取与城市移民幸福感流失》，《经济评论》2014年第6期。

70. 宋锦、李实：《中国城乡户籍一元化改革与劳动力职业分布》，《世界经济》2013年第7期。

71. 陶然、史晨、汪晖等：《刘易斯转折点悖论与中国户籍—土地—财税制度联动改革》，《国际经济评论》2011年第3期。

72. 陶然、徐志刚：《城市化、农地制度与迁移人口社会保障——一个转轨中发展的大国视角与政策选择》，《经济研究》2005年第12期。

73. 田明、李辰、赖德胜：《户籍制度改革与农业转移人口落户——悖论及解释》，《人口与经济》2019年第6期。

74. 童光辉、赵海利：《新型城镇化进程中的基本公共服务均等化：财政支出责任及其分担机制》，《经济学家》2014年第11期。

75. 万广华：《城镇化与不均等：分析方法与中国案例》，《经济研究》2013年第5期。

76. 汪晖、陶然：《论土地发展权转移与交易的"浙江模式"——制度起源、操作模式及其重要含义》，《管理世界》2009年第8期。

77. 汪险生、郭忠兴：《虚置还是稳固：农村土地集体所有制的嬗变——基于权利分置的视角》，《经济学家》2017年第5期。

78. 王常伟、顾海英：《城镇住房、农地依赖与农户承包权退出》，《管理世界》2016年第9期。

79. 王桂新：《我国大城市病及大城市人口规模控制的治本之道：兼谈北京市的人口规模控制》，《探索与争鸣》2011年第7期。

80. 王海娟：《集体所有制视野下承包地退出制度及其改革困境研究》，《经济学家》2020年第7期。

81. 王美艳：《城市劳动力市场上的就业机会与工资差异——外来劳动力就

业与报酬研究》，《中国社会科学》2005 年第 5 期。

82. 王清：《地方财政视角下的制度变迁路径分析——以当代中国城市户籍制度为例》，《武汉大学学报》2011 年第 3 期。

83. 王太元、宋雪莲：《剥离附着利益、还户籍制度真面目——我为什么反对"购房落户"》，《中国经济周刊》2009 年第 12 期。

84. 王小鲁、夏小林：《优化城市规模 推动经济增长》，《经济研究》1999 年第 4 期。

85. 王阳：《居住证制度地方实施现状研究——对上海、成都、郑州三市的考察与思考》，《人口研究》2014 年第 5 期。

86. 王垚、王春华、洪俊杰等：《自然条件、行政等级与中国城市发展》，《管理世界》2015 年第 1 期。

87. 王子成、赵忠：《农民工迁移模式的动态选择：外出、回流还是再迁移》，《管理世界》2013 年第 1 期。

88. 文贯中：《中国现有土地制度改革》，《经济资料译丛》2016 年第 3 期。

89. 温铁军：《八次危机》，东方出版社，2013。

90. 温铁军：《中国的城镇化道路与相关制度问题》，《开放导报》2000 年第 5 期。

91. 魏义方、顾严：《农业转移人口市民化：为何地方政府不积极——基于农民工落户城镇的成本收益分析》，《宏观经济研究》2017 年第 8 期。

92. 吴开亚、张力、陈筱：《户籍改革进程的障碍：基于城市落户门槛的分析》，《中国人口科学》2010 年第 1 期。

93. 吴愈晓：《劳动力市场分割、职业流动与城市劳动者经济地位获得的二元路径》，《中国社会科学》2011 年第 1 期。

94. 夏怡然、陆铭：《城市间的"孟母三迁"——公共服务影响劳动力流向的经验研究》，《管理世界》2015 年第 10 期。

95. 肖璐、蒋芮：《农民工城市落户"意愿—行为"转化路径及其机理研究》，《人口与经济》2018 年第 6 期。

96. 谢宝富：《居住证积分制：户籍制度改革的又一个"补丁"？——上海居

住证积分制的特征、问题及对策研究》，《人口研究》2014 第 1 期。

97. 邢春冰：《迁移、自选择与收入分配——来自中国城乡的证据》，《经济学（季刊）》2010 第 2 期。

98. 杨晓军：《城市公共服务质量对人口流动的影响》，《中国人口科学》2017 年第 2 期。

99. 杨义武、林万龙、张莉琴：《地方公共品供给与人口迁移——来自地级及以上城市的经验证据》，《中国人口科学》2017 年第 2 期。

100. 严瑞珍、龚道广、周志祥等：《中国工农业产品价格剪刀差的现状、发展趋势及对策》，《经济研究》1990 年第 2 期。

101. 姚先国、赖普清：《中国劳资关系的城乡户籍差异》，《经济研究》2004 年第 7 期。

102. 叶建亮：《公共品的歧视性分配政策与城市人口控制》，《经济研究》2006 第 11 期。

103. 张浩淼、朱杰：《排斥抑或包容？欧洲自雇就业者的社会保护及启示》，《经济社会体制比较》2021 年第 5 期。

104. 张鹏、郝宇彪、陈卫民：《幸福感、社会融合对户籍迁入城市意愿的影响——基于 2011 年四省市外来人口微观调查数据的经验分析》，《经济评论》2014 第 1 期。

105. 张晓山：《我国农村集体所有制的理论探讨》，《中南大学学报》（社会科学版）2019 年第 1 期。

106. 张国胜、陈明明：《我国新一轮户籍制度改革的价值取向、政策评估与顶层设计》，《经济学家》2016 年第 7 期。

107. 张翼：《农民工"进城落户"意愿与中国近期城镇化道路的选择》，《中国人口科学》2011 年第 2 期。

108. 张昭时：《中国劳动力市场的城乡分割——形式、特征与影响》，博士学位论文，浙江大学，2009 年。

109. 章元、王昊：《城市劳动力市场上的户籍歧视与地域歧视：基于人口普查数据的研究》，《管理世界》2011 年第 7 期。

110. 赵新平、周一星、曹广忠：《小城镇重点战略的困境与实践误区》，《城市规划》2002 年第 10 期。

111. 赵文哲、边彩云、董丽霞：《城镇化、城市房价与农村流动人口户籍迁移》，《财经问题研究》2018 年第 6 期。

112. 郑淋议、钱文荣、洪名勇等：《中国为什么要坚持土地集体所有制——基于产权与治权的分析》，《经济学家》2020 年第 5 期。

113. 郑思齐、廖俊平、任荣荣等：《农民工住房政策与经济增长》，《经济研究》2011 年第 2 期。

114. 周闯、白兵：《自雇就业促进还是抑制农民工的消费》，《农业技术经济》2020 年第 6 期。

115. 周一星、史育龙：《建立中国城市的实体地域概念》，《地理学报》1995 年第 4 期。

116. 朱宇：《国外对非永久性迁移的研究及其对我国流动人口问题的启示》，《人口研究》2004 年第 3 期。

117. 朱宇：《超越城乡二分法：对中国城乡人口划分的若干思考》，《中国人口科学》2002 年第 4 期。

118. 朱志胜：《农民工的自我雇佣选择与市场回报——基于 2014 年全国流动人口动态监测调查数据的实证检验》，《人口与经济》2018 年第 5 期。

119. 祝仲坤、冷晨昕：《自雇行为如何影响农民工的市民化状态——来自中国流动人口动态监测调查的经验证据》，《南开经济研究》2020 年第 3 期。

120. 邹一南：《城镇化的双重失衡与户籍制度改革》，《经济理论与经济管理》2014 年第 2 期。

121. 邹一南：《户籍制度改革的内生逻辑与政策选择》，《经济学家》2015 年第 4 期。

122. 邹一南：《最优城市规模与特大城市户籍管制的自增强机制》，《中国人口·资源与环境》2017 年第 11 期。

123. 邹一南：《分类推进城市非户籍人口落户的逻辑与路径》，《经济社会体制比较》2019 年第 2 期。

124. 邹一南：《购房、城市福利与农民工落户意愿》，《人口与经济》2021 年第 3 期。

125. 邹一南：《农民工落户悖论与市民化政策选择》，《中国农村经济》2021 年第 6 期。

126. 陈锡文、赵阳、陈剑波：《中国农村制度变迁 60 年》，人民出版社，2009。

127. 陈钊、陆铭：《在集聚中走向平衡：中国城乡和区域经济协调发展的实证研究》，北京大学出版社，2009。

128. 费孝通：《中国城镇化道路》，内蒙古人民出版社，2010。

129. 国务院发展研究中心课题组：《中国新型城镇化：道路、模式和政策》，中国发展出版社，2014。

130. 贺雪峰：《谁是农民：三农政策重点与中国现代化农业发展道路选择》，中信出版社，2016。

131. 华生：《城市化转型与土地陷阱》，东方出版社，2013。

132. 贾康、刘军民：《中国住房制度改革问题研究——经济社会转轨中"居者有其屋"的求解》，经济科学出版社，2007。

133. 简新华、黄锟：《中国工业化和城市化过程中的农民工问题研究》，人民出版社，2008。

134. 李强：《农民工与中国社会分层》（第二版），社会科学文献出版社，2012。

135. 李铁：《城镇化是一次全面深刻的社会变革》，中国发展出版社，2013。

136. 李振京、张林山：《我国户籍制度改革问题研究》，山东人民出版社，2013。

137. 林毅夫、蔡昉、李周：《中国的奇迹：发展战略与经济改革》，上海三联书店，1994。

138. 刘同山：《城镇化进程中农村土地退出及其实现机制》，社会科学文献出版社，2020。

139. 陆铭：《大国大城》，上海人民出版社，2016。

140. 陆益龙：《户籍制度：控制与社会差别》，商务印书馆，2003。

141. 吕萍等：《农民工住房——理论、实践与政策》，中国建筑工业出版社，2012。

142. 盛明富：《中国农民工 40 年（1978—2018）》，中国工人出版社，2018。

143. 王小鲁：《改革之路：我们的四十年（1978—2018）》，社会科学文献出版社，2019。

144. 吴贾、姚先国、张俊森：《城乡户籍歧视是否趋于止步——来自改革进程中的经验证据：1989—2011》，《经济研究》2015 年第 11 期。

145. 萧国亮、隋福民编著《中华人民共和国经济史（1949—2010）》，北京大学出版社，2011。

146. 杨云彦：《城市就业与劳动力市场转型》，中国统计出版社，2004。

147. 叶兴庆、张云华、伍振军等：《农业农村改革若干重大问题研究》，中国发展出版社，2018 年。

148. 邹一南：《城镇化与农民工非永久性迁移》，经济科学出版社，2016。

149. 邹一南：《城镇化的双重失衡与双重转型》，中国社会科学出版社，2017。

150. 邹一南：《户籍制度改革：路径冲突与政策选择》，人民出版社，2019。

151. A. Dixit，"The Optimum Factory Town", *Bell Journal of Economics*，1973，Vol. 4，No. 2.

152. A. Lewis，"Economic Development with Unlimited Supplies of Labor"，*Manchester School of Economic and Social Studies*，1954，Vol. 22，No. 2.

153. C. Au，V. Henderson，"How Migration Restrictions Limit Agglomeration and Productivity in China"，*Journal of Development Economics*，2006，No. 8.

154. C. Tiebout，"A Pure Theory of Local Expenditures"，*Journal of Political Economy*，1956，Vol. 64，No. 5.

155. D. Solinger，"Citizenship Issues in China's Internal Migration：Comparisons with Germany and Japan"，*Political Science Quarterly*，1999，Vol. 114，No. 3.

156. D. Wildasin，J. Wilson，"Imperfect Mobility and Local Government Behavior

in an Overlapping-generations Model", *Journal of Public Economics*, 1996, Vol. 60, No. 1.

157. D. Black, V. Henderson, "A Theory of Urban Growth", *Journal of Political Economy*, 1999, Vol. 107, No. 2.

158. Feng Hu, Zhaoyuan Xu, Yuyu Chen, "Circular Migration, or Permanent stay? Evidence From China's Rural-urban Migration in China", *China Economic Review*, 2011, Vol. 22, No. 1.

159. F. Wang, X. Zuo, "History's Largest Labor Flow: Understanding China's Rural Migration Inside China's Cities: Institutional Barriers and Opportuniy ties for Urban Migrants", *AEA Papers and Proceedings*, 1999, Vol. 189, No. 2.

160. G. J. Borjas, "The Self-employment Experience of Immigrants", *Journal of Human Resources*, 1986, Vol. 21, No. 4.

161. G. Myrdal, "Rich Lands and Poor: the Road to World Prosperity", *Harper & Borther*, 1957, Vol. 11, No. 1.

162. G. Zipf, *Human Behavior and the Principle of Least Effort*, Cambridge, Ma: Addison-Wesley Press, 1949.

163. J. Chen, F. Guo and Y. Wu, "One Decade of Urban Housing Reform in China: Urban Housing Price Dynamics and the Role of Migration and Urbanization, 1995~2005", *Habitat international*, 2011, Vol. 35, No. 1.

164. J. Buchanan, "An Economic Theory of Clubs", *Economica*, 1965, Vol. 32, No. 125.

165. J. Caldwell, *African Rural-Urban Migration: The Movement to Ghana's Towns*, New York: Columbia University Press, 1969.

166. J. Knight, L. Song, H. Jia, "Chinese Rural Migrants in Urban Enterprises: Three Perspectives", *Journal of Development Studies*, 1999, Vol. 35, No. 3.

167. J. Whalley and S. Zhang , "A numerical Simulation Analysis of (Hukou)

LabourMobility Restrictions in China", *Journal of Development Economics*, 2007, Vol. 83, No. 2.

168. K. Zhang, S. Song, "Rural-urban Migration and Urbanization in China Evidence from Time-series and Cross-section Analyses", *China Economic Review*, 2003, Vol. 14, No. 4.

169. L. Ma, E. Hanten, *Urban Development in Modern China*, Boulder: Westview Press, 1969.

170. L. Zai, M. White, "Market Transition, Government Policies and Interprovincial Migration in China: 1983 ~ 1988", *Economic Development and Culture Change*, 1997, Vol. 1, No. 22.

171. M. Bosker, S. Brakman, Garretsen H, Schramm M., "Relaxing Hukou: Increased Labor Mobility and China's Economic Geography", *Journal of Urban Economics*, 2012, Vol. 72, No. 2.

172. M. Fujita, P. Krugman, A. Venables, *The Spatial Economy: Cities, Regions and International Trade*, Cambridge, Massachusetts: The MIT Press, 2001.

173. M. Piore, *Birds of Passage*, New York: Cambridge University Press, 1979.

174. M. Sun and C. Fan, "China's Permanent and Temporary Migrants: Differentials and Changes, 1990~2000", *The Professional Geographer*, 2011, Vol. 63, No. 1.

175. N. Hansen, "Impacts of Small and Intermediate Sized Cities on Population Distribution: Issues and Responses", *Regional Development Dialogue*, Spring, 1990, Vol. 11, No. 1.

176. O. Stark, D. Bloom, "The New Economics of Labor Migration", *American Economic Review*, 1985, Vol. 75, No. 2.

177. P. Doeringer, M. Piore, *Internal Labor Markets and Manpower Analysis*, Lexington: Lexington Books, 1971.

178. P. Krugman, "Increasing Returns and Economic Geography", *Journal of Political Economy*, 1991, Vol. 99, No. 3.

179. Q. Zhang and Z. Pan, "Women's Entry into Self-employment in Urban China: The Role of Family in Creating Gendered Mobilitypatterns", *World Development*, 2012, Vol. 40, No. 6.

180. R. Lucas, "On the Mechanics of Economic Development", *Journal of Monetary Economics*, 1988, Vol. 22, No. 1.

181. R. Skeldon, *Population Mobility in Developing Countries*, London: Belhaven Press. 1990.

182. R. Arnott, "Optimal City Size in a Spatial Economy", *Journal of Urban Economics*, 1979, Vol. 6, No. 6.

183. T. Bates, "Self-employment Entry Across Industry Groups", *Journal of Business Venturing*, 1995, Vol. 10, No. 2.

184. V. Henderson, "The Sizes and Types of Cities", *American Economic Review*, 1974, Vol. 64, No. 4.

185. V. Henderson, "The Urbanization Process and Economic Growth: The So-what Question", *Journal of Economic Growth*, 2003, Vol. 8, No. 1.

186. W. Alonso, "The Economics of Urban Size", *Papers of Regional Science*, 1971, Vol. 26, No. 1.

187. W. Zelinsky, "The Hypothesis of the Mobility Transition", *Geographical Review*, 1971, Vol. 61, No. 2.

188. X. Meng, J. Zhang, "The Two-Tier Labor Market in Urban China: Occupational Segregation and Wage Differentials between Urban Residents and Rural Migrants in Shanghai", *Journal of comparative Economics*, 2001, Vol. 29, No. 3.

189. X. Yang, "Determinants of Migration Intentions in Hubei Province, China: Individual Versus Family migration", *Environment and Planning*, 2000, Vol. 32, No. 5.

190. Y. Zhao, "Causes and Consequences of Return Migration: Recent Evidence from China", *Journal of Comparative Economics*, 2002, Vol. 30, No. 2.

191. Y. Zhu, W. Chen, "The Settlement Intention of China's Floating Population in the Cities: Recent Changes and Multifaceted Individual-level Determinants", *Population*, *Space and Place*, 2010, Vol. 16, No. 4.

图书在版编目（CIP）数据

农业转移人口市民化：问题、趋势与政策 / 邹一南
著 . --北京：社会科学文献出版社，2022.6
ISBN 978-7-5228-0164-3

Ⅰ.①农… Ⅱ.①邹… Ⅲ.①农业人口-城市化-研
究-中国 Ⅳ.①C924.24

中国版本图书馆 CIP 数据核字（2022）第 090518 号

农业转移人口市民化：问题、趋势与政策

著　　者 / 邹一南

出 版 人 / 王利民
组稿编辑 / 任文武
责任编辑 / 郭　峰
责任印制 / 王京美

出　　版 / 社会科学文献出版社·城市和绿色发展分社（010）59367143
　　　　　地址：北京市北三环中路甲 29 号院华龙大厦　邮编：100029
　　　　　网址：www. ssap. com. cn
发　　行 / 社会科学文献出版社（010）59367028
印　　装 / 三河市尚艺印装有限公司

规　　格 / 开　本：787mm×1092mm　1/16
　　　　　印　张：16.25　字　数：247 千字
版　　次 / 2022 年 6 月第 1 版　2022 年 6 月第 1 次印刷
书　　号 / ISBN 978-7-5228-0164-3
定　　价 / 88.00 元

读者服务电话：4008918866